JN441617

교회를 새롭게 세상을 아름답게

교회를 새롭게 세상을 아름답게

발행일 | 2023년 6월 14일 발행
발행인 | 손영란
저 자 | 손 훈
편 집 | 키아츠KIATS 편집팀
디자인 | 조유영
펴낸곳 | 키아츠KIATS
주 소 | 서울시 도봉구 마들로 624, 302호
전 화 | 02-766-2019
팩 스 | 0505-116-2019
E-mail | kiatspress@naver.com
ISBN | 979-11-6037-194-9(03230)
Web | www.kiats.org

나라와 민족을 제자 삼는 교회 세우기를 위한 양육 훈련 교재

교회를 새롭게 세상을 아름답게

편저자 손 훈

키아츠
KIATS

차례

강의 보조 자료

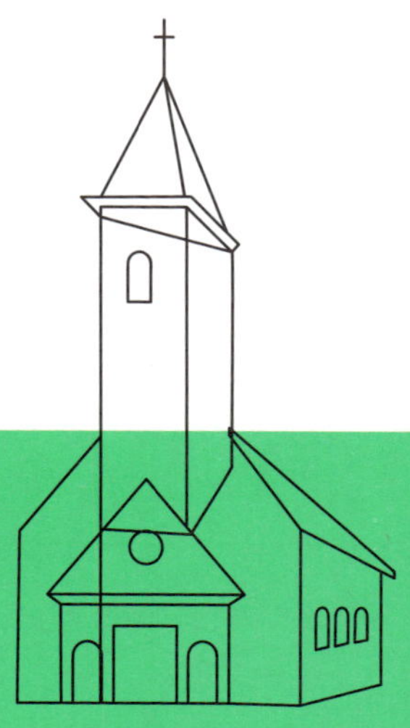

추천의 글

● DNA(Disciple Nations Alliance)에 대해서는 손훈 목사님과 오래전부터 교제하면서 여러 차례 들은 바 있습니다. 그동안 서로 바쁘게 지내면서 손 목사님께서 하고 계신 이 귀한 사역에 대해 더 알아볼 기회를 놓치곤 했습니다. 그러던 중 이번 손훈 목사님께서 집필하시는 DNA 훈련 교재를 위한 추천서를 쓰게 되었습니다. 손훈 목사님이 영화교회를 목회하시는 동안에도 이 사역은 수년간 쉬지 않고 실행하신 것만 보아도 그 중요성에 대해 짐작할 수 있습니다. 이 지면을 통해서 본 저서가 내포한 중요한 이유를 몇 가지로 요약해 보면 다음과 같습니다.

첫째로, 선교학적인 이유입니다. 한국교회는 그동안 전도와 목회를 통해 교회 성장에 전력을 다했다고 봅니다. 따라서 세계적으로 보아도 비교적 짧은 기간에 한국교회처럼 성장을 한 예를 찾아보기 드물 것입니다. 하지만 그렇게 성장한 교회가 한국 사회에 대해서는 전력을 다해서 하나님의 왕국적인 가치를 심는데 많이 부족했다고 봅니다. DNA 운동은 이런 불균형을 바로 잡을 수 있는 신학적 및 선교학적인 근거를 마련해 줄 수 있다고 필자는 믿습니다. 비록 가장 좋은 기회를 많이 놓쳤으나 지금부터라도 교회와 선교단체들이 이 운동에 성심껏 참여한다면 또한 번 과거의 실적(失的)을 바로잡을 기회가 올 것이라 믿습니다.

둘째로, 상황적인 이유 때문입니다. 코로나19로 거의 모든 교회가 새로운 사역 형태를 갖추지 않으면 안 되는 상황이 되었습니다. 이를 교회는 물론이고 사회까지도 뉴노멀(new norm)의 필요성을 인식하고 이에 대해 대안을 제시하지 않으면 안 되게끔 환경이 변했습니다. 이런 기회에 교회도 초심으로 돌아가서 예수님께서 세상에 빛과 소금의 역할을 하라고 몸소 본을 보이신 대로 사역의 방향을 재조정할 수 있게 되었습니다. 이는 교회의 규모와 상관없이 힘이 닿는 대로 실천할 수 있는 사역에 참여함으로써 하나님께서 선하게 창조하신 것을 인간이 파괴한 것들을 바로 잡을 기회가 온 것이라 볼 수 있습니다.

셋째로, 그리스도인 자신 때문입니다. 코로나19로 신자를 포함한 모든 사람이 자신의 한계를 다시 보게 되었고, 그런 가운데 신자들은 스스로가 있는 자리에서 하나님께 영광을 돌리는 것이 얼마나 중요한가를 깨닫게 되었습니다. 이를 위해 이웃과 사회도 그런 각성을 하게 할 소명과 먼저 믿은 사람으로서 책무가 있다는 점도 아울러 보게 되었을 것입니다.

더 나아가서 하나님의 창조적 세계의 관점에서 볼 때 주님께서 십자가상에서 피를 흘리시고 구속 사역을 완성하신 것은 주님을 믿고 구원받아 영생을 얻은 사람과 교회만을 위한 것이 아니라는 것입니다. 그 밖의 세상이 하나님의 영광을 경험하고 영화롭게 하기 위한 것임을 깨닫고 그러한 사역에 우리의 삶을 드려 참여케 하기 위함입니다. 손훈 목사님께서 집필하신 본서가 이러한 사역을 넓혀가는 일에 널리 사용되기를 간절히 축원하면서 본서를 적극적으로 추천하는 바입니다.

이태웅 | 글로벌리더십 원장

● 오늘 우리는 뉴노멀의 시대를 살아가면서 과연 이 흔들리는 시대에서 변하지 않는 가치가 무엇인가를 고민하고 있습니다. 물론 거듭난 그리스도인들에게 그 가치는 복음이신 그리스도이십니다. 문제는 그 그리스도가 그리스도인들을 통해 어떻게 나타나고 있느냐는 것입니다. 이런 시대의 고뇌를 안고 DNA 운동이 일어나게 된 것을 감사하고 감격해합니다.

그동안 우리는 폭풍 같은 교회 성장 시대를 거쳐 왔습니다. 그러나 교회 성장 이상으로 교회 건강의 중요성을 깨닫게 되었습니다. 교회 성장만으로 시대를 바꿀 수 없고 세상을 치유할 수 없음을 깨달았습니다. 결국 가정과 사회, 나라와 열방을 바꾸는 핵심이 무엇인가를 묻게 된 것입니다.

손훈 목사님은 그것이 바로 성경적 교회론과 일터 선교론이라고 말씀합니다. 아마 뜻있는 신학자들과 선교학자들, 목회자들은 이 말에 동의할 것입니다. 우리의 경험과 우리의 상황이 그것을 보여주고 있기 때문입니다. 교회는 세상에서 불러냄을 받아 세상으로 다시 보내심을 받았습니다. 세상에 존재하되 세상에 속하지 않은 교회가 된 것입니다. 이제 우리의 숙제는 세속성을 거부하고 세상을 변화시키는 일입니다.

저는 이 성경적 교회론과 일터 선교론으로 이 비전을 보게 되기를 기대합니다. 그리고 이 비전은 대그룹의 설교가 아닌 소그룹의 교통으로 효율적이 될 것입니다. 그런 의미에서 이 DNA 운동이 예수님의 12제자 운동이 될 것을 기대합니다. 한 셀 교회 신학자는 그것을 기독교 기초공동체라고 불렀습니다. 'Back to the Basic'으로 우리 교회를 다시 만드는 것을 보고 싶습니다. 그런 의미에서 DNA 운동과 이 소그룹 코이노니아를 열렬하게 천거합니다. 다시 일터마다 이 시대의 12제자들이 일어나는 것을 보고 싶습니다.

이동원 | 지구촌교회 원로목사, 지구촌 목회리더십센터 대표

● '사람은 방법을 만들고, 하나님은 사람을 만드신다.' 우리에게 큰 지혜로 전해온 말씀입니다. 하나님께서 이스라엘 백성을 모아 국가를 만드실 때, 베들레헴 들녘에서 어린 한 소년을 세워 유다왕국의 초석으로 삼으셨습니다. 그리고 출애굽의 거대한 사건을 역사에 실현하기 위해서 미디안 광야에서 40년 동안 모세를 키우셨습니다. 다윗도 그러했습니다. '내가 이새의 아들 다윗을 만나니 내 마음에 맞는 사람이라 내 뜻을 다 이루리라 하시더니'(행 13:22). 이처럼 하나님께서는 사람을 만드십니다. 그리고 이 시대에도 동일하게 당신의 사람을 찾으십니다. 역대하 16장 9절 말씀에 '여호와의 눈은 온 땅을 두루 감찰하사 전심으로 자기에게 향하는 자들을 위하여 능력을 베푸시나니'라고 하셨습니다.

코로나 팬데믹으로 우리는 한 번도 경험하지 못한 엄청난 변화 속에 있습니다. 그리고 이 일로 많은 교회 리더십들이 앞으로의 목회를 두고 혼란스러워합니다. 그러나 이러한 때에도 하나님의 사람들은 있습니다. 바로 손훈 목사님입니다. 손 목사님은 지금까지 하나님의 진실하심을 그의 삶으로 입증한 충성스러운 하나님의 종입니다. 저에게는 그분을 통해서 신실하신 하나님의 역사가 이루어질 수 있다는 확신이 있습니다.

많은 이들이 교회가, 목회가 어렵다고 합니다. 그러나 그 이유가 이 시대에 신학이 없어서가 아닙니다. 더 좋은 프로그램과 교육환경이 없어서가 아닙니다. 그

옛날에도 그러했듯이, 우리에게는 진실한 하나님의 사람이 필요합니다. 손훈 목사님께서 이번에 DNA 기치를 높이 들고, 포스트 코로나 시대에 하나님께서 어떤 일을 행하시는지 삶으로 입증하고자 일어섰습니다. 손 목사님은 믿음의 사람입니다. 믿음이란 믿는 사람에 의해서 결정되는 것이 아니라 믿음의 대상이 누구신가에 의해서 결정됩니다. 크신 하나님, 그분을 향해서 바른 믿음을 가지면 그분의 능력과 역사가 이 땅에 실현됩니다. 인격이 인격을 만나서 키우시는 이런 놀라운 역사가 이 땅에 이루어지기를, 또 손 목사님을 통해서 하나님께서 이 시대를 인도하시길, 우리가 믿음으로 바라보고 우리 앞에 펼쳐진 포스트 코로나 시대를 인도받을 것을 기대해봅니다.

저는 1960년대 후반부터 1980년대까지 하나님께서 당신의 사람을 사용하시는 모습을 분명히 보았습니다. 한경직, 김준곤, 조용기 목사님과 함께 사역하며 그분들이 다양한 모습으로 복음을 전하고 그 열매로 한국교회 전체가 부흥하는 것을 경험했습니다. 그리고 이제는 우리 한국교회가 그 시기를 지나, 개개인이 하나님 앞에서 바로 서는 것이 필요합니다. 그러하기에 이번에 손 목사님의 결심은 정말로 시의적절하다고 여겨집니다. 바라기는 하나님 앞에 진실하게 서는 DNA가 우리 모두에게 펼쳐져서, 하나님을 향한 헌신된 일꾼들이 이 땅에 가득 일어나기를 원합니다. 또한, 우리 하나님의 크신 사랑, 크신 은혜가 지극히 작은 한 사람 속에서 역사가 이루어지는 장으로 이 운동이 계속 커져 나가기를 바랍니다. 귀한 은총이 이 책을 읽는 모든 사람에게도 아름답게 전수될 줄로 믿습니다.

홍정길 | 남서울은혜교회 원로목사

● 지난 1980년대 초부터 나는 전 세계의 수많은 나라에서, 목사님들과 교회 지도자들을 대상으로, 지역사회와 민족과 나라를 제자로 삼기 위해 지역교회를 세우는 훈련(DNA 사역)을 실천해 왔습니다. 그러던 중에, 언어와 문화가 다름에도 같은 마음을 가진 사람들을 만나는 경우들이 있었는데, 손훈 목사님과의 만남이 바로 그런 경험이었습니다. 나는 한국어를 할 줄 몰랐고, 손 목사님은 영어가 서툴렀습니다. 그럼에도 불구하고, 손 목사님의 눈빛과 태도를 통해, 이분이 겸손

의 사람이며, 주 예수님을 위해서는 어떤 희생도 감수할 수 있는 분이라는 인상을 받았습니다. 이러한 인상은 그 후에 보여주신 모습을 지켜보면서 제대로 증명이 되었습니다. 손 목사님은 DNA 사역에 대해 이해하게 되자, 먼저 자신이 목회하던 영화교회에 적용해 본 이후에, 비로소 주위에 DNA에 대한 비전을 알리기 시작했고, 그러한 노력은 한국과 해외 선교지에서 말로 다 할 수 없을 정도로 놀라운 결과를 가져왔습니다. 나는 그 무엇보다도 손 목사님 자신이 먼저 담임하는 교회에서 DNA를 시험해 봄으로써, 다른 목사님들에게 모범을 보였다는 사실에 존경을 표합니다.

개인적으로는 내가 한국을 방문할 때마다, 손 목사님과 사모님은 희생적인 사랑으로 섬겨주셨습니다. 그분들의 우정에 대해 깊이 감사드립니다. 이 책은, 우리가 하나님의 음성을 듣고 순종할 때, 하나님께서 우리를 사용하여 하나님만이 하실 수 있는 일을 행하신다는 것을 믿고서, 성령님께 겸손히 자신을 선뜻 내어드리는 모든 분들께 소중한 자산이 될 것입니다.

밥 모피트 | 하베스트선교회 설립자, DNA 공동설립자

● 손훈 목사님의 새 책인 《교회를 새롭게 세상을 아름답게》에 대해 이렇게 추천의 글을 쓰는 것이 제게는 큰 특권입니다. 저는 손 목사님을 오래전부터 지금까지 알고 지내왔으며, 전 세계 DNA 네트워크 안에서 함께 동역하는 특권을 누려왔습니다. 손 목사님은 한국에 DNA 운동을 전파하는 역할을 해왔으며, 국제적인 DNA 활동에서 한국교회를 대표해온 지도자였습니다. 손 목사님은 DNA의 원리를 자신의 지역교회에 적용했을 뿐 아니라, 한국에서 모델교회를 만들었고, 또한 다른 목회자들이 그들의 교회에 DNA 원리를 적용할 수 있도록 훈련해 왔습니다. 만약, 여러분이 한국과 한국을 넘어서는 하나님 나라의 영향을 끼칠 수 있는 교회를 한국에서 보고 싶다면, 손 목사님의 이 책을 읽어 보시기를 권합니다. 큰 도전과 함께 그런 사역을 할 수 있도록 준비될 것입니다.

대로우 밀러 | DNA 공동설립자

● 나는 기도와 언행일치의 사람인 손훈 목사님의 책을 추천하게 된 것을 명예스럽게 생각합니다. 손 목사님과 나는 오랫동안 기아대책과 DNA를 통해 함께 주님을 섬겨오면서, 손 목사님의 신실함과 겸손함에 대해 감동을 받아왔습니다. 일본이 동아시아 대지진으로 고통 받을 때, 우리 단체인 '목소리 없는 이들의 친구'(FVI)는 주님의 인도를 받아 후쿠시마에 가서 피해자들을 돕고 있었습니다. 당시 방사능 유출에 대한 두려움 때문에 일본에 있는 모든 한국 사람들이 일본을 떠나도록 강하게 권유를 받았음에도, 손훈 목사님은 담대하게 우리 팀과 함께 후쿠시마를 도우려 방문하셨습니다. 나는 이 책을 읽는 모든 분들이 세상을 아름답게 하는 성경적인 교회에 대한 영감을 받게 될 것이라고 믿습니다.

에이수케 간다 | FVI (목소리 없는 이들의 친구) 창립자/회장

● 손훈 목사님의 책, 《교회를 새롭게 세상을 아름답게》는 그리스도인들을 세상 속에서 참된 그리스도의 제자로 살 수 있도록 만드는 좋은 책입니다. 이 책으로 양육을 받는 성도들은 세상 한가운데서 참된 빛을 드러낼 수 있는 삶을 살 수 있을 것입니다. 성도들을 그리스도의 제자로 양육함에 있어서 이 책은 참으로 귀한 책입니다. 이 책으로 훈련받고 양육 받는 성도들은 삶의 현장 속에서 실패하지 않고 바른 실천의 길을 걸을 것이고, 빛을 드러내고 세상을 아름답게 만들 것입니다.

오늘의 세계 신학은 통전적 복음과 통전적 선교를 강조하고 있습니다. 손훈 목사님의 책, 《교회를 새롭게 세상을 아름답게》는 정확하게 통전적 복음과 통전적 선교의 방향 위에 있습니다. 많은 책들이 한 쪽 방향으로 기울어져서 균형 잡힌 성도들을 길러내는 데 실패하고 있습니다. 그러나 이 책은 균형 잡힌 가장 이상적인 성도들을 길러낼 수 있는 책입니다. 오늘의 가장 훌륭한 신학이 녹아서, 가장 구체적으로 표현되고 있고, 성도들을 현장의 실천에 이르게까지 할 수 있는 탁월한 책입니다.

일평생 바른 목회를 실천하셨던 손훈 목사님의 성경에 대한 바른 이해와 바른 신학에 대한 탐구가 녹아서 만들어진 책이 《교회를 새롭게 세상을 아름답게》입니다. 바른 교회가 없고, 바른 성도들이 없다고 비판받는 오늘, 이 책은 더 없이 귀

한 책입니다. 이 책은 교회를 바르게 하고, 바른 성도들을 만들고, 세상을 아름답게 만들 수 있는, 힘이 있는 책입니다.

김명용 | 장로회신학대학교 전 총장/명예교수, 온신학아카데미 원장

● 손훈 목사님은 저의 고향교회인 부산 거성교회 선배님입니다. 거제동의 한가운데 있던 그의 집은 고향교회의 사랑방이었습니다. 크리스마스 올나잇 파티나 송구영신 모임이 밤새 그 집에서 자주 열렸기에 교회 친구들과 함께 여러 밤을 보낸 추억의 장소이기도 합니다. 손 목사님은 우리 교회의 전설이었습니다. 명문대를 나와 대기업에 취직하여 승승장구하다가 중병에 들어 삶을 포기할 수밖에 없었는데 주님의 능력으로 치유 받고 신학교에 입학하여 목사가 되는 간증을 눈으로 볼 수 있었습니다. 사역을 시작하는 그에게 평생 초점이 될 주제를 주님께서 심어주셨습니다. 그것이 바로 성경적 교회론입니다. 교회가 사회로부터 비난받고 백안시되는 시대에 그의 마음속에 불타오르던 이 생각은 그의 목회 전반을 지배했습니다. 주님이 주신 비전대로 다대중앙교회, 대구교회를 세웠고 영화교회를 세웠습니다. 그가 세운 교회들은 그의 비전과 함께 건강한 교회들이 되었고 수많은 영적 제자들을 세웠습니다. 그리고 열방을 섬기는 지도자들이 되었습니다. 그는 목회를 통해 그가 가진 비전이 주님의 생각임을 증명했습니다.

그러나 더 놀라운 점은 그가 목회를 은퇴한 뒤에 나타납니다. 그가 생각하고 믿으며 목회를 통해 증명했던 내용들을 교재로 만들어 수많은 후배들에게 계속적인 영향을 미치고 있습니다. 이미 먼저 출간된 《잡목을 백향목처럼》에 이어서 양육교재로 출판되는 《교회를 새롭게 세상을 아름답게》는 예수님의 사역의 본질인 제자 삼는 사역을 잇는 성경적 교회론을 효과적으로 펼칠 수 있는 훌륭한 도구가 될 것을 믿어 의심치 않습니다. 손 목사님은 은퇴 목사임에도 결코 은퇴하신 분이 아닙니다. 더욱 왕성하게 하나님의 나라와 하나님의 교회를 위하여 일하는 불타는 사역자입니다. 부디 건강하셔서 주님 말씀하신 대로 땅끝까지 이르러 주님의 제자를 삼고 주님의 교회를 든든히 세워나가는 복된 여생이 되시기를 바랍니다.

허원구 | 부산 장신대 총장

● 1980년대 초에 시작되었던 한국에서의 기독교 세계관 운동은 학자들 중심의 운동이었고 이론적이었습니다. 그럴 수밖에 없었던 것이 세계관에 관한 대부분의 책들이 영어책이었고, 번역되어 있지 않았습니다. 그래서 이 책들을 읽을 수 있는 사람들 중심으로 세계관 운동이 일어나다 보니 자연스럽게 세계관 운동이 이론적이고 학문적인 운동으로 자리매김하게 되었습니다. 지금은 기독교 세계관에 관한 국내 저자들의 저술도 여럿 출간되었고, 해외 저자들의 저술도 많이 번역되었지만, 여전히 한국 교계에서 세계관 운동은 학문 운동 내지 학자들의 운동으로 인식되고 있습니다.

그런 의미에서 손훈 목사님의 《교회를 새롭게 세상을 아름답게》는 한국 교회의 세계관 운동에 또 다른 차원을 제시하고 있습니다. 이는 저자가 밥 모피트(Bob Moffitt), 대로우 밀러(Darrow L. Miller), 스캇 알렌(Scott D. Allen), 비샬 맹갈와디(Vishal Mangalwadi) 등의 글을 소개하고 있는 데서 뚜렷이 나타납니다. 이들은 이미 국내에 소개된 글들을 통해 이론적, 학문적 세계관을 삶의 이야기로 풀어내는 데 많은 기여를 했습니다. 이들은 기독교 세계관을 삶의 내러티브로 풀어낸다는 점에서 기존의 학자들의 접근과는 뚜렷이 구분됩니다.

손훈 목사님의 책은 이들과 궤를 같이하지만 좀 더 한국적인 상황을 고려하고 있다고 할 수 있습니다. 특히 평생 목회를 했던 저자가 일터 사역의 중요성을 간파한 것은 놀라운 혜안이라 생각합니다. 그러면서도 저자의 관심은 결국 교회와 선교로 귀결됩니다. 저자는 기존의 협소한 선교 개념을 포괄적, 전인적 선교 개념으로 확장할 것을 제시합니다. 또한 저자는 기독교 세계관적 관점에서 '하나님의 선교' 개념을 재해석하고 있습니다. 둘 다 아직 이중직 금지 규정을 갖고 있는 보수 교단의 목회자로서는 쉽지 않은 관점의 전환이라고 생각합니다.

본서를 통해 독자들은 기독교 세계관의 교회론적, 선교적 적용에 대한 새로운 관점을 얻을 수 있으리라 믿습니다. 기독교 세계관에 대한 학문적, 이론적 이해에 익숙한 분들은 이 책을 통해 기독교 세계관이 삶의 현장에서 어떻게 드러나야 하는지를 배울 수 있을 것입니다. 기독교에 대한 좀 더 심각한, 혹은 근본적인 이해를 추구하는 모든 분들은 이 책을 통해 신학자의 서재나 목회자의 강단에 갇힌 기독교가 아니라 삶의 현장에서 살아내는 삶의 원리로서 기독교를 만날 수 있을 것입니다. 아무쪼록 복음에 대한 세계관적 접근을 통해 인간의 전(Whole) 삶을 향한 하나님의 관심이 담겨져 있는 온전한 복음, 나라와 민족을 제자 삼는 온전한 제자훈련이 확산되기를 기대합니다.

양승훈 | 에스와티니 기독의과대학교 총장, 전 밴쿠버기독교세계관대학원 원장

● 《잡목을 백향목처럼》의 후속 양육교재로 나오는 사랑하는 손훈 목사님의 새로운 책, 《교회를 새롭게 세상을 아름답게》는 제목부터 설렙니다. 이 병들고 오염된 세상을 향해 "내가 만물을 새롭게 하노라"는 우리 주님의 포부를 닮았기 때문입니다. 저도 손 목사님과 같은 세대에 목회를 했고, 지금 또 다른 영역에서 하는 일도 "교회를 새롭게, 세상을 아름답게"하는 주님의 사역의 한 부분이기 때문입니다. 우린 같은 시대를 살면서 같은 목표를 향해서 걸어온 동역자요 전우입니다.

제가 손 목사님을 만난 것이 30년이 넘지를 않았다면, 아마 4반세기는 훨씬 넘었을 것입니다. 사모님과 더불어 오로지 목회에만 전념하시고, 친구들의 모임에서도 목회자의 자세를 흩트리지 않고 우리의 존경을 받는 분이셨고, 올곧게 살아오는 삶을 알고 있기 때문에, 새로운 책 《교회를 새롭게 세상을 아름답게》를 자신있게 추천할 용기를 갖습니다. 주님이 말씀하신 대로 좋은 열매는 오직 좋은 나무에서만 열리기 때문입니다. 말도 그렇고 글도 그렇습니다. 모두가 사람 속에서 나오는 것이라고 믿습니다. 그러기에 좋은 교회를 만드는 일에 헌신한 한 목회자가 쓴 책이기에, 그 건강한 교회를 통해 이 세상의 변화를 기대합니다.

"세상 나라가 우리 주와 그리스도의 나라"가 되는 그 앞날을 바라보고, 한평생 헌신한 목회자의 지혜를 담은 《잡목을 백향목처럼》의 후속 양육교재 《교회를 새롭게 세상을 아름답게》의 출판에 대한 큰 기대가 있습니다. 하나님 나라의 오심을 대망하기 때문에 "잡목을 백향목처럼" 바라볼 수 있었고, 그 따뜻한 시각에서 "교회를 새롭게, 세상을 아름답게" 하실 전능하신 하나님의 선언을 미리 듣는 기쁨에 함께하면서 이 책을 추천합니다.

정근두 | 에스라성경대학원대학교 총장

● 손훈 목사님의 제자훈련 교재는 독특하고 교육적으로 아주 효과적이라는 생각이 듭니다. 다른 저자들의 글을 인용하기보다 아예 그들의 책을 요약해서 자료화한 것이 인상적입니다. 책 한 권을 읽지만 10권 이상을 읽은 효과가 있을 것 같습니다. 교재의 내용 역시 독특합니다. 한마디로 크리스천들이 전통적으로 가지고 있던 생각을 수정하는 내용입니다. 총체적인 교회, 총체적인 전도, 총체적인 제자훈련을 지향한다는 점입니다. 한국교회가 로잔 운동으로 총체성에 대한 이해를 갖게 되었지만, 아직도 그것이 보편화되지 못하고 있습니다. 저자는 이 부분을 안타깝게 생각하면서 복음의 총체성을 강조합니다. 전통적인 신앙인들이 잠시 갸우뚱할만한 약간 파격적인 내용도 있습니다. 그런데 바로 그것이 이 책의 가치를 극대화시킵니다.

훈련자료이지만 신학적인 이론에 부족한 면이 없습니다. 아주 탄탄한 이론적인 근거를 제공합니다. 하나님 나라, 세계관 같은 내용도 그렇지만 "변화시키는 이야기"에서 말하는 인간론은 복음주의 크리스천들에게 충격과 도전을 주리라 생각합니다. 동시에 훈련교재들이 범하기 쉬운 오점을 극복했습니다. 아주 현실적이고 구체적이라는 것입니다. 성품에 대해서 관심을 가지고 많이 가르치면서도 이를 위한 구체적인 훈련에 대해서는 마땅한 대안이 없었는데 이 책에서는 그것을 구체적으로 소개합니다. 문자 그대로 훈련을 위한 교재로 손색이 없을 것 같습니다.

일터 사역에 헌신한 사람으로서 이 분야를 다룬 자료가 포함되어 있다는 것이 고무적입니다. 이 자료만 가지고도 일터 사역을 소개하는 데 부족함이 없을 것 같습니다. 저자가 이전의 전통적인 교회가 가졌던 복음의 열정을 고스란히 유지하면서도 이 시대에 맞는 전략과 방법을 적용했다는 면에서 정말 균형 잡힌 교재라고 생각합니다.

방선기 | 일터개발원 이사장, 전 직장사역연합 대표

● 손훈 목사님은 겸손하면서도 능력과 열정을 가진 목회자입니다. 나는 손 목사님과 교제하면서 그의 아름다운 성품과 능력을 본받고 싶었습니다. 목사님은 "건강한 교회, 성경적인 교회"에 대한 꿈을 가지고 성실하게 목회하였습니다. 나

에게도 같은 꿈이 있었습니다. 나는 목사로 임직하고 교회에 조금 더 가까이 다가가면서 어릴 적부터 가졌던 교회에 대한 로맨틱한 꿈이 완전히 깨지는 불행한 경험을 했습니다. 너무나 고통스러운 일이었습니다. 그러면서 나에게는 한이 맺히듯 "건강한 교회, 교회다운 교회"에 대한 간절한 소원이 생겼습니다. 하지만 저는 이런 소원을 제대로 구현하지 못했습니다.

저와는 달리 저자는 건강한 교회를 세우는 꿈을 실현하기 위해 진력해왔습니다. 특히 DNA 운동을 통하여 지역교회를 바로 세우고 나아가 일터 선교를 통해 세상을 변화시켜야 한다는 믿음으로 평생을 달려오셨습니다. 본서는 이런 꿈과 열정과 경험을 교재로 묶어낸 것입니다. 목회자들이 사용하기에 아주 좋은 교재입니다. 독자들도 이 교재를 통해 성경적인 교회, 곧 영광스러운 교회를 재발견하고, 저자의 꿈과 열정과 지식을 공유할 수 있게 되리라 믿습니다.

오늘의 세상은 노아 홍수 때와 같이 죄악이 관영해지고 있습니다. 반면에 교회는 거룩함과 능력을 잃어가고 있습니다. 성도들은 교회 안에 갇혀 있고 교회사역은 담을 넘지 못하고 있습니다. 다시 일어나야 하겠습니다. 하나님의 영광이 온 세계 위에 드러나게 될 때까지 쉬지 말아야 하겠습니다. 이 책을 읽고 공부하고 함께 달려갈 수 있기를 바랍니다.

정주채 | 향상교회 은퇴목사, 코람데오닷컴 이사장

● 희망친구 기아대책과 함께 선교적 교회의 사명을 공동체 안에서 성취하기 위해 시작하셨던 DNA 사역이 이제 창립 20년을 맞게 되었습니다. 그 중심에는 손훈 목사님의 섬김과 나눔의 사역을 통해 하나님의 말씀을 온전히 이 땅 가운데에서 심기 위한 평생의 헌신이 있습니다. 교회의 역할을 단순히 교회 안에서의 활동에 국한하지 않으시고, 지역교회가 깨어진 세상 속에서 가난과 굶주림으로 고통 받는 사람들에게 떡과 함께 복음을 전함으로 영적, 육적 굶주림을 해소하기 위해 도울 뿐만 아니라, 영적으로 사회적으로 정서적으로 깨어진 관계들을 회복하기 위한 화해의 사역에 중요한 역할을 해야 함을 강조하셨습니다. 하나님은 교회가 세상에서 빛과 소금의 역할을 하고 예수님의 신부가 되는 준비를 하기 위하여

이 세상의 가난하고 굶주린 이웃들을 돌보고 소외된 자들을 섬기는 사명을 감당하라 하셨습니다.

"교회가 세상을 제자 삼지 않으면, 세상이 교회를 제자 삼는다"는 DNA 운동의 슬로건처럼, 모든 그리스도인들은 교회의 일원으로서 하나님의 나라가 이 땅 가운데 임하시고, 운행하심을 증거해야 할 사명을 가지고 있습니다. 하나님의 나라는 관념 속에서 이루어지는 것이 아니고 세상 속에서 치열하게 하루하루를 살아가는 사람들 속에서 하나님의 사랑을 드러내야 하는 것이고, 이러한 하나님의 사랑은 이웃을 섬기는 모습에서 발견할 수 있습니다.

성숙한 그리스도인의 삶은 거창한 프로젝트가 아닌 일상의 삶 속에서 가난하고 깨어진 이웃의 필요를 돌아보며, 그들을 섬기는 삶이며, 이러한 삶은 누군가 인정해주지 않아도 내가 있는 환경 속에서 하나님의 부르심에 응답하고, 이를 실천하는 삶입니다. 이 책을 통해 목사님께서 강조하시는 선교적 교회의 사명을 다시 한 번 깨닫고, 이 세상 가운데 전인적인 회복의 사역들이 계속해서 열매를 맺을 수 있기를 기대합니다. 이 책을 통해 지극히 작은 자들을 섬기는 성숙한 그리스도인의 삶의 모습과 한국교회가 하나님께서 원하시는 성경적인 교회가 되어가는 해답을 발견하시길 기도합니다.

유원식 | 희망친구 기아대책 회장

● 하나님께서는 인간을 남자와 여자로 지으신 후 창조 세계를 바라보시면서 "보시기에 심히 좋았더라(창 1:31)"라고 만족감을 나타내셨습니다. 그들로 부부되게 하신 후에는 땅에 충만하여 땅을 다스리라는, 즉 영속적으로 보시기에 심히 좋게 만들어나가라는 문화명령(창 1:27-28)을 내리셨습니다. 그토록 많은 선지자들과 예언자들을 이 땅에 세우시고, 심지어 마지막에는 예수 그리스도의 성육신과 십자가의 대속적 죽음을 감당케 하신 목적도 궁극적으로 만물까지 탄식할 수밖에 없던 죄악 세상을 회복케 하시려는 뜻입니다. 그러기에 많은 교회와 목회자들을 세우셨습니다. 그러나 그 목적은 실현되지 못했습니다. 참으로 안타까운 모순적 사실은 인류의 정신문화와 물질문명이 발전해 갈수록 아니, 교회가 많아질수록 세상은 퇴행해가고 있다는 현실입니다.

이 사실을 뼈아프게 깨닫고 하나님의 대안을 찾기 위해 간절히 기도하며 몸부림치시는 이들 중 한 분이 바로 《교회를 새롭게 세상을 아름답게》를 저술하신 손훈 목사님이십니다. 이분은 우리나라 최고의 명문대학에서 공학을 전공하고 유수한 기업에서 일찍이 중진에 이를 만큼 그 실력과 열정을 불태우던 분이셨습니다. 그러던 중 하나님의 새로운 부르심을 따라 신학을 공부하고 목회 현장으로 나가자, 교회를 거듭 개척하면서 깊은 고뇌에 잠기셨습니다. '사회와 목회 현장에서 부닥치는 여러 문제들의 원인과 해결 방법은 무엇인가?', '참된 교회, 성경적 교회와 목회는 무엇인가?', '하나님께서 그토록 사랑하시는 세상을 아름답게 하기 위해 오늘날 교회가 무엇을 하고 있는가?', '하나님 보시기에 합당한 아름다운 모습은 어떤 것일까?'

손 목사님은 특히 DNA(Disciple Nations Alliance) 즉, 성경적인 세계관을 근거로 지역교회의 전인적인 사역을 통해 나라와 민족을 제자 삼는 운동에 매진해 오셨습니다. 그동안 여러 선교 단체를 섬기셨고, 특별히 한국기아대책기구를 오래 섬겨 오셨으며, 한국DNA협의회 회장으로 섬기고 계십니다. 그리고 손 목사님은 이번에 출간되는 《교회를 새롭게 세상을 아름답게》 뿐만 아니라, 《DNA 코리아》와 《잡목을 백향목처럼》도 이미 저술하셨습니다.

우리 시대에, 우리 곁에 손훈 목사님 내외분 같은 분이 계시다는 것은 역사의 주인 되시는 여호와 하나님 아버지의 우리를 향하신 각별한 사랑입니다. 모든 교역자들과 신학생들, 그리고 일반 성도들도, 더 나아가 불신 이웃들까지도 손에 들고 거듭 읽어보시기를 추천합니다.

강신원 | 노량진교회 원로목사, 모스크바장로회신학대학교 총장

● 손훈 목사님은 신학교 동기이자 고등학교 선배님으로 45년 전에 만나 지금까지 저를 이끌어 주시고 격려를 아끼지 않으셨고 필요할 때 잠자리까지 제공해 주셨던 사랑과 은혜가 충만한 사역자였습니다. 손 목사님은 다대포에서 교회를 개척하시고 간구와 금식으로 성전을 건축하여 봉헌하셨습니다. 목회 사역을 힘차게 할 수 있는 모든 여건을 내려놓고 오직 하나님의 부르심을 따라 낯선 땅 대구

에서 천막 개척교회로 출발한 대구교회를 섬기시면서 성전을 건축하셨습니다. 그 후 서울 영화교회를 신실하게 섬기시면서 충성스럽고 지혜로운 종으로 위대한 계명(마 22:37-40)과 주님의 지상명령(마 28:18-20)에 순종하여 전인적(영적, 육체적, 사회적, 지적) 사역인 DNA를 실천하며 아름답고 건강한 교회를 이끌어 왔습니다.

주님은 다시 오실 때까지 믿는 이들에게 모든 민족에게 구원의 복음을 넘어 천국 복음, 즉 하나님 통치 복음을 전하라고 부탁하셨습니다(마 24:14). 하나님의 나라는 하나님의 통치입니다. 성령 충만하여 심령 천국과 가정 천국을 누려야 합니다. 머리이신 주님께 온전히 순종하는 교회 천국을 누리면서 하나님의 선물로 주신 일터를 하나님이 다스리시는 천국으로 만들어야 합니다. 일터에서 하나님께 영광을 돌리며 복음적인 삶을 통해 본을 보이며 믿음으로 헌신하며 근면과 창의성으로 축복의 통로가 되면 일터는 열매 맺는 전도지요, 선교지가 되고 진정한 부흥이 일어날 것입니다. 《교회를 새롭게 세상을 아름답게》 훈련교재는 하나님의 통치 복음을 현실적으로 구체적으로 삶의 모든 영역에서 실천하도록 도와주는 방법을 제시하고 있습니다. 건강한 교회를 통해 세상을 변화시키고 나라와 민족과 열방을 살리기를 원하시는 모든 분들에게 적극 추천합니다.

손 목사님은 나라와 민족을 제자 삼는 운동을 직접 섬기는 교회에 실천해보고 다른 사역자들에게 실천적으로 가르쳐왔습니다. 후배 사역자들을 멘토링하시는 사역은 평생 사역으로 하나님께서 주신 축복의 선물입니다. 은퇴 후 황금기를 지나시는 손 목사님께 박수와 격려를 보냅니다.

김인식 | 킹덤 월드미션 대표, 미주 장로회 신학대학원 교수, 웨스트힐 장로교회 원로목사

● 미국의 시인 메이 스웬슨의 '어떻게 늙을까'라는 시의 일부입니다. "젊기는 쉽지. 모두 젊어, 처음엔. 늙기는 쉽지 않아. 세월이 걸리지. 젊음은 주어지는 것. 늙음은 이루어지는 것, 늙기 위해서는 세월에 섞을 마법을 만들어 내야 돼." 손 목사님은 저의 신학교 동기이시지만 늘 저를 이끌어 주셨고 저는 목사님을 형님으로 부르며 지냈습니다. 손 목사님을 만날 때는 늘 잔잔한 미소와 함께 진하게

전해져 오는 평안함과 고요함을 느끼곤 했습니다. 신학교를 졸업한 지 어느덧 40여 년이 지났지만, 목사님은 변하지 않았습니다. 아니 오히려 목사님을 만나면 날로 내면의 깊이가 더해 가신다는 것을 느끼며 마음으로 도전과 감동을 받습니다.

목사님께서 은퇴하신 후 출간한《잡목을 백향목처럼》을 읽고서 그 비밀을 알게 되었습니다. 언제나 가난한 마음으로 하나님을 갈망하며 기도하는 생활을 평생 계속해 온 삶이 목사님의 길이었습니다. 그리스도인이면서도 예수님의 모습을 닮지 못해 이기적이고 고집스러워만 가기에 아쉬움과 안타까움을 주는 경우가 많습니다. 그러나 목사님은 사모님과 더불어서 마치 수도사처럼 평생 기도하며 변함없이 예수님의 뒤를 따르는 삶을 살아오셨습니다. 그래서 예수님의 향기를 은은히 전해주는 내적인 성품을 이루신 것을 확인하면서 다시 한 번 존경하게 되었습니다.

젊은 시절에 마음에 타올랐던 영적인 불길은 목사님의 영혼 속에서 꺼지지 않고 계속되어 다대중앙교회, 대구교회를 믿음으로 개척하게 하셨고, 영화교회를 사랑으로 섬기게 하셨습니다. 또한 전 생애를 통해 겸손한 마음으로 배우고 하나님의 나라를 이루려고 힘쓰는 삶을 사신 것이, 첫 번째 책,《잡목을 백향목처럼》을 통해 확인되었습니다. 그리고 이어서 하나님의 나라를 이루기 위한 온전한 제자 훈련으로 이끄는 두 번째 저서《교회를 새롭게 세상을 아름답게》를 출간하게 되심을 진심으로 축하드립니다. 이 책을 통해 복음의 삶을 실천하고 온전한 교회를 세워 하나님의 나라를 이루는 구체적인 길을 찾게 될 것을 확신합니다. 모든 목회자들과 신학생, 그리고 한국 교회 성도들이 읽고 실천해야 할 책이기에 진심으로 추천합니다.

김창근 | 무학교회 원로목사

● 저희가 신학교를 다닐 때는 신대원 학우가 45명밖에 되지 않았습니다. 그러기에 3년을 함께 지내면서 서로에 대해서 비교적 잘 알 수 있었습니다. 그래도 손훈 목사님은 형님들의 그룹에 들어가 있었고, 저는 비교적 어린 그룹에 속해 있어서, 손 목사님과 깊은 교제를 나누지는 못했습니다. 그래도 손 목사님이 진실하신

분이고, 신실한 목회자라는 사실은 잘 알고 있었습니다. 그러다가 제가 20년간 이민 목회로 떠나 있다가 돌아왔을 때, 손 목사님은 영화교회에서 열심히 목회하고 계셨고, 그 교회는 선교하는 교회이고, 손 목사님은 선교사님들이 존경하는 목사님이라고 알려져 있었습니다. 그래서 제가 섬기는 교회의 선교 정책을 위해 손 목사님께 자문을 구하기도 했습니다.

세월이 흘러 이제 저도 은퇴를 하게 되었습니다. 저는 신학교에 들어가기 1년 전부터 교육전도사를 시작해서, 46년간 목회 사역을 했는데, 지난 사역을 돌아보면 모든 것이 하나님의 은혜요 감사한 것뿐이지만, 목회자로서 과연 성도들을 바른 신앙인으로 키웠는지, 바른 교회로 키웠는지 아쉬움이 남습니다. 그런 의미에서 손 목사님께서 그동안 교회다운 교회, 건강한 교회를 키우기 위해 힘쓰셨고, 이제는 후배 목회자와 선교사와 사역자들에게 자신의 삶과 사역을 통해 경험하고 검증된 사역의 바른 원리를 전하기 위해 《교회를 새롭게 세상을 아름답게》라는 양육훈련 저서를 발간하시는 것을 기뻐하며 축하드립니다.

앞으로 손 목사님의 사역이 보람 있는 사역이 되시기를 바라며, 또 한국교회에 손 목사님 같은 분들이 많이 나와서, 하나님이 기뻐하시는 한국교회가 되고, 목회자와 성도들이 될 수 있기를 간절히 기도드립니다.

림형석 | 대한예수교장로회 증경총회장, 참목회연구원 원장

● 손훈 목사님은 나와는 신학대학원 동기 목사님으로 공부할 때부터 형님이라고 부르며 따르는 분이십니다. 그는 그 시절부터 기도하시는 분이셨습니다. 매사에 기도를 최우선시하는 분으로 대구에서 목회하실 때 저는 영남신학대학교에 있었으므로 계속 가까이에서 지냈고 이후 서울에 와서도 가까이 지내며 교제해왔습니다. 한번은 영화교회에 계실 때 예배 시간보다 조금 일찍 찾아가서 목양실에 들렀습니다. 그런데 그는 인사만 나누고 기도할 시간이라고 예배실로 들어가 버렸습니다. 그가 정말 기도의 사람임을 새삼스레 느낀 날이었습니다.

손훈 목사님의 영성 개발에 대한 열정은 은퇴 후에도 계속되어 한국 DNA 운동을 책임지시고 열정을 쏟고 계시며 그의 첫 저술의 열매로 《잡목을 백향목처럼》을

내셨고, 이번에 그의 두 번째 저술로 영성 훈련 교재인 《교회를 새롭게 세상을 아름답게》를 출간하게 되셨으니 함께 기뻐하며 축하를 드립니다. 그리고 적극적으로 추천의 글을 올립니다. 이 책을 읽고 활용하는 모든 사람이 영성 개발에 적극 참여하여 큰 유익을 함께 나누시기를 바랍니다.

이용원 | 전 서울 장신대학교 총장

● 손훈 목사님의 자서전 겸 한국교회의 미래 방향을 제시하는 DNA 운동의 산물인 《잡목을 백향목처럼》의 후속편 《교회를 새롭게 세상을 아름답게》라는 책을 출간하게 되신 것을 진심으로 축하드립니다.

주지하시는 바와 같이 오늘날의 신학은 자유주의 내지는 진보주의 성향의 '교회협의회 신학'(WCC 신학), 그리고 로잔 운동으로 계승, 전개되는 '복음주의 신학' 내지는 '로잔 신학'으로 크게 구별되어 전개되고 있습니다. 19세기부터 전개된 자유주의 신학은 성경에 대하여 부분적으로 계시를 인정하지만, 이성적인 기준으로 성경을 해석하여 전개되는 신학이라면, 복음주의 신학은 성경을 전적으로 하나님의 계시로 주어진 언약의 말씀으로 바라보는 데서 그 근본적인 차이점이 있습니다. 이러한 차이점은 자유주의의 과도한 '인본주의'적 발상과 그에 저항하는 복음주의의 과도한 '폐쇄주의'로 나타나다가 20세기 말 로잔대회가 주창하는 신학(1974, 1989, 2010)으로 인하여 적절한 균형감각을 찾아가고 있는 상황입니다. 하나님의 선교(missio Dei)라는 용어의 사용, 통전적 내지는 총체적 선교, 복음의 총체성에 대한 수용, 교회와 세속 역사에서 주권자 되시는 하나님, 복음과 상황의 동시적 강조, 선교에 있어서 복음 전도와 사회적 참여의 균형 잡힌 관계성 등의 이슈는 이제 양 진영에서 강조하는 내용이라고 할 수 있습니다. 한국의 선교학계에서도 로잔학회가 조직되어 위에서 언급한 로잔 신학의 내용을 교계에 알리고, 2024년에 서울에서 개최될 제4차 로잔대회를 준비하는 상황입니다.

이러한 시점에 총체적 복음과 통전적 선교를 기치로 세워 일상의 삶과 일터에서 복음을 행하고(Orthopraxis), 복음을 증거하며(Orthodoxy), 약자들을 도우려는 목적으로 본 저서가 집필된 점에 경의를 표합니다. 그것은 본서가 로잔대회와 DNA

에서 주창하는 그 신학과 정신이 아직 성도들뿐만 아니라 일선 교회와 목회자들에게까지도 전해지지 않은 상황이어서 아직도 구태의연한 논쟁과 반목을 일삼고 있는 교계에 신선한 충격과 도전을 주리라 기대하기 때문입니다. 평생 이러한 신학과 사역에 매진하신 손 목사님과 그 동역자들의 노고에 의해 집필된 본서가 일터와 그리스도의 일상에 지침이 되는 좋은 길잡이가 될 것을 확신하며 본서를 추천하는 바입니다.

신경규 | 고신대학교 신학대학 교수, 고신대 전문인 선교훈련원장

프롤로그

나라와 민족을 제자 삼는 교회 세우기

우리 시대 최고의 복음주의 신학자요 설교가였던 존 스토트(John Stott) 목사는 그의 저서 《살아있는 교회》에서 "나에게는 살아있는 교회에 대한 꿈이 있다"라고 고백하였다.

나에게는 "건강한 교회, 성경적 교회"에 대한 꿈이 있다. 이 꿈은 곧 "나라와 민족을 제자 삼는 교회"에 대한 비전이다. 나는 그동안 이 비전을 따라 교회와 일터에서 가르치며 섬겨왔다.

오늘날 세상은 우상숭배, 두려움, 기만, 공허, 폭력, 가난, 억압과 불의로 가득 차 있으며, 매우 심각하게 깨어진 상태에 있다. 이러한 세상에 살고 있는 오늘 우리에게 주어진 막중한 책임은 무엇인가? 깨어지고 상한 이 세상을 치유하고 회복하는 것이, 교회가 가진 가장 근본적이고 성경적인 역할임을 이해하지 못하고 있는 오늘의 교회들로 하여금 그것을 이해하도록 돕고 섬기는 것이라고 확신한다.

존경 받는 인도의 학자 비샬 맹갈와디(Vishal Mangalwadi)는 이같이 말하였다. "만약 하나님이 이 세상의 모든 문제를 해결하기 위해서 비영리 단체를 설립하셨다면, 그 단체는 바로 교회일 것이다." 그리고 디트리히 본회퍼(Dietrich Bonhoeffer)는 "교회가 세상/타인을 위해 존재할 때만이 진정한 교회다"라고 말하였다. 한편 우리들은 오늘날 엄청난 모순의 시대에 살고 있다. 오늘날 이보다 더 많은 교회가 있었던 때가 없었으며, 또한 동시에 이보다 더한 깨어짐의 시대도 없었다. 헤아릴 수 없이 많은 지역교회가 세계 도처의 나라들에 심어졌지만, 그럼에도 불구하고 바로 그 나라들이 부패와 우상숭배, 불의와 부조리 속에 고통하고 있는 것이다. 왜 그럴까? 이는 비참하게도 온 세계의 교회가, 교회에 주신 주님의 지상명령

(Great Commission)을 전혀 바르게 이해하지 못하고 있는 까닭이다.

DNA(Disciple Nations Alliance) 운동은 바로 이러한 문제를 해결할 수 있도록 하나님께서 우리에게 주신 대안이라고 생각한다. DNA 운동은 성경적 세계관(Biblical Worldview)의 기반 위에 지역교회의 전인적 사역(Wholistic Ministry)을 통해 지역과 나라와 민족을 제자 삼고자 하는 성경적 운동(마 28:19-20)이다. 그러므로 이제 우리는 "교회를 새롭게, 지역을 아름답게, 열방을 복되게" 하는 이 소중한 운동을 지역교회에서 펼쳐갈 수 있도록 섬기고자 한다.

바라기는 각 교회의 목회자들과 성도들이 이 교재를 통해 가르치고 배우며 실천하는 가운데, 각 지역에서 하나님 나라 운동의 열매가 풍성히 맺혀지기를 기도한다. 그리하여 교회마다 주님의 거룩하신 부르심을 깨닫고 겸손히 순종함으로, 이 땅에 하나님 나라가 아름답게 구현되기를 소망한다. 그리하면 하나님께서 약속하신 대로 이 땅을 고치실 것이다(대하 7:14).

이 책은 나의 지난번 책 《잡목을 백향목처럼》의 후속으로 나라와 민족을 제자 삼는 교회 세우기를 위한 '양육훈련용 교재'로 편집된 것이다. 그러나 이 책에 수록된 강의 내용 중에는, DNA 공동설립자인 밥 모피트(Bob Moffitt) 목사님과 대로우 밀러(Darrow Miller) 목사님의 글들이 많이 포함되어 있다. 훌륭한 자료를 주신 두 분에게 깊은 감사를 드린다.

이 책에 수록된 기초과정과 심화과정의 15과목은 "베이직 1 · 2"로 시작된 '나라와 민족을 제자 삼는 교회 세우기' 커리큘럼의 최종 과정으로 양육훈련 과정이다. 그리고 '강의 보조 자료'에는 기초/심화과정에 담지 못한 필요한 자료들이 몇 가지 수록되어 있다.

이 과정을 교회에서나 선교지에서 사용하고자 할 때 우선 7주 과정으로 1-7과를 가르치고, 그 후에 심화 과정이 필요할 때 8주 과정으로 8-15과를 가르치면 좋을 것이다.

이 과정을 개인적으로나 소그룹에서 할 수도 있다. 먼저 각 과를 두세 번 정독하고 마지막에 나오는 '나눔 질문'에 성실하게 답을 써 본 후에, 그룹으로 서로 나누며 함께 기도함으로써 '나라와 민족을 제자 삼는' 공동체로 자라갈 수 있다. 개인적으로는 그 과에서 배운 점을 묵상한 후에 기도함으로써 '나라와 민족을 제자 삼는' 그리스도인으로서 자라가게 될 것이다.

참고로 '나라와 민족을 제자 삼는 교회 세우기' 커리큘럼을 간략하게 소개하면, '베이직 1 · 2'는 기독교인들 위한 BASIC 기본교육 과정이며, '비전 컨퍼런스'는 DNA 전인 사역과 세상의 변혁을 위한 하나님의 비전을 목회자와 성도들에게 알리는 과정이다. 그리고 '코람데오 스쿨'은 기독교인들이 삶의 모든 영역과 문화에 대한 하나님의 목적을 재발견하고, 그 목적대로 살 수 있도록 도와주는 동영상으로 진행되는 강의 과정이며, 양육훈련 과정인 '교회를 새롭게 세상을 아름답게'는 지역교회를 통해 한국과 선교지에서 DNA 운동이 활성화되고 정착되도록 도와주는 과정이다. 여기에 소개한 '베이직 1 · 2', '비전 컨퍼런스', '코람데오 스쿨'의 모든 자료들은 'DNA Korea 모바일 허브'의 '스마트서재'에 수록이 되어 있다. 아래의 큐알(QR)코드를 스캔하면 'DNA Korea 모바일 허브'(http://mcat.kr/dnakorea)로 이동한다.

'모바일 허브 홈 화면'에 보면, 중간의 사진 아래 부분에 8개(홈을 포함)의 창이 있는데, 넷째 창인 '스마트서재' 창을 클릭하면 12종류의 책자가 있는 '서재 스탠드'가 열린다. 그 안에 '베이직 1 · 2', '비전 컨퍼런스', '코람데오 스쿨' 등의 많은 자료들이 있다. 이러한 자료들의 사용 방법에 대해서는, 교재 350페이지에 있는 '모바일 허브 사용법'을 참조하면 된다.

바라건대 이 책이 교회가 새롭게 변화되고 세상이 아름답게 변혁되기를 꿈꾸는 모든 이들에게 유용한 도구가 되어, 이로 말미암아 이 땅과 열방에 하나님 나라가 영광스럽게 구현되길 간절히 기도한다.

한국DNA협의회 손훈 목사

나라와 민족을 제자 삼는 교회 세우기 커리큘럼

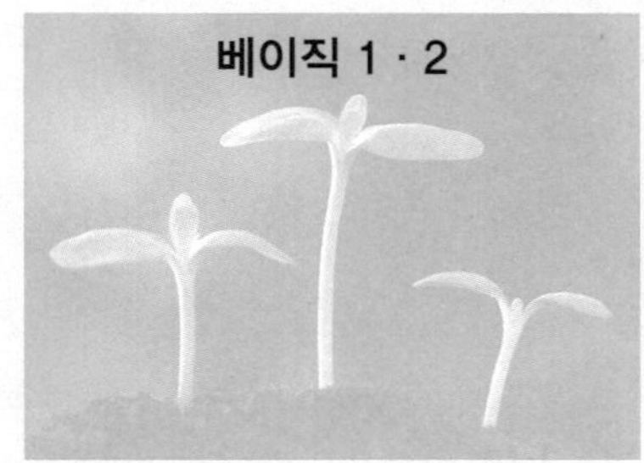

DNA Vision Conference

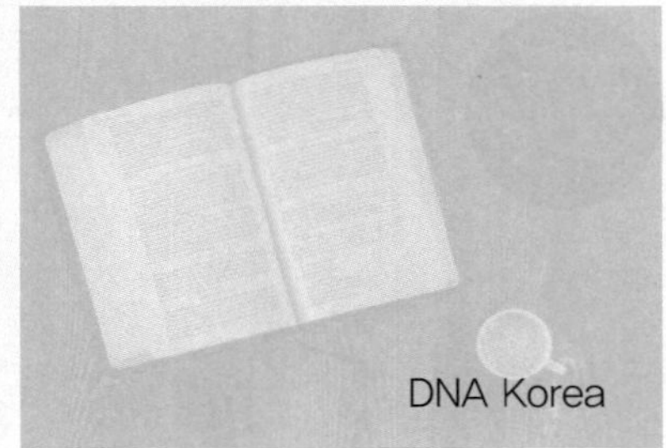

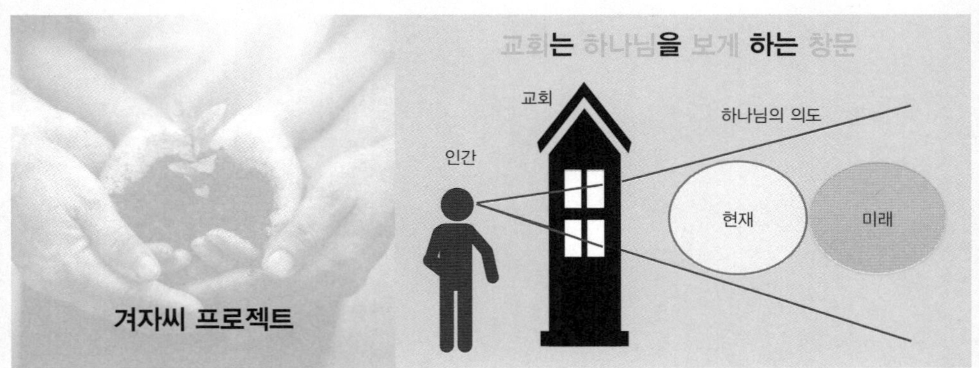

교회를 새롭게, 지역을 아름답게, 열방을 복되게

기초 과정

1

하나님 나라
(The Kingdom of God)

하나님 나라의 성경적 개념의 회복

교회는 오늘도 여전히 죄로 오염되고 혼란한 우리 세상에 비전을 줄 수 있는가? 우리의 믿음은 세상이 전적인 파괴로 끝나버릴 것이라는 것 외에는 이 세상에 대해 말해 줄 것이 없는가? 우리 기독교는 이 세상에서의 우리의 고통은 일단 하늘에 가면 그 의미를 알게 될 것이라는 말로 위로해 줄 수밖에 없는가?

그러면 예수님을 이끌어간 비전은 무엇이었을까? 예수님은 다음과 같이 자신의 비전을 표현했다.

"내가 불을 땅에 던지러 왔나니 이 불이 이미 붙었으면 내가 무엇을 원하리요!"(눅 12:49)

예수님은 그가 불에다 비유한 그 비전으로 움직이셨다. 그 비전은 세상과 그 안에 있는 **모든 만물의 완전한 변화**를 목표로 한 것이었다. 그분이 세상에 불을 붙이기 위해 오신 그 불은 무엇이었는가? 그분 안에서 불타오른 이 불은 무엇인가? 이 비전, 즉 이 불은 바로 **"하나님 나라"**였다.

이 과의 목적은 하나님 나라의 성경적 비전의 영광에 대해 탐구하고, 예수님 자신 안에 불탔던 동일한 비전을 이 시대의 교회 안에 불붙도록 하기 위한 것이다. 하나님 나라의 성경적 비전은 세상이 그동안 보아온 것 중 가장 원대한 비전이다!

바로 이 비전을 위해 예수님은 사셨고, 일하셨고, 고난 받으셨으며 죽으셨다. 바로 이 비전을 예수님은 그분의 제자들과 교회에 위임하셨다. 바로 이 비전이 역사의 완성, 즉 하나님의 전 창조를 위한 하나님의 의도를 성취하는 것이다. 바로 이 비전이 각 개인 성도들에게 그들 자신보다 더 높은 부르심과 목적을 제공한다. 이 비전은 세상에 있는 죽음, 악, 불의, 부패의 실체를 인식하고 설명해 주며, 또한 동시에 이 세상에 오셔서 역사를 변화시키시는 전능하신 사랑의 하나님이 실재하심을 확증해 준다.

하나님 나라:
하나님의 뜻이 이루어지는 영역

모든 왕국은 4가지의 보편적인 요소 혹은 구성 요소를 가지고 있다.

- 통치하는 왕
- 신하들, 혹은 왕의 통치를 받는 대상들
- 법, 제도, 그리고 법과 제도를 관리하는 정부
- 왕이 통치하는 영역 혹은 영토.

하나님 나라도 이와 같다. 하나님이 왕이시고, 그리스도는 하나님이 임명하신 왕이다. 천사들과 그리스도의 왕권에 순종하는 이들은 신하들이다. 하나님 나라의 법과 제도는 하나님의 뜻을 표현하는 것으로, 하나님 나라가 통치되어지는 정부의 토대를 이룬다. 하나님 나라의 영역과 영토는 하나님의 뜻에 순종하는 창조의 모든 부분이다. 하나님의 소원은 하나님의 의도, 하나님의 뜻, 하나님의 법이 하늘에서와 같이 바로 지금, 여기 땅의 모든 계층에서 지켜지는 것이다. 이것이 하나님의 소원이다. 왜냐하면 하나님은 우리를 사랑하셔서 우리 삶을 위한 가장 최선의 것을 주기 원하시기 때문이다. 만약 하나님의 뜻이 하늘에서와 같이 땅에서도 정녕 이뤄진다면 어떤 일이 일어날지 한번 상상해보라.

만약 당신이 자신의 성결, 정직성, 신체 관리, 타인과의 관계의 영역에서 당신을 향한 하나님의 의도에 모두 전적으로 순종한다면 당신 개인에게 무슨 일이 일어나겠는가? 만약 당신의 가족 모두가 서로 간의 관계에서 하나님의 의도에 전적으로 순종한다면 가정에 무슨 일이 일어나겠는가? 만약 교회의 지도자들과 성도들이 서로 사랑하고 섬기고, 약한 자를 돌보며, 연합하여 산다면, 당신의 교회와 지역사회의 교회들 안에 어떤 일이 일어나겠는가? 만약 당신의 지역사회 지도자들이 정직함으로 일관되게 공공선을 위해 함께 일한다면 지역사회에 무슨 일이 벌어지겠는가? 만약 비즈니스 업계에서 속임수나 부정직이나 부패가 없다면 어떤 일이 일어나겠는가? 만약 학교의 교사들이 학생들의 학업을 위해 진심으로 봉사한다면 무슨 일이 일어날까? 만약 자녀들이 그들의 부모와 어른들을 존경하고 그들에게 배우기를 원한다면 어떤 일이 생길까? 만약 당신의 나라에 부패가 사라지고 진정한 정의가 이뤄진다면 어떻게 될까?

이 모든 것이 바로 예수님이 우리에게 기도하라고 요청하신 것이다. 예수님은 바로 이러한 하나님의 뜻이 하늘에서 이뤄진 것같이 땅에서도 이뤄지도록 우리에게 기도하라고 하셨다.

이것을 개인적으로 적용해보자. 당신과 내가 하나님의 뜻을 순종하는 만큼, 하나님 나라가 우리 삶에 이뤄진다. 하나님의 뜻이 내 가정과 교회, 그리고 당신의 가정과 교회에 이뤄지는 만큼, 하나님 나라가 우리의 가정과 교회에 이뤄지게 된다. 하나님의 뜻이 우리 지역사회와 나라에 이뤄지는 만큼, 하나님 나라는 그곳에 이뤄지게 되며, 우리의 지역사회와 나라가 치유 받게 된다.

"아버지 하나님! 당신의 나라가 임하시옵소서. 당신의 뜻이 이뤄지게 하옵소서."

성경 속의 하나님 나라의 중요성

"하나님 나라" 혹은 "천국"이란 용어는 복음서에 100회 이상 등장한다. 예수님의 직접적인 말씀에서는 90회 이상 언급된다. 대조적으로, 복음서에서 "교회"란 단어는 단 2회만 나온다. 하나님 나라는 예수님이 이 땅에서 사역하실 때 중심적인 관심사였다. 사실 하나님 나라는 왕 되신 그리스도의 인격 가운데 완전하게 드러난다.

하나님 나라의 모습을 이해하기 위해 예수님에 대해, 그리고 예수님이 어떻게 사셨는지를 살펴보자. 예수님은 가난한 자, 어린이, 죄인들, 여인들, 제자들에게 어떻게 대하셨는가? 예수님은 하나님의 뜻에 완전히 순종한다는 것이 어떤 삶인지를 우리에게 보여주신다.

하나님 나라는 또한 신약의 대표적인 교회 개척가인 사도 바울에게도 대단히 중요했다. 하나님 나라를 향한 그의 비전과 열정이 그가 인도한 사람들과 세운 교회들 안에서 증명되고 있음을 분명히 알 수 있다. 따라서 이것이 초대교회에 중요했던 것처럼, 오늘날의 교회에도 똑같이 중요시되어야 한다.

연령, 성별, 국적, 교리를 막론하고 모든 사람들은 그들의 삶을 헌신할 한 가지 목적과 비전을 찾고 있다. 여기에는 하나님 나라의 성경적 비전만큼 가치 있는 것은 없다. 예수님과 사도 바울도 하나님의 영광스러운 뜻이 하늘에서 이뤄진 것처럼 땅에서도 실현되는 것을 보기 위해 살았고, 가르쳤고, 삶을 바쳤다. 우리라고 그보다 덜 해서 되겠는가?

하나님 나라의 본질

● 하나님 나라는 포괄적이다.

하나님 나라는 포괄적이다. 하나님의 구속 사역의 지평은 모든 인류와 모든 인간관계를 포함하여 모든 창조를 포용한다. 오늘날 어떤 교회들은 "우리는 천국을 가기 위해 영혼을 구원하는 일만 해야 한다"고 한다. 또 어떤 교회들은 영혼 구원에 신경 쓸 것 없이 가난, 기아, 불의한 문제에만 신경 써야 한다고 한다.

성경은 하나님 나라의 범위에 대해 무엇을 말하는가? 성경은 하나님 나라는 포괄적이라고 가르친다. 그만큼 모든 만물이 구속되어야 한다. 창조 전체가 구속되어야 한다.

"아버지께서는 모든 충만으로 예수 안에 거하게 하시고 그의 십자가의 피로 화평을 이루사 만물 곧 땅에 있는 것들이나 하늘에 있는 것들이 그로 말미암아 자기와 화목하게 되기를 기뻐하심이라"(골 1:19-20).

하나님 나라의 범위 밖에 있는 것은 하나도 없다. 이는 전적으로 전 지구적인 변화를 말하는 것이다. 이는 전 우주에 대한 것으로, 악으로부터 순결하게 되고 하나님의 영광으로 가득 차는 비전이다. 이것이 하나님 나라가 전진하여 도달하게 될 종착지이다.

● 하나님 나라는 일상적인 것을 거룩하게 한다.

하나님 나라는 포괄적이기 때문에, 모든 만물을 포함한다! 그 나라는 삶의 일상적인 것들조차 거룩하게 하고 중요하게 만든다. 그 나라는 삶의 모든 영역에 대해 목적과 부르심과 존엄의 의미를 부여하며, 세상의 관점에서 천하거나 평범한 것들에 대해서도 그런 의미를 부여한다. 사도 바울은 말했다.

"그런즉 너희가 무엇을 먹든지 마시든지 무엇을 하든지 다 하나님의 영광을 위하여 하라"(고전 10:31).

먹는 것과 마시는 것과 같은 일상적이고 흔한 것들조차 하나님 나라의 관점에서는 그분의 영광을 위해서 해야 하는 것이다.

"그날에는 말방울에까지 여호와께 성결이라 기록될 것이라 여호와의 전에 있는 모든 솥이 제단 앞 주발과 다름이 없을 것이니 예루살렘과 유다의 모든 솥이 만군의 여호와의 성물이 될 것인즉 제사 드리는 자가 와서 이 솥을 가져다가 그것으로 고기를 삶으리라 그날에는 만군의 여호와의 전에 가나안 사람이 다시 있지 아니하리라"(슥 14:20-21).

보잘것없고 일상적인 솥과 말방울에조차 "여호와께 성결"이라고 기록될 것이다. 하나님 나라는 포괄적이어서, 세상이 보기에 작고 가치 없는 것들이 새로운 중요성을 갖게 된다. 이것은 "세속적인 것"과 "거룩한 것"을 예리하게 나누는 오늘날 교회 안의 많은 사람들에게는 획기적인 개념이다. "거룩한 것"은 예배, 성경 공부, 교회 출석 및 목회나 선교 등과 같은 "교회 전임 사역"을 포함한다. 그 이외의 모든 것은 "세속적" 범주에 들어가는데, 다소 낮거나 세상적으로 보이는 것 같은 것이다. 그러나 하나님 나라는 모든 것을 다 포함한다! 거기에는 "거룩한" 것과 "세속적"인 것의 범주가 없다. 일상적인 것조차 "여호와께 성별"되어야 한다.

하나님의 포괄적인 나라를 볼 때, 우리의 삶은 신선해지고 역동적이 된다. 삶에서 단순하고 사소한 것조차 새로운 목적과 의미를 갖는다. 따라서 우리는 삶의 모든 것, 즉 매 순간과 모든 순간, 그리고 각각의 일과 모든 일을 할 때 코람데오(Coram Deo)의 삶을 살아야 하는 것이다.

유럽의 종교개혁 기간 동안, 코람데오라는 이 간단한 라틴어 구절은 널리 사용되면서 성도들의 공동체에 하나님 나라가 포괄적이라는 사실을 상기시켜 주었다. 이것은 오늘날 우리에게도 역시 적용된다. 코람데오는 "하나님의 얼굴 앞에서", "하나님의 주권 하에", "하나님의 영광을 위하여"란 뜻이다. 개혁 시대의 기독교인들은 하나님 나라는 포괄적이어서, 삶의 일상적인 것들조차 거룩하게 하며, 그리스도의 십자가 죽음이 "모든 만물"의 구속을 위한 것임을 이해했다.

● 하나님 나라는 모든 이에게 열려있다.

요한복음 3장 16절에서 우리가 잘 알고 있는 하나님 나라에로의 초청에 대한 내용을 본다.

"하나님이 세상을 이처럼 사랑하사 독생자를 주셨으니, 이는 누구든지 저를 믿는 자마다 멸망치 않고 영생을 주려 하심이라"

여기서 '누구든지'라는 단어를 주목하자. '누구든지'는 빈부, 카스트의 차이, 모든 인종, 모든 국적을 다 포함한다. 하나님 나라의 주요 특성 중의 하나는 모든 사람에게 열려 있다는 것이다.

왜 가난한 자들과 소외된 자들은 예수님께 몰려들었는가? 왜 영적으로 가난한 자들이 예수님께 이끌렸는가? 그들은 예수님의 말씀과 예수님의 눈에서 하나님 나라가 그들에게 열려 있음을 보았기 때문이다.

방글라데시의 수도인 다카 외곽에는 "불가촉천민 공동체", 즉 그 사회의 최하층 카스트의 사람들이 모인 지역사회가 있다. 이들은 과거 영국 식민주의자들이 도로와 철도 공사를 위해 인도에서 데려온 사람들이다. 이들은 도로와 화장실을 청소하고 쓰레기를 처리한다. 이 지역사회에 학교가 하나 있는데, 단지 1학년 학급뿐이다. 학교에는 6살짜리 아이들과 십 대 아이들이 있다. 한 기독교구제개발기관이 이 학교에 교사를 보내주었다. 방문자들이 그 학교를 방문했을 때, 교사들이 말했다.

"그냥 아이들에게 손만 대주세요. 왜냐하면 그들은 자신들에게 손을 대어서도 안 되는 아이들로 알고 있거든요."

어떤 사회가 감히 어떤 그룹의 사람들에게 손을 대어선 안 된다고 한단 말인가? 도대체 어떤 지옥 같은 사회가 그런 일을 한단 말인가? 하지만 이와 대조적으로 하나님 나라에서는 그 누구도 "불가촉천민"은 없다. 하나님 나라는 모든 사람에게 열려 있다.

사도 바울은 다음과 같이 말했다.

"너희는 유대인이나 헬라인이나, 종이나 자유인이나, 남자나 여자나 다 그리스도 예수 안에서 하나이니라"(갈 3:28).

하나님 나라에서는 "종이나 자유인이나" 차별이 없다. 바울이 도망쳤던 노예인 오네시모를 주인 빌레몬에게 돌려보낼 때, 빌레몬은 그를 형제로 맞이했다(몬 1-16). 초대교회에서는 노예나 노예 소유주가 예배드리기 위해 함께 만날 때, 서로에게 형제로서 인사를 나누었다. 복음은 노예 제도를 공격하지 않았으나, 노예 제도의 토대를 흔들었다. "하나님 나라에는 종이나 자유자나, 천한 자나 높은 자가 없다. 우리는 모두 그리스도 안에서 한 형제다"라는 세계관을 가르치는 사회에서 노예 제도는 오래 버틸 수 없다.

● 하나님 나라는 "내부에서 외부로" 전진한다.

이 세상 나라는 전쟁, 피 흘림, 식민주의를 통해 영토를 확장한다. 한 관찰자가 적절하게 지적했듯이 하나님 나라는 어떤 나라에 군사적으로 침략하는 것이 아니라, 그 나라에 신적인 문화를 심어둔다. 이로 인해 그 나라는 개인들의 내적인 영적 거듭남에서 변화하기 시작한다. 예수님은 니고데모와의 대화에서 이 사실을 분명하게 하셨다.

"진실로 진실로 네게 이르노니 사람이 거듭나지 아니하면 아무도 하나님 나라를 볼 수 없느니라"(요 3:3).

개인들의 거듭남 이후, 변화의 길은 외부로 향하여, 가정과 교회를 거쳐, 지역사회의 조직과 기관들로, 그리고 나라로, 마침내 온 세계로 향한다. 문화를 일련의 동심원으로 그려본다면, 한가운데 원은 개인의 마음과 생각에 해당한다. 그 주위의 원들은 순서대로, 가정, 교회, 지역사회, 나라가 된다.

이 우주에서 인간의 마음과 벽을 뚫을 만큼 강력한 힘은 오직 한 가지

뿐이다. 그 힘은 하나님 자신이며, 그분은 성령의 능력과 전능한 살아있는 말씀을 통해 역사하신다. 만약 우리가 하나님 나라를 전진시키기 원한다면, 먼저 타락한 사람들의 마음에서부터 시작해야 한다. 우리는 복음을 선포하고 행동으로 보여주는 두 가지 모두를 함께 실천해야 한다. 사도 바울처럼 우리는 말해야 한다.

"내가 복음을 부끄러워하지 아니 하노니 이 복음은 모든 믿는 자에게 구원을 주시는 하나님의 능력이 됨이라 먼저는 유대인에게요 그리고 헬라인에게로다"(롬 1:16).

만약 열방을 변화시키고, 의롭고 자비로운 사회를 만들고, 기아와 가난의 횡포와 싸움으로써, 하나님 나라를 확장시키기 원한다면, 인간의 타락한 마음을 다루어야 한다. 그렇지 않으면 모든 노력은 실패로 돌아가고 말 것이다. 하나님 나라 전진의 출발점은 항상 인간의 마음이다.

개인들의 마음이 성령의 능력을 통해 거듭나게 되면, 즉 "중생하면" 사람들은 하나님의 길을 배워야 한다. 하나님 나라는 사람들의 마음에서 시작하지만, 거기서 그대로 끝나선 안 된다! 오늘날 많은 교회들이 전도, 선교, 교회 개척에 열정적이지만, 이 중요한 진리를 잊어버렸다. 하나님 나라는 하늘로 가기 위한 영혼 구원과 교회 개척 이상의 것이다. 하나님 나라는 포괄적이어서, 삶과 사회의 모든 영역에 영향을 주기 위한 것이 아니던가! 하나님 나라는 개인들의 구원을 넘어서 나라의 완전하고 전적인 변화로까지 확장된다. 이것이 바로 예수님이 제자들에게 "모든 민족으로 제자를 삼아"(마 28:19)라고 명령하신 그 내용이다.

● 하나님 나라는 죽음을 두려워하지 않는다.

하나님 나라에서 죽음은 패배당한 원수로 분류된다. 결과적으로 하나님 나라의 자녀들은 더 이상 죽음의 두려움 속에 살지 않는다. 하나님 나라 백성들에게 전능한 왕이 말씀하셨다.

"두려워하지 말라 나는 처음이요 마지막이니 곧 살아있는 자라 내가 전에 죽었었노라 볼지어다 이제 세세토록 살아있어 사망과 음부의 열쇠를 가졌노니"(계 1:17, 18).

예수님은 죽음 자체를 포함하여 모든 것 위에 주권을 갖고 계신다. 실제로 예수님은 예수님 자신의 죽음에 대해서조차 주권을 가지셨다(요 10:17-18). 예수님은 부활을 통해 죽음 자체를 정복하셨을 뿐 아니라, 죽음의 공포를 정복하셨다. 인간들은 죽는 것에 대해 두려워하는데, 기독교인들도 예외가 아니다. 죽음은 어떤 알지 못하는 것이라는 인상을 주며, 사랑하는 사람들과의 이별이란 이미지를 준다. 예수님조차도 겟세마네 동산에서 다가오는 죽음을 놓고 갈등하셨다(마 26:38-39). 그러나 예수님이 사탄을 패배시키고, 사탄이 붙들고 우리의 삶을 붙들고 있는 강력한 무기, 곧 죽음의 공포를 정복하신 것은 바로 십자가 위에서였다. 예수님이 죽음을 정복하심으로 우리가 하나님 나라에서 영생을 누릴 수 있게 된 것이다. 왜 예수님이 죽음의 공포를 정복하셨을까? 히브리 저자가 그 답을 준다.

"자녀들은 혈과 육에 속하였으매 그도 또한 같은 모양으로 혈과 육을 함께 지니심은 죽음을 통하여 죽음의 세력을 잡은 자 곧 마귀를 멸하시며 또 죽기를 무서워하므로 한평생 매여 종노릇 하는 모든 자들을 놓아주려 하심이니"(히 2:14-15).

이 구절에서 예수님은 죽음의 공포를 멸하셨는데, 왜냐하면 이것이 우리를 매어 종노릇하게 만들기 때문이다. 우리는 죽음의 공포에 매여 있었으나, 예수님의 죽음이 그 공포에서 우리를 자유케 하였다. 우리는 예수님이 우리를 고통에서 자유롭게 하시려고 죽으셨다고 생각하기 쉬우나, 이 경우는 그렇지 않다. 그 대신 죽음의 공포에서 자유롭게 되었기 때문에, 하나님 나라를 위하여 어떤 대가를 치르더라도, 비록 우리 생명을 요구할지라도 자유롭게 고통을 받을 수 있고, 자유롭게 우리의 전 생애를 드릴 수 있는 것이다. 순교자들의 흘린 피가 이를 증거한다(히 11:32-40).

"…사망을 삼키고 이기리라고 기록된 말씀이 이루어지리라 사망아 너의 승리가 어디 있느냐 사망아 네가 쏘는 것이 어디 있느냐 사망이 쏘는 것은 죄요 죄의 권능은 율법이라 우리 주 예수 그리스도로 말미암아 우리에게 승리를 주시는 하나님께 감사하노니"(고전 15:54-57).

● 하나님 나라는 요동하지 않는다.

하나님은 하나님 나라를 확장하실 때 단기간 단위로는 거의 일하시지 않고, 세대를 아우르는 기간을 통해 역사하신다. 하나님 나라가 이 땅 위에 이뤄지는 것은 여러 세대가 져야 할 과업이다.

히브리서 11장에 나오는 위대한 "믿음의 전당"의 사람들은 죽었지만, 여전히 믿음으로 살아있다. 그들은 끈기가 있었고, 요동하지 않았다. 우리도 기꺼이 이런 식으로 살아갈 것인가? 히브리서 11장 16절은 "이러므로 하나님이 그들의 하나님이라 일컬음 받으심을 부끄러워하지 아니하시고"라고 한다. 이런 선언은 우리가 죽음 앞에서도 하나님을 신뢰하고 흔들리지 않은 채, 우리 앞에 있는 하나님 나라의 약속을 지킬 때 주어지게 된다. 히브리서 저자는 동일한 주제로 계속 묘사한다.

"그러므로 우리가 흔들리지 않는 나라를 받았은즉 은혜를 받자 이로 말미암아 경건함과 두려움으로 하나님을 기쁘시게 섬길지니 우리 하나님은 소멸하는 불이심이라"(히 12:28-29).

하나님은 오늘날 전 세계에 걸쳐 하나님 나라를 세우고 계신다. 동시에 사탄도 광적으로 가짜 왕국을 세우려고 일하고 있다. 이 가짜 나라가 세상을 미혹한다. 사탄의 가짜 나라는 세상의 눈에 감동스럽게 보인다. 또한 멋지고 매력적으로 보인다.

한편, 세상은 종종 하나님 나라의 확장을 거의 알아채지 못한다. 무명의 보통 사람들은 하나님 나라를 전진시키기 위해 조용하고 자연스럽게 활동한다. 교도소를 방문하고, 헐벗은 자를 입히고, 배고픈 자를 먹이고, 이방인에게 집을 개방하고, 과부를 돌보고, 에이즈에 걸린 고아들을 보살피는 기독교인들을 통해 하나님 나라는 확장된다. 그리고 그 나라는 매일의 삶 가운데 꾸준하고 성실하게 순종하는, 비록 삶 속에서 작고 보잘것없어 보이는 것에 대해서도 순종하는 기독교인들을 통해 전진한다.

히브리서 저자는 교훈하기를, 어느 날 세상에 거대한 요동이 있을 것이라고 한다. 사탄이 건설한 가짜 왕국의 모든 것은 무너질 것이다. 남아있는 것은 무엇일까? 바로 요동하지 않는 하나님 나라이다! 그날에 세상은 우리 가운데 세우고 계신 하나님 나라를 보고 놀라게 될 것이다. 가짜 왕국은 한 줌 자갈더미가 될 것이며, 흔들리지 않는 하나님 나라는 모든 영광 가운데 드러나게 될 것이다.

만약 당신이 조용한 곳에서 일하는데, 사탄의 왕국이 그 영토를 넓히는 것을 보거든 실망하지 말라. 요동이 일어나면 하나님 나라의 역사는 드러날 것이다. 이러한 일은 반드시 일어날 것이다.

● 하나님 나라는 힘 있게 진격한다.

사탄이 그의 거짓 왕국을 전진시키고 있는 것처럼 보이지만, 그는 이미 패배한 원수이다. 예수님이 어디서 사탄을 패배시키셨는가? 십자가 위에서 그렇게 하셨다. 교회 내 많은 사람들은 십자가를 패배의 장소로 보고, 대신 사흘째 되는 날에 부활을 통해 승리한 것으로 생각한다. 그러나 골로새서 2장 15절에서 분명히 보듯이, 승리는 십자가 위에서 일어났다. 사탄의 가장 강력한 무기는 죽음의 공포이다. 예수님은 이 무기에 대항하셨는데, 십자가상에서 사탄을 똑바로 응시하셨다! 이것은 일종의 갈등이었다. 그분은 아버지께 부르짖었다. 그리고 마침내 승리하셨다.

예수님의 죽음과 부활 후에, 예수님은 제자들에게 나타나셔서 "하늘과 땅의 모든 권세를 내게 주셨으니"(마 28:18)라고 선언하셨다. 승리하신 그리스도는 이제, 그리고 영원히 왕 중의 왕이시다. 이사야의 예언은 이뤄졌고 또한 이뤄질 것이다.

"그의 정사와 평강의 더함이 무궁하며"(사 9:7).

그리스도의 나라는 계속 전진할 것이다. 마태복음 11장 12절에서, 예수님은 청중들에게 말씀하셨다.

"세례 요한의 때부터 지금까지 천국은 침노를 당하나니 침노하는 자는 빼앗느니라"

하나님 나라는 전진할 뿐 아니라, 강력하게 진격하고 있다고 예수님은 말씀하신다.

하나님 나라를 전진시키기 위해 예수님의 교회를 세우는 데 있어서, 예수님은 사도 베드로에게 다음과 같이 말씀하셨다.

"내가 네게 말하노니 너는 베드로라 내가 이 반석 위에 내 교회를 세우리니 음부의 권세가 이기지 못하리라"(마 16:18).

사탄의 왕국은 교회를 이기지 못한다. 그럼에도 오늘날 교회의 많은 사람들은 사탄의 왕국에 대해 방어적인 자세를 취한다. 교회가 약하다고 믿고 있기 때문에, 사탄의 공격 앞에서 떨고 있다. 하지만 예수님은 선포하셨다.

"내 교회를 세우리니 음부의 권세가 이기지 못하리라"

얼마나 강력한 묘사인가! 성경 시대에는 벽과 문이 마을과 도시를 보호하여 외부의 적의 공격을 방어했다. 베드로에게 하신 예수님의 말씀에서, 오히려 하나님 나라의 공격에 대비하여 지옥이 문으로 막고 있는 모습을 보게 된다.

누가 방어적인가? 바로 사탄이다! 누가 공격하는가? 바로 교회다! 교회가 사탄의 가짜 왕국을 공격하고 있는 것이다. 음부(지옥)의 문은 우리 왕 그리스도의 공격을 버텨내지 못한다! 그리스도의 죽음은 사탄에 대한 공격적 행동이었던 것이다. 예수님은 십자가 위에서 사탄을 패배시키셨다.

위대한 아일랜드의 선교사인 아미 카마이클(Amy Carmichael, 1867-1951)은 인도와 일본에서 선교사역을 통해 하나님 나라를 강력하게 전진시켰다. 그녀는 주님이 승리하셨다는 것을 기억하고 사역에 박차를 가하였다. 그녀가 한 말이 하나님 나라를 전진시키려는 당신에게 격려가 되길 바란다.

“모든 높은 것은, 갈보리에서 낮아졌다. 정사들과 권세들은 바로 거기서 참패당했다. 예수님은 그것을 공개적으로 보여주셨고, 그들에게 승리하셨다. 우리는 정복해나가는 적이 아니라, 정복당한 적을 상대해야 한다. 우리는 정복당하지 않는 대장을 따르고 있는 것이다.”

나눔 질문

1. 예수님의 열정은 무엇이었나요? 왜 그렇다고 생각하나요?

2. 그렇다면 나의 비전과 열정은 무엇인가요? 과연 나는 그 비전과 열정에 따라 살고 있나요?

3. 하나님 나라를 간략하게 정의해 보세요!

4. 하나님 나라의 본질에 대한 내용 중 가장 인상 깊었던 것은 무엇입니까?

2

성경적 세계관 (Biblical Worldview)

세계관 이야기는 대단한 힘이 있다

세계관은 우리가 보는 것과 우리가 어떻게 살아가야 하는지를 형성한다. 결국 세계관 이야기 전체는 우리가 사는 문화를 창조한다. 다음의 예에서 세계관의 그 영향력을 알 수 있다.

호세 콘게이(Jose Kornegay)라는 간호학을 전공한 미국인이 평화봉사단에 가입해서 아프리카의 시에라리온에 갔는데, 한 지방대학에서 미생물학을 가르치기 시작했다. 드디어 학기가 다 끝나고 학생들도 모두 시험을 잘 통과하였기에, 호세는 기분이 매우 좋았다. 수업 마지막 날, 호세는 학생들에게 자기가 앞으로 강의를 더 잘할 수 있도록, 강의에 대해 평가를 해달라고 하였다. 그러자 학생들이 감사하다는 인사를 할 때쯤, 한 학생이 손을 들더니 이렇게 말했다.

"호세 선생님, 사람들이 아플 때 백인들은 그걸 어떻게 생각하는지에 대해 가르쳐주셔서 감사합니다. 그런데 선생님, 사람들이 정말 왜 아프게 되는지 알고 싶지 않으세요?"

그래서 호세는 "그래, 말해줘"라고 하자, 그 학생이 설명하기를, 이곳 아프리카에서는 무당이 사람에게 마술을 걸면 밤에 귀신이 찾아와 창문을 통해 들어가서 등을 때리는데, 이 때문에 사람이 정말로 아프게 된다는 것이다. 이 말에 호세는 충격을 받았다.

이는 서로 다른 세계관의 큰 차이 때문이었다. 바로 그녀의 세계관과 학생들의 세계관이 너무나 다르다는 사실을, 그녀가 고려하지 않았던 까닭이다.

두 번째 예는 14세기의 헨리 왕자에 관한 이야기이다. 헨리 왕자는 탐험을 즐겼기 때문에 항해자란 별명이 붙었다. 항해자 헨리는 배를 한 척 빌려 포르투갈에서 인도로 가는 해상로를 찾고자 했다. 그런데 배는 일주일도 안 되어 돌아와서는 헨리 왕자에게 설명하기를 "그들이 세상의 끝에 도착했기" 때문에 인도로 갈 수 없었다는 것이다. 헨리는 또 다른 배를 빌려 인도로 가는 해상로를 찾으라고 보냈다. 그런데 이 배도 몇 주 후에 돌아오더니 선장이 보고하길, "우리가 세상의 끝에 도착했기 때문에, 해상로를 찾을 수 없었다"고 했다.

그러나 항해자 헨리는 포기하지 않았다. 그 후 10년간 그는 13척의 배를 빌려 동일한 임무를 맡겼지만, 모두 동일한 이야기를 하며 다시 돌아오곤 했다. 드디어 헨리는 14번째의 배를 빌려 항해를 보냈는데, 약 1주일 후에 그 배는 그만 거대한 태풍을 만나고 말았다! 이 태풍 때문에 그들은 경로를 완전히 벗어나고 말았다. 태풍이 지나갔을 때 그들이 본 것은, 이미 세상의 끝을 통과했고, 동아프리카를 따라 항해하여 인도에까지 간 것이었다.

무슨 일이 일어났는가? 대서양에는 해안을 따라 스페인 사하라로 불리는 거대한 모래톱이 있는데, 거기에 가까이 가면 물이 점차 얕아져서 물결의 흐름이 이상해진다. 그러면 이를 본 사람들은 세상의 끝에 왔다고 생각한다.

그런데 그곳이 실제 세상의 끝이었을까? 아니다. 그들 마음속의 지도가 여기가 세상의 끝이라고 그들에게 말하는 것이다. 지금까지 그들은 남쪽으로 너무 멀리 가거나 서쪽으로 너무 멀리 가면, 세상의 끝에 도착하게 된다고 배워왔다. 그래서 그들이 모래톱을 만나면, 세상의 끝에 왔다고 결론지었던 것이다. 그들 마음속의 지도가 그렇게 한 것이다. 이처럼 우리는 모두 "마음속의 지도", 곧 자기 자신의 세계관을 가지고 있다.

세계관이란 무엇인가?

세계관은 우리 마음에 있는 안경과 같다. 안경을 벗으면 무슨 일이 일어나는가? 세상이 약간 다르게 보인다. 마음속의 안경이 실제로 어떻게 작용하는지 실례를 들어보자.

다음 그림에서 무엇을 보는가?

어떤 이는 나이든 여인을 보고, 또 어떤 이는 젊고 예쁜 여인을 본다. 모두 같은 그림을 보고 있지만, 다른 것을 본다. 이는 당신의 인식에 따라 좌우된다. 이 실례는 세계관이 어떻게 작용하는지를 보여준다.

세계관은 꼭 보이는 대로가 아니라, 당신이 보고자 하는 것을 결정한다. 세계관은 왜 중요한가? 그것은 세계관이 우리 삶의 모든 영역에 영향을 주기 때문이다. 그래서 우리의 세계관을 점검하고, 하나님의 말씀에 비추어 바르게 수정해야 한다.

세계관의 정의와
세계관 이야기

세계관이란, 한 사람이 사물들에 대해 갖고 있는 기본적인 "신념의 틀"이다. 곧 세계에 대해 갖는 "인식" 혹은 세상을 보는 "관점"이다. 사람들은 저마다 세상을 보는 창을 가지고 있다. 올바른 세계관은 세상을 바르게 이해하게 하여 책임 있는 선택과 행동을 할 수 있도록 도와준다.

세계관은 정령신앙, 세속주의, 성경적 세계관으로 분류할 수 있다. 각각의 세계관은 아주 다른 출발점을 갖고 있다. 즉, 궁극적 실재, 인간의 본질, 자연 및 역사의 본질에 대해 매우 다르게 이해한다.

- 세속주의(물질주의) 세계관: 세상의 모든 것은 육체적(물질적)이다.
- 정령숭배(무속주의)/범신론: 세상의 모든 것은 영적(신)이다.
- 성경적 세계관: 하나님께서는 영적인 동시에 육체적인(물질적인) 세상을 창조하셨다.

세속주의, 정령신앙, 성경적 세계관은 각각 세상을 매우 다른 시각으로 바라본다. 이 세계관들은 서로 다른 문화적 이야기들을 만들고, 각기 다른 가치들을 낳는다.

세계관은 이야기로 형성되어 있다. 이 이야기는 결과적으로 매우 다른 사회와 제도를 만들게 된다.

세계관 이야기는 왜 중요한가? 세계관 이야기는 우리의 생각, 태도, 가치, 행동, 삶의 방식, 운명에 지대한 영향을 미친다. 이것은 마치 나무의 각 부분과 흡사하다.

신념(세계관)은 나무의 뿌리에 해당되며, 가치는 나무의 줄기와 같다. 행동은 나무의 가지와 같은데, 이 행동은 내가 가진 가치로부터 나온다. 마지막으로 결과는 나무의 열매인데, 이 결과는 나의 행동에 의해 생긴다.

뿌리가 열매를 결정한다. 그래서 나무의 열매(결과)를 바꾸려면, 단지 열매만 탓해선 안 되고, 반드시 뿌리(신념/신앙/세계관)에 변화를 주어야 한다.

누구든지 세계관을 가지고 있다. 만약 여러분 자신의 세계관을 점검해 보면, 아마도 성경적인 세계관이 아닐 수도 있는데, 성경적 세계관은 오늘날 세상에서 널리 퍼져 있는 게 아니기 때문이다. 그러므로 우리는 우리가 가진 세계관이 성경적 세계관인지 반드시 점검해봐야 한다. 왜냐하면 세계관은 우리가 하는 모든 일에 영향을 주기 때문이다. 생각은 결과를 낳는다.

세계관은 세대와 세대를 통해 대양을 건너 확산되어 사회 속으로 침투해 들어가 개인들과 문화, 나라와 역사를 형성한다. 생각(세계관)은 다음과 같은 3가지 방식으로 확산된다.

- 생각은 한 지역에서 다른 지역으로, 전 세계로 (수평적으로) 퍼져나간다
- 생각은 한 세대에서 다음 세대로, 미래 세대로 (시간적으로) 전수된다.
- 생각은 각 사회 계층을 통하여, 문화 속으로 (수직적으로) 퍼져나간다.

성경적 세계관의 기초는 무엇인가?

성경적 세계관의 기초는 성경적 이야기, 즉 하나님의 이야기이다. 이 성경적 이야기(하나님 이야기)는 개인의 삶을 변화시키는 능력이 있다.

성경적 세계관의 기초가 되는 성경적 이야기(하나님의 이야기)는 개인의 삶의 변화와 가정의 변화, 지역사회의 변화와 나라의 변화를 가져오고, 영적, 사회적, 육체적, 정신적 깨어짐의 치유를 가져오며, 인류를 향한 하나님의 의도에 따라 치유와 완전한 변화를 가져 온다.

성경적 이야기(하나님 이야기)는 구속의 계획과 성취라는 흐름으로 진행된다.

● 창조

태초에 하나님이 천지를 창조하시니라(창 1:1)

성경은 하나님의 존재를 선포한다. 하나님은 만물의 창조주이시다.

● 타락

> 또 여자에게 이르시되 내가 네게 임신하는 고통을 크게 더하리니 네가 수고하고 자식을 낳을 것이며 너는 남편을 원하고 남편은 너를 다스릴 것이니라 하시고 아담에게 이르시되 네가 네 아내의 말을 듣고 내가 네게 먹지 말라 한 나무의 열매를 먹었은즉 땅은 너로 말미암아 저주를 받고 너는 네 평생에 수고하여야 그 소산을 먹으리라 땅이 네게 가시덤불과 엉겅퀴를 낼 것이라 네가 먹을 것은 밭의 채소인즉 네가 흙으로 돌아갈 때까지 얼굴에 땀을 흘려야 먹을 것을 먹으리니 네가 그것에서 취함을 입었음이라 너는 흙이니 흙으로 돌아갈 것이니라 하시니라. (창 3:16-19)

인간은 하나님께 반역하였고, 그로 인해 굶주림, 기근, 죽음, 해산의 고통을 겪는다.

● 사명

> 여호와께서 아브람에게 이르시되 너는 너의 고향과 친척과 아버지의 집을 떠나 내가 네게 보여 줄 땅으로 가라 내가 너로 큰 민족을 이루고 네게 복을 주어 네 이름을 창대하게 하리니 너는 복이 될지라 너를 축복하는 자에게는 내가 복을 내리고 너를 저주하는 자에게는 내가 저주하리니 땅의 모든 족속이 너로 말미암아 복을 얻을 것이라 하신지라(창 12:1-3)

하나님은 아브라함에게 “너는 복의 근원이 되리라”고 축복하셨다. 또한 하나님은 이스라엘 민족에게 십계명을 주셨다. 이는 안정적이며, 긍휼이 가득한 발전적 사회를 위한 기초가 된다.

● 복음

그의 십자가의 피로 화평을 이루사 만물 곧 땅에 있는 것들이나 하늘에 있는 것들이 그로 말미암아 자기와 화목하게 되기를 기뻐하심이라(골 1:20)

타락한 인간은 그리스도를 통해 구속을 얻었다. 예수님은 십자가의 피로 만물을 화목하게 하셨다.

예수님은 십자가에 달려 돌아가신 후 3일 만에 부활하심으로 죽음에서 승리하셨다. 그러므로 제자들은 더 이상 죽음을 두려워하지 않았다.

● 과업

너희는 가서 모든 민족을 제자로 삼아 아버지와 아들과 성령의 이름으로 세례를 베풀고 내가 너희에게 분부한 모든 것을 가르쳐 지키게 하라(마 28:18-20)

나라를 제자 삼는 것은 주님의 지상 대명령의 목적이다. 복음 제시를 넘어, 제자훈련을 받고, 주 안에 바로 서며, 성장할 수 있도록 해야 한다. 복음 제시는 중요하며 반드시 해야 하지만, 그것은 단지 시작일 뿐, 주님의 지상 대명령의 전체가 아니다.

나라와 민족의 제자화는 기존의 개인 제자화에 대한 이해를 넘어, 교회가 의도적으로 세상에, 곧 우리가 세속적이라 부르는 사회의 모든 영역 가운데에 하나님 나라의 원리를 소개하고 적용하는 것이다.

나라와 민족의 제자화는 세상을 지배하고 있는 악한 시스템들을 하나님의 말씀에 근거한 하나님 나라 시스템으로 교체하는 것이다. 이것은 "너희에게 분부한 모든 것을 그들(나라와 나라를 운영하는 사람들)에게 가르쳐 지키게 하라"는 말씀의 의미다.

이것을 위해 예수님께서 제자들에게 주기도문을 가르치셨다.

"나라이(하나님 나라가) 임하옵시며 뜻이 하늘에서 이루어진 것 같이 땅에서도 이루어지이다."

예수님은 그의 몸인 교회가 하나님의 나라를 세상의 모든 영역, 즉 비즈니스, 정치, 문화, 교육, 과학, 환경 등에 선포하고 확장해 나아가길 원하신다.

교회가 세상을 제자 삼지 않으면 어떠한 일이 일어나는가? "교회가 세상을 제자 삼지 않으면, 세상이 교회를 제자 삼을 것이다!" 그것이 오늘날 우리나라와 세계 각국의 현실이다.

● 혼인 잔치

또 내가 들으니 허다한 무리의 음성과도 같고 많은 물소리와도 같고 큰 우렛소리와도 같은 소리로 이르되 할렐루야 주 우리 하나님 곧 전능하신 이가 통치하시도다 우리가 즐거워하고 크게 기뻐하며 그에게 영광을 돌리세 어린 양의 혼인 기약이 이르렀고 그의 아내가 자신을 준비하였으므로 그에게 빛나고 깨끗한 세마포 옷을 입도록 허락하셨으니 이 세마포 옷은 성도들의 옳은 행실이로다 하더라(계 19:6-8)

교회는 선한 행실과 의로운 일을 통해 주님의 재림을 준비한다.

우리 시대의 문제는 교회가 전체적인 이야기를 전하고 있지 않다는 것이다. 성경적 이야기 중 "복음"만을 전하고 있다. 그리고 삶의 다른 영역은 간과하며, 오직 "영적 영역"에만 집중하고 있다. 우리 속에 깊이 뿌리

박고 있는 것이 바로 세속주의 세계관이요, 이원론적인 세계관이다. 거기에 무속적인 세계관이 곁들여 있다. 그래서 예수를 믿으면서도 변화가 되지 않는다.

성경적 이야기(하나님 이야기)는 진리이고 선하고 아름다운 것이다. 인간은 하나님의 형상, 살아있는 혼(Living Soul 마음, 의지, 감정)이요, 영이다(창 1:26). 우리는 하나님과 함께 창조자다(창 1:26).

"하나님이 가라사대 우리의 형상을 따라 우리의 모양대로 우리가 사람을 만들고 그로 바다의 고기와 공중의 새와 육축과 온 땅과 땅에 기는 모든 것을 다스리게 하자"

그러므로 우리는 하나님의 동역자다.

하나님은 또한 남자와 여자를 창조하셨다(창 1:27).

"하나님이 자기 형상 곧 하나님의 형상대로 사람을 창조하시되 남자와 여자를 창조하시고"

곧 남자와 여자는 동등하게 하나님의 형상대로 창조되었다. 삼위일체처럼, 남자와 여자 둘 다 동등하지만 서로 다르다.

어떻게 성경적 세계관을 잃었는가?

세계관의 변환, 그 변환의 과정을 살펴보자!

- **성경적 세계관:** 하나님은 우주를 창조하시되, 초월적이면서, 내재적이다. 그러므로 하나님은 어디든지 계시고, 역사 안에 개입하시고 내

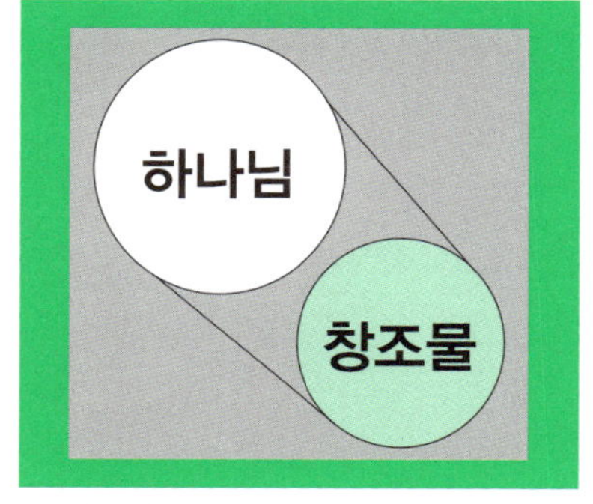

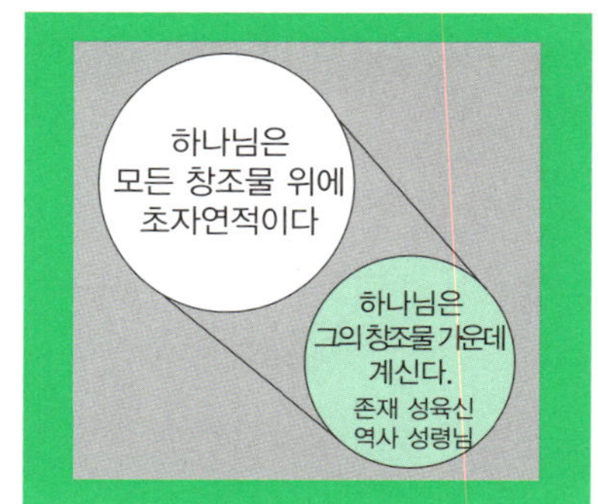

▲ 성경적 세계관

재하신다. 그림에서 보듯이 두 개의 검은 선은 하나님이 자신의 창조와 관계를 갖고 있다는 사실을 나타낸다.

하나님은 4가지 방식으로 창조 안에 존재하신다. 하나님은 그분의 존재로 임재하신다. 그분은 역사 속에 계신다. 또한 성육신하신 가운데 역사하셨다. 그분은 신자들의 삶 속에 거하시는 성령의 인격으로 존재하신다. 이것이 성경적 세계관이며, 200년 전까지 서구의 세계관이었다. 그런데 이러한 성경적 세계관이 프랑스 혁명과 계몽 시대에 흔들리기 시작했다.

• **이신론(Deism)**: 한 가지 현상은 이신론의 등장이었는데, 이는 하나님을 초월적이지만 내재적으로는 보지 않는 것이다. 이 세계관에서는 하나님은 멀리 계시는데, 그림에서 보는 대로 하나님과 창조물과의 관계를 나타내는 선이 없어졌다. 이신론자의 하나님은 우주를 창조하시고 자연법칙에다 맡겨 두셨다. 그런데 이러한 세계관은 그리 오래가지 않았다.

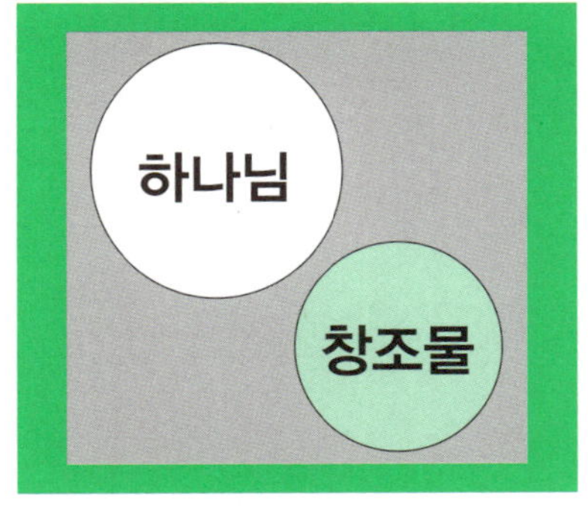

▲ 이신론

▲ 세속주의

• **세속주의**(Secularism): 이신론은 곧 무신론적 유물론, 혹은 세속주의로 옮겨갔다. 만약 신이 인간과 소통하지 않고 내재하지 않는다면, 우리에게 신이 필요한가? 아마 신은 존재하지 않을 것이다.

이것이 현대인의 세계관이 되어버렸다. 이것이 바로 찰스 다윈과 현대 교육과 현대 소비사회의 세계관이다. 영성이란 없고, 오직 존재하는 것은 물질적인 것뿐이다. 이러한 물질주의와 세속주의가 서구의 세계관을 지배하게 되었다. 인간은 이제 모든 절대적인 것으로부터 자유롭게 되어, 무엇이 참인지 거짓인지를 결정할 수 있고, 무엇이 옳고 그른지를 결정할 수 있게 된 것이다. 기독교인이라 할지라도, 이러한 세계관이 있다는 것을 모른다면, 이와 같은 사고방식과 행동양식에 빠져들 수밖에 없을 것이다.

• **분열된 교회**: 세속주의가 서구 문화를 휩쓸기 시작했을 때, 두 가지의 뚜렷한 반응이 교회 안에 나타났는데, 한 그룹의 교회는 이 새로운 사고방식과 타협하여 자유주의를 태어나게 했고, 나머지 교회는 반대했

다. 불행하게도 일부를 제외하고 근본주의와 복음주의 지도자들은 논쟁을 피하고 말았다. 그 결과 그들은 세상을 포기하고, 교회로 하여금 오직 영적인 일에만 집중하도록 했다.

• **복음적 영지주의 세계관:** 교회는 성경적 세계관을 수호하는 대신에, "세속적"이라고 여기는 모든 것에서 손을 떼고, "거룩한 것"으로 불리는 제한된 곳으로 움츠러들고 말았다. 이것이 바로 "복음적 영지주의"라는 것이다.

수백만 명의 기독교인들이 바로 이 세계관을 따라 살고 있는데, 의도하지 않은 가운데 그들은 고대 헬라의 "이원론"에 빠지고 말았다. 이것은 우주를 거룩하다고 여기는 "영적 영역"과 속되다고 여기는 "물질적 영역"으로 분리하는 것이다. 그리하여 많은 기독교인들이 믿음, 신학, 윤리, 선교, 경건 생활, 전도는 영적 영역에 두고 우선적으로 중요하다고 여긴 반면 이성, 과학, 사업, 정치, 예술, 음악, 사람들의 신체적 필요를 돌보는 것은 그보다 낮은 물질적 영역에다 두었다. 불행하게도 이런 "분리된 세계관"을 신학교에서 가르쳤고, 이러한 분리된 세계관이 교회의 새로운 문화가 되었다.

기독교 속의 복음적 영지주의의 영향

▶ 이분법적 사고, 반지성주의, 사회적 참여의 후퇴 등

한국 사회 속의 세계관

▶ 정령 숭배적 요소, 물질주의적 요소, 영지주의적 요소 등

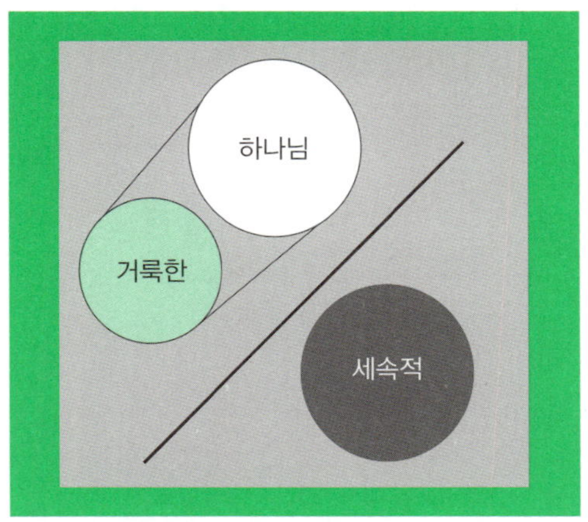

▲ 복음적 영지주의 세계관

• **교회가 잃은 것:** 영지주의적 세계관으로 인해, 우리는 3가지 핵심적인 것을 잃고 말았다.

첫째, 우리는 성경적 사고(성경적 세계관)를 상실했다.

둘째, 우리는 나라와 민족의 제자화라는 지상 명령을 상실했다. 지상 명령을 읽을 때, 우리는 영지주의적 안경으로 보면서 예수님의 명령을 단지 영적인 일만 하는 것으로 해석한 것이다. 우리는 지상 명령을 단지 두 가지로 축소시켰는데, 하늘로 갈 수 있도록 영혼을 구원하고, 또 교회를 개척하는 것이다. 지상 명령은 모든 민족을 제자로 삼아 예수님이 분부하신 모든 것(ALL)을 가르쳐 지키게 하는 것이다. 이것은 포괄적이다.

셋째, 우리는 사마리아인 전략(전인적 사역)을 상실했다. 하나님은 하나님의 백성들이 깨어진 세상을 섬기기 원하신다. 하나님은 분명히 우리에게 명령하시길, 이웃의 신체적 필요를 돌보아 하나님의 사랑을 드러내라고 하셨다. 그러나 우리는 이런 일들은 영적인 일이 아니라고 하여 사람들에게 그렇게 하지 않거나, 혹은 단지 복음을 전하기 위해서 그렇게 하였다. 그러므로 이제 교회가 이러한 본질을 회복해야 한다.

- **Coram Deo(하나님 면전에서)**: 이것이 회복된 교회의 모습이다.

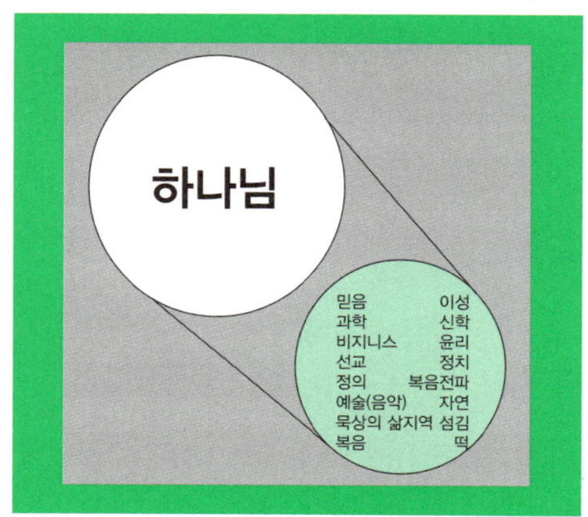

세계관은 힘이 있다. 우리의 세계관은 삶의 모든 영역에 영향을 준다. 사람들의 세계관은 사람들이 가진 문화의 근본적인 원리를 제공한다. 달리 말하면 세계관이 모든 영역과 공동체와 삶의 제도에 영향을 미친다. 우리의 세계관이 우리의 문화를 만든다.

그렇다면 당신의 세계관은 무엇인가? 우리는 우리의 세계관을 점검하고 하나님 말씀의 세계관에 비추어 평가하여 우리의 세계관을 하나님의 진리에 맞추도록 해야 한다.

그러면 이제 우리는 어떻게 해야 하는가?

"너희는 이 세대를 본받지 말고 오직 마음을 새롭게 함으로 변화를 받아 하나님의 선하시고 기뻐하시고 온전하신 뜻이 무엇인지 분별하도록 하라"(롬 12:2).

먼저 이 세대를 본받지 말아야 한다. 이 세대의 가치관, 곧 세속주의와 물질주의, 배금주의의 가치관과 소비지향의 문화, 그리고 무속주의를 본받지 말아야 한다. 그래서 날마다 자기가 죽는, "자기 부인"이 필요하다.

그리고 마음을 새롭게 함으로 변화를 받아야 한다. 즉 생각을 바꾸라는 것이다. 그래서 우리는 먼저 우리의 이기심과 자기중심성을 깊이 회개해야 한다. 그리하여 우리의 전 인격(지, 정, 의)이 거듭나야 한다.

마지막으로 하나님의 뜻을 분별해야 한다. 하나님의 선하시고 기뻐하시고 온전하신 뜻은 예수님께서 분부하신 모든 것 속에 담겨 있다. 그 핵심은 "하나님 나라"이다.

하나님 나라는 예수님이 분부하신 모든 가르침의 핵심이다. 예수님께서 공생애를 시작하시며 처음 선포하신 말씀이 바로 하나님 나라였다. 마가복음 1장 15절에서 예수님은 "때가 찼고 하나님 나라가 가까웠으니 회개하고 복음을 믿으라"고 하셨다. 그리고 예수님이 가르쳐 주신 주기도문에서도 "나라이(하나님 나라가) 임하옵시며"라고 하였고, 또한 예수님은 치유와 기적의 사역들을 통해 하나님 나라의 현현을 보여주시기도 하셨다.

그리고 사도행전 1장 3절의 말씀에 보면, 주님께서 마지막 십자가를 지시고 사흘 만에 부활하신 후 승천하시기까지 40일 동안 이 땅에 계시며 하신 일이 바로 "하나님 나라의 일"이었다.

그래서 우리는 하나님 나라의 가치관, 즉 하나님의 관점으로 세상을 보는 기독교 세계관을 따라 살아야 하며, 그리고 이것을 다음 세대에 가르쳐 제자를 삼아야 한다.

그렇다면 하나님 나라란 무엇인가? 이 하나님 나라는 하나님의 통치, 곧 하나님의 절대주권에 순종하는 나라를 의미한다. 하나님 나라는 예수님이 오심으로 이미 이 땅에 임하였다. 그러나 아직 완성되지는 않았다. 그러나 주님이 다시 오실 때 우리는 온전한 하나님 나라를 경험하게 될 것이다.

예수님이 이 하나님 나라의 복음을 전하셨다. 이것이 예수님이 분부하신 모든 것의 핵심이다.

그런데 바로 이 "하나님 나라"가 "기독교 세계관"의 뿌리이다.

그래서 우리는 하나님 나라의 가치관, 즉 하나님의 관점으로 세상을 보는 성경적 세계관을 따라 살아야 하며, 이것을 주변 사람들과 다음 세대에 가르쳐 제자를 삼아야 한다.

나눔 질문

1. 성경적 세계관의 기초는 무엇이며, 하나님 이야기는 왜 중요한가요?

2. 오늘날 우리의 문제는 무엇이며, 오늘의 교회가 잃은 것은 무엇입니까?

3. 그러면 이제 우리는 구체적으로 어떻게 해야 합니까?

3

성경적 교회론
(Biblical Ecclesiology)

나의 경험과 오늘의 현실

나는 부산과 대구에서 두 번의 교회 개척의 경험이 있다. 모두 하나님의 특별한 섭리 속에 이루어진 일이지만, 나에게는 참 소중한 경험들이었다. 나는 1979년 부산 최남단 다대포 바닷가에 있는 한 회사의 사목으로 섬기면서 마을에 교회를 개척하게 되었는데, 당시 다대포 마을은 도로포장은 물론 수도시설도 전혀 안 되어 있어서, 식수도 우물을 길어다가 먹어야 하는 곳이었다. 무엇보다 주민들은 풍어를 위해 해마다 바다에서 용왕제를 드리고 있었고, 더구나 예수를 믿으면 마을에서 쫓겨나는 복음의 불모지요 척박한 땅, 곧 열악한 선교지와 같은 곳이었다. 그러기에 그곳에서의 전도와 사역은 참으로 힘든 일이었다. 그러나 회사 안에서는 매주 수요일 점심시간에 사장을 포함한 모든 직원이 모여 예배드린 후에 함께 식사하고, 주중에는 중역반을 위시해서 간부 사원, 남자 사원, 여자 사원, 남녀 공원 등의 반별 성경공부반을 편성하여 가르쳤고, 아침 6시 교대 시간 전에 미리 회사에 가서 출근하는 직원들을 환영하고, 퇴근하는 직원들을 한 명씩 만나 상담하며 전도하였다. 그리하여 부산에서의 나의 교회 개척 경험은 "치열한 영적 전투"(Power Encounter)와 함께 "일터교회 세우기"였다고 할 수 있다.

그 후 대구에서 천막 교회로 시작한 교회 개척은 당시 교회론에 대한 지식이 없었기에, 나는 가난한 성도들과 함께 예배당 건축을 시작했다가 결국 벽에 부딪히게 되었다. 눈에 보이는 성전을 지으려다가 성도들의 마음의 성전이 피폐해져 가는 모습을 보고 하나님께 금식하며 "내가 무엇을 잘못하고 있는 것입니까?" 하며 여러 날 간절히 기도하였다. 그러던 어느 날 하나님께서는 "교회는 건물이 아니다"라는 음성을 들려주셨다. 충격을 받은 나는 하나님께 "그럼 교회가 무엇입니까?"라는 기도를 드리며, 성경을 다시 보게 되었다. 그리하여 나는 점점 전통적인 교회론에서 벗어나기 시작했다. 그러기에 나의 대구에서의 경험은 한마디로 "교회란 무엇인가?"라는 고뇌에 찬 질문을 통해 "교회의 본질"에 대한 깊은 성찰을 갖게 된 것이라고 할 수 있다.

그런데 오늘의 교회 현실을 보면, 성경적 교회론에 대한 오해와 무지로 인해 교회들이 대부분 전통적인 교회 패러다임을 가지고, 대개 건물 중심의 교회, 비선교적 교회의 모습을 보이고 있다.

성경적 교회란 무엇인가?

신약성경의 원어로 보면 교회는 "에클레시아"(ἐκκλησία)이다. 이 말은 사명을 위해 **"부름 받은 사람들"**을 의미한다.

베드로전서 2장 9절 말씀에 "이는 너희를 어두운 데서 불러내어 그의 기이한 빛에 들어가게 하신 자의 아름다운 덕을 선전하게 하려 하심이라"고 했는데, 우리는 이 말씀에서 그 의미를 알 수 있다. 곧 교회는 하나님께서 그의 아름다운 덕을 증거하는 사명을 감당하도록 하기 위해 어둠에서 불러내어 그 영광의 빛에 들어가게 하신 하나님의 택하신 하나님의 백성이다.

신학적으로는 교회를 "보이는 교회"와 "보이지 않는 교회"로 나눌 수 있으며, 또한 목회적으로는 "모이는 교회"와 "흩어지는 교회"로 나눌 수 있다. 이를 다른 말로 하면 주일 교회(Sunday Church)와 주중 교회(Weekday Church)이다. 그러나 대부분의 목회자들은 오직 "보이는 교회", "모이는 교회", "주일 교회"에 관심을 집중하고 있기에, 교회가 세상에서 바른 사명을 감당하지 못하고 있는 것이 오늘의 현실이다.

요한복음 2장 13-21절 말씀에서 "역기능적 교회"에 대한 예수님의 반응을 볼 수 있다. 곧 예수님이 예루살렘 성전에 가셨을 때, 성전 안에서 소와 양과 비둘기 파는 사람들과 돈 바꾸는 사람들이 앉은 것을 보시고, 노끈으로 채찍을 만들어서 양이나 소를 성전에서 다 내쫓으시고 돈 바꾸는 사람들의 상을 엎으시고 비둘기 파는 사람들을 내쫓으시며 말씀하시기를 "내 아버지 집을 장사하는 집으로 만들지 말라"고 책망하신 것이다. 그리고 이에 대해 마가복음 11장 17절 말씀에서는 예수님께서 "내 집은 만민이 기도하는 집이라 칭함을 받으리라 하였는데 너희가 강도의 소굴로 만들었다"라고 하시며 노하셨다. 이는 성전의 기능을 제대로 감당하지 못할뿐더러 오히려 역기능적인 모습에 책망하신 것이다.

구약의 성전이 신약 교회의 모형이라고 생각할 때, 그렇다면 만약 예수님께서 오늘 우리 교회에 오셨다면 우리 교회를 보시고 어떻게 반응하실까? 역기능적 교회를 보시면 주님께서 역시 노하시고 책망하지 않으실까? 그러기에 우리는 성경적 교회론을 바로 알아야 한다.

수년 전에 故 존 스토트(John Stott) 목사가 한국을 방문하셨을 때, 집회 중에 어떤 목사가 질문했다.

"목사님, 오늘날 교회에서 가장 큰 문제는 무엇이라고 생각하십니까?"

그러자 스토트 목사는 곧바로 "그것은 바로 교회론의 문제"라고 답변하셨다. 아마도 그 뜻은 오늘날의 교회가 "주님이 디자인하신 성경적 교회"와는 거리가 멀기에, 아무리 교회가 많이 있어도 세상은 바뀌지 않고 오히려 세상의 지탄을 받고 있다는 의미일 것이다.

존 스토트 목사는 그의 저서 《살아있는 교회》에서 "나에게는 살아있는 교회에 대한 꿈이 있다"라고 고백했는데, 나에게는 "건강한 교회, 성경적 교회"에 대한 꿈이 있다.

교회에 대한 세 가지 주제

그렇다면 성경적 교회는 어떤 교회일까? 우리는 성경에 계시된 교회에 대하여 크게 세 가지 주제로 나누어 생각해 볼 수 있다. 곧 교회의 기초, 교회의 구조, 교회의 본질이다.

● 교회의 기초

교회는 주님이 세우신 주님의 교회이다(마 16:16-21). 마태복음 16장 18절에 보면 주님께서 "내가 이 반석 위에 내 교회를 세우리니"라고 말씀하셨기 때문이다. 곧 교회는 주님이("내가") 세우시며, 교회는 주님의 교회("내 교회")이다. 그리고 교회는 **"십자가를 통하여"** 세워진 그리스도의 새로운 몸이다. 마태복음 16장 16-21절에서 처음으로 "교회"(18절)라는 말씀과 "그리스도의 수난"(21절)의 말씀이 함께 나오기 때문이다. 곧 교회와 십자가는 밀접한 관계가 있다.

교회의 기초는 베드로의 고백 속에 증거되신 예수 그리스도이다. 베드로가 예수님께 "주는 그리스도요 살아계신 하나님의 아들"(마 16:16)이라고 고백하자, 예수님은 "내가 이 반석 위에 내 교회를 세우리라"(마 16:18)고 말씀하셨기 때문이다. 그러므로 교회의 기초는 신앙고백 속의 예수 그리스도이며, 그 고백을 공유하는 사람이 바로 교회인 것이다. 그리고 "두세 사람이 내 이름으로 모인 곳에는 나도 그들 중에 있느니라"(마 18:20)는 말씀에 의하면, 이 교회의 기본 단위는 주님의 이름으로 함께 모인 두세 사람이다.

교회는 "하나님의 가족"이며 "새로운 혈육"인 것이다. 예수님은 베드로의 고백을 들으시고 베드로에게 "네가 복이 있다 이를 네게 알게 한 이는 혈육이 아니요, 하늘에 계신 내 아버지"(마 16:17)라고 말씀하셨다. 에베소서 2장 19절 말씀에서도 "그러므로 이제부터 너희는 외인도 아니요, 손도 아니요 오직 성도들과 동일한 시민이요 하나님의 권속이라"고 하였다. 그러므로 교회는 거듭남을 통해 얻은 "새로운 혈육", 곧 "하나님의 가족"이다.

교회는 약해 보여도 사실은 강하다. 주님은 "내가 이 반석 위에 내 교회를 세우리니 음부의 권세가 이기지 못하리라"(마 16:18)고 하셨기 때문이다. 교회는 "반석 위에 세운 집"(마 7:25)으로 누구도 흔들 수 없는 주님의 교회인 것이다. 그러기에 교회는 대적의 문을 취하는, 승리가 약속되어 있는 전투적 교회이다. 곧 교회는 영적 전투를 수행하는 하나님의 군대이다(엡 6:10-20 참조). 역사적으로도 교회가 시련을 겪을 때가 있었지만, 주님이 세우신 주님의 교회는 언제나 결국은 이겨나갔다.

교회는 땅과 하늘을 연결하는 **열쇠**이다. 마태복음 16장 19절 말씀에서 예수님은 "내가 천국 열쇠를 네게 주리니"라고 하셨다. 이는 곧 주님이 땅에 있는 영혼을 천국으로 인도하실 때, 교회를 통로와 도구로 사용하신다는 말씀이다.

그렇다면 열쇠는 무엇이며, 어떻게 매인 것을, 풀어줄 수 있을까? 그 열쇠, 곧 천국 열쇠는 교회의 사명이자 특권이며, 교회는 사죄의 복음을 증거함으로(막 16:15–16), 용서를 실천함으로(요 20:21–23), 사랑의 섬김으로(막 10:45), 그리고 합심 기도(마 18:18–19)로 그렇게 할 수 있다.

● 교회의 구조

먼저 교회는 **"두 날개를 가진 교회"**이다. "두 날개 교회"라는 말은 빌 벡햄(Bill Beckham)이 그의 책 《제2의 종교개혁》에서 처음 사용한 말이다.

사실 신약 교회는 "두 날개로 비상하는 교회"였다. 사도행전 2장 46절 말씀에 보면 "날마다 마음을 같이하여 성전에 모이기를 힘쓰고 집에서 떡을 떼며 기쁨과 순전한 마음으로 음식을 먹고"라고 했다. 여기서 "성전"과 "집"의 두 구조를 볼 수 있다. 그리고 사도행전 20장 20절 말씀에서는 "유익한 것은 무엇이든지 공중 앞에서나 각 집에서나 거리낌이 없이 여러분에게 전하여 가르치고"라고 했다. 여기서도 "공중 앞"과 "각 집"이라는 두 구조를 볼 수 있다.

곧 교회는 "축제 예배"(큰 날개)와 "소그룹 공동체"(작은 날개)의 "두 날개를 가진 교회"인 것이다. 다시 말하면 교회는 주일 교회(Sunday church)와 주중 교회(Weekday church)의 "두 날개를 가진 교회"로서, 이 두 날개 구조의 균형이 있어야 성경적 교회가 되는 것이다. 여기 주중 교회는 가정교회, 목장 교회, 일터 교회 등일 것이다.

성경에 보면 "집에 있는 교회"란 말이 여러 번 나온다(고전 16:19, 골 4:15, 몬 1:2, 행 16:40). 곧 "아굴라와 브리스가의 집에 있는 교회", "눔바의 집에 있는 교회", "빌레몬의 집에 있는 교회", 그리고 "루디아의 집에 있는 교회"이다. 이것을 현대적으로 적용한다면, 구역, 목장, 다락방, 소그룹 공동체, 셀 등으로 표현할 수 있다. 이는 오늘날의 "작은 날개 교회"라고 할 수도 있을 것이다.

그러나 차이점이 있다. 그것은 두 날개 교회에서의 작은 날개 교회는 큰 날개 교회의 관리 조직이 아니라는 점이다. 곧 작은 날개 교회는 그 자체가 바로 온전한 교회인 것이다. 그래서 성경적 교회인 두 날개 교회에서는 작은 날개 교회를, 지역에서는 "가정교회", "목장 교회"로, 그리고 일터에서는 "일터 교회"로 일컫는 것이다. 이들이 바로 주중 교회로서, 이 주중 교회는 주일 교회와 동일하게 중요하다.

그러나 오늘날 대부분의 교회에서는 주중 교회, 작은 날개 교회에 대한 관심이 거의 없거나, 관심이 있어도 주일 교회, 큰 날개 교회의 관리 조직 정도로 생각하고 있다.

그런데 사실 신약성경의 수많은 가르침들이 작은 날개 교회 구조 속에서 주신 말씀들이다. 예를 들어보면, "서로 사랑하라"(요 13:34), "서로 인자하게 하고 서로 용서하라"(엡 4:32), "서로 마음을 같이 하라"(롬 12:16), "서로 죄를 고하고, 서로 기도하라"(약 5:16) 등이다. 이런 말씀들은 큰 날개 교회, 곧 주일 예배 시간에는 적용이 거의 불가능하다. 이 모든 말씀들은 작은 날개 교회, 즉 소그룹에서 적용될 수 있는 것이다. 그만큼 작은 날개 교회가 중요하고, 그래서 작은 날개 교회가 살아 있어야, 곧 두 날개 교회 구조가 균형을 이루어야 제대로 성경적 교회의 역할과 기능을 감당할 수 있는 것이다.

● 교회의 본질

교회는 건물이 아니다.(엡 1:22-23). 에베소서 1장 23절 말씀에 "교회는 그의 몸이니 만물 안에서 만물을 충만하게 하시는 이의 충만함이니라"고 했다. 이 말씀에 의하면, 교회는 그리스도의 몸이요(교회의 본질), 그리스도의 충만이다(교회의 사명). 이는 곧 교회가 "세상을 변화시키는 그리스도의 몸"이라는 의미이다. 이에 대해 성 어거스틴은 "교회는 그리스도의 성육신의 연장이다"라고 정의했다. 그러므로 교회는 건물이 아니라 그리스도의 새로운 몸이다.

그러면 "그리스도의 몸으로서의 교회"는 무엇을 의미하는가?

교회는 조직체가 아니라 유기체, 즉 "생명 공동체"이다. 교회는 그리스도의 임재와 능력과 목적이 있는 예수 공동체로서, 교회는 예배공동체, 성령공동체, 선교공동체요, 마지막 완성을 향한 종말론적 공동체임을 의미한다. 그리고 교회는 모든 성도가 사역자가 되는 사역공동체임을 의미한다. 그러나 오늘날의 교회는 적은 수의 성도만 사역을 하고, 대부분의 성도들은 거저 구경꾼같이 예배만 드리고 간다. 그래서 이를 개선하려는 "전 신자 사역자화 운동"이 일어나기도 했다.

또한 교회는 머리 되신 주님이 원하시는 대로, 행하시는 대로 행하는(순종하는) 제자 공동체이다. 그러면 그런 교회는 어떤 교회일까? 우선 그런 교회는 전인적 복음으로 잃어버린 영혼을 추수하는 전도 공동체(눅 19:10)일 것이다. 그리고 이웃을 그리스도의 사랑의 섬김으로 제자 삼는 섬김 공동체(막 10:45)일 것이다. 또한 성령의 권능으로 사역하는 성령공동체(눅 3:21-22, 4:1, 14, 18, 행 1:8)일 것이다.

무엇보다 교회는 지역사회와 나라와 민족을 제자 삼는 **"선교적 교회"**(마 28:18-20)이다. 유명한 기독교 변증가 대로우 밀러(Darrow Miller)는 "교회가 세상을 제자 삼지 않으면 세상이 교회를 제자 삼는다"는 말을 남겼다. 이는 교회가 하나님 나라의 가치로 세상을 변화시키지 못하면 세상이 세속 문화와 가치로 교회를 타락시킨다는 의미이다. 이것이 바로 오늘날 교회의 모습이다.

나라와 민족을 제자 삼는 것은, "문화 명령"(창 1:28)의 실제적인 성취로, 곧 성경적 교회를 열방에 번식하는 것이다. 그리고 이 모든 일의 동기와 원동력은 바로 위대한 계명 곧 "하나님 사랑과 이웃 사랑"(마 22:37-40)이다.

그런데 여기서 위대한 계명에 대한 새로운 고찰이 필요하다. 위대한 계명은 마태복음 22장 37-40절, 마가복음 12장 28-32절, 누가복음 10장 25-28절 말씀에 기록되어 있는데, 모두 "하나님 사랑과 이웃 사랑"을 나타내고 있다. 그런데 로마서 13장 9절, 갈라디아서 5장 14절, 야고보서 2장 8절에서는 특별히 "이웃 사랑"을 강조하면서 하나님 사랑이 가장 큰 계명이지만, 모든 계명이 이웃 사랑 안에 다 포함되어 있다고 말씀한다. 그러기에 "가장 위대한 계명의 가장 위대한 표현은 바로 이웃 사랑"이라고 할 수 있다. 곧 이웃 사랑이 없는 하나님 사랑은 있을 수가 없다는 것이다. 그래서 대로우 밀러와 함께 "DNA 운동"을 창립하신 밥 모피트(Bob Moffitt)는 이 이웃 사랑을 "생략할 수 없는 최소치"(Irreducible Minimum)라고 하였다.

그래서 산상수훈의 마지막 결론 부분(마 7:13-24)에서 충격적인 문제를 제기하고 있다. 곧 "나더러 주여 주여 하는 자마다 다 천국에 들어갈 것이 아니요, 다만 하늘에 계신 내 아버지의 뜻대로 행하는 자라야 들어가리라"(마 7:21)고 하셨고, "그 때에 내가 그들에게 밝히 말하되 내가 너희를 도무지 알지 못하니 불법을 행하는 자들아, 내게서 떠나가라 하리라"(마 7:23)고 하셨다. 이 말씀은 예수님을 "주님"이라고 시인하는 자라고 해서 다 천국에 들어갈 것이 아니라, 오직 하나님의 뜻대로 행하는 자라야 들어갈 것이라는 것이며, 그리고 아무리 하나님 말씀을 잘 전하고 주의 이름으로 능력을 행하여도 마지막 그날에 주님께서 그들에게 말씀하시기를 "불법을 행하는 자들아, 떠나가라"고 하실 수 있다는 너무나 충격적인 말씀이다.

그렇다면 이 말씀 앞에서 오늘 우리는 어떤가? 우리는 괜찮을까? 사실 내가 이 말씀을 처음 깨닫게 되었을 때, "하나님, 나도 혹 그런 사람이 아닙니까?" 하고 절규한 적이 있다. 누구든지 이 문제를 해결하려면 먼저 마태복음 7장 21절의 "내 아버지의 뜻"이 무엇인지, 그리고 23절의 "불법"이 무엇인지를 바로 알아야 한다.

그런데 이 충격적인 문제를 푸는 열쇠가 되는 말씀은 본문 바로 앞에 나오는 마태복음 7장 12절 말씀이다.

"그러므로 무엇이든지 남에게 대접을 받고자 하는 대로 너희도 남을 대접하라 이것이 율법이요 선지자니라."

이 말씀은 바로 이웃 사랑의 다른 표현이다. 곧 남에게 대접받고자 하는 대로 남을 대접하는 **"이웃 사랑"**이 "내 아버지의 뜻", 즉 하나님의 뜻이며, 이 이웃 사랑이 없는 것이 "불법"인 것이다. 그러기에 이웃 사랑이

"생략할 수 없는 최소치"인 것이다.

교회는 하나님을 보게 하는 창문이다(마 5:16, 요 13:34-35, 엡 3:17-19). 세상은 절망적으로 깨어져 있다. 그렇다면 이러한 세상을 위한 하나님의 의도는 무엇일까?

절망적으로 깨어진 세상을 향한 하나님의 원래 의도는, 우리의 순종을 통해 하나님의 사랑을 드러내는 것이다. 그래서 지역사회의 깨어진 사람들이 우리를 볼 때, 그들은 현재와 미래를 위한 하나님의 선한 의도를 볼 수 있을 것이다. 그러나 벽이 생긴 결과 그들은 그럴 수가 없다. 이 벽은 죄의 벽인데, 이는 세상의 죄뿐만 아니라, 바로 우리의 죄와 불순종이다.

그러면 이 벽을 어떻게 해야 할까? 부셔야 할까? 아니다. 하나님께서는 이 벽에 창문을 만드셨다. 이 창문이 바로 교회이다.

창문으로서의 교회는 4개(신체적, 사회적, 영적, 지혜)의 창이 있는 창문과 같다. 그래서 지역사회의 깨어진 사람들이 4개의 창을 통해 현재와 미래를 위한 하나님의 선한 의도를 볼 수 있다. 그런데 만약 신체적, 사회적, 지혜의 창은 어두워져 있고 영적인 창만 열려 있다면, 그들은 단지 하나님의 영적 의도만을 보게 될 것이다. 그러므로 교회는 모든 창을 깨끗이 닦아야 할 필요가 있다. 곧 교회는 전인적인 섬김이 필요한 것이다.

그렇다면 이러한 창문으로서의 교회를 이루기 위한 실천적 방안은 무엇일까?

그 실천적 방안의 현대적인 적용이 바로 DNA(Disciple Nations Alliance) 운동이다. DNA 운동은 하나님의 뜻(전인적 사역)에 따라 작은 섬김으로 지역사회를 제자화하여 하나님 나라를 확장하는 운동이다. 곧 DNA 운동은 전인적 전도, 전인적 제자훈련, 전인적 선교이다.(참고: 한국DNA협의회 홈페이지 www.dnakorea.org)

이 DNA 운동의 전략들에는 겨자씨 프로젝트(소그룹), 사랑의 훈련(개인적), 교회 사역(교회적) 등이 있는데, 이 중 "겨자씨 프로젝트"는 교회 밖으로 하는, 작고 단기적인 사랑의 섬김 운동으로, 교회 자원이 아닌 지역 자원으로, 하나님의 사랑을 지역사회에 보여주는 것이다.

DNA 운동은 "성경적 세계관"과 "전인적 사역"이라는 두 기둥 위에 세워져 있다. 여기서 "전인적 사역"이란 누가복음 2장 52절 말씀에 근거한다.

"예수는 지혜와 키가 자라가며 하나님과 사람에게 더욱 사랑스러워 가시더라"

이 말씀은 예수님의 성장 모습을 보여주는데, 여기서 우리는 모든 성장과 개발(섬김)의 4가지 영역을 볼 수 있다. 곧 지혜(지적 분별력과 통찰력, 하나님의 의도), 키(신체적, 육체적), 하나님과의 관계(영적), 사람과의 관계(사회적)이다. 이 4가지 영역에서 균형 있게 성장(개발)하도록 섬기는 것이 전인적 사역이다.

그 결과 교회는 만물을 충만케하는(회복하는) 교회(엡 1:23), 곧 세상을 변혁시키는 교회를 이루며, 이로 인해 열방에 하나님 나라가 구현되는 것이다.

성경적 교회는 세상의 모든 고통과 문제에 대한 하나님의 유일한 대안이다. 곧 성경적 교회는 하나님의 유일한 축복의 통로이다. 그러기에 우리는 전인적 지역 개발과 전인적 전도로, 성경적 교회를 열방에 개척해야 한다. 그리고 기존 교회는 전인적 제자훈련을 통해, 성경적 교회로 새롭게 변혁해야 한다. 이를 위해 우리는 무엇보다 십자가를 깊이 묵상해야 한다(요일 3:16). 그리하여 우리 모두 교회를 새롭게, 세상을 아름답게, 열방을 복되게 할 수 있기를 바란다.

나눔 질문

1. 우리 교회는 과연 "주님께서 세우신 주님의 교회"라고 말할 수 있을까요? 어떤 점에서 그렇다고 할 수 있으며, 또 어떤 면에서 그렇지 못하다고 할 수 있을까요?

2. 우리 교회는 "그리스도의 몸"이라고 말할 수 있을까요? 어떤 면에서 그렇다고 봅니까?

3. "가장 위대한 계명"은 무엇이며, 그 계명의 "가장 위대한 표현"은 무엇이라고 생각합니까? 그러기에 "생략할 수 없는 최소치"는 무엇인가요?

4. 예수님의 성장 모습을 통해 배울 수 있는 "성장과 개발의 네 영역"은 무엇인가요?

5. 우리 교회가 "지역사회와 나라를 제자 삼는 교회"가 되려면 먼저 무엇부터 해야 할까요?

6. 먼저 기도한 후 평소에 내가 하지 않았던 작은 섬김 한 가지를 정하되, 4가지 영역 곧 육체적, 영적, 사회적, 지혜의 영역 중에서 한 가지를 선택하여, 이번 주간 중에 사랑의 섬김을 실천해 봅시다. 그리고 다음 주 강의 시작 전에 그 실천 내용을 서로 나누어 봅시다.

사랑의 훈련 매트릭스
Application - The Discipline of Love Matrix

영역 → / 대상 ↓	지혜 Wisdom	육체적 Physical	영적 Spritual	사회적 Social
가족 Family				
교회 church				
지역사회 혹은 일터 Community or Workplace				

4

DNA 사역론

(Disciple Nations Alliance Ministry)

세상을 변화시키는 교회로 준비시키기

우리에게 주어진 막중한 책임은 무엇인가? 깨어지고 상한 이 세상을 치유하고 회복하는 것이 교회가 가진 가장 근본적이고 성경적인 역할임을 이해하지 못하고 있는 오늘날의 교회로 하여금 그것을 이해하도록 돕고 섬기는 것이다.

오늘날 세상은 우상숭배, 두려움, 기만, 공허, 그리고 폭력, 가난, 억압과 불의가 가득 차 있으며, 매우 심각하게 깨어진 상태에 있다. 그러나 우리 하나님께서는 타락 이후로 이렇게 깨어진 세상에 대해 모든 만물을 회복시키시고 온전케 하시기 위한 위대한 전략을 가지고 계신다. 이 위대한 전략, 곧 하나님의 구속 운동의 선봉에 서신 분이 바로 "모든 것을 화목하게 하시려고"(골1:20) 십자가에서 피 흘리신 예수 그리스도이시다.

이러한 하나님의 전략을 전개해 나가기 위해서 하나님께서는 먼저 그의 백성을 구원하시고, 그들을 "거룩한 나라"(벧전 2:9)라고 칭하시며, "그리스도의 신부"라고 부르시고, 또한 이 어두운 세상 한가운데서 "빛과 소금"(마 5:13, 14)이 되도록 명하신 것이다. 그러기에 하나님의 백성이요 그리스도의 몸인 교회는 "모든 족속을 제자 삼으라"고 권능을 부여받은 하나님의 구속의 대리자(Agent)이다. 하나님은 바로 이 "교회를 통하여" 모든 열방이 복을 받게 되리라고 약속하셨고(엡 3:10, 창 18:18), 이를 통해 "물이 바다를 덮음같이 하나님을 아는 지식이 온 세상에 차고 넘치게 되리라"(합 2:14)고 약속하셨다.

존경받는 인도의 학자인 "비샬 맹갈와디"(Vishal Mangakwadi)는 이같이 말하였다. "만약 하나님이 이 세상의 모든 문제를 해결하기 위해서 비영리 단체를 설립하셨다면, 그 단체는 바로 교회일 것이다." 그리고 "디트리히 본회퍼"(Dietrich Bonhoeffer)는 "교회가 세상/타인을 위해 존재할 때만이 진정한 교회다"라고 말하였다. 그러므로 이러한 성경적 교회는 세상의 모든 문제와 고통에 대한 하나님의 유일한 해답인 것이다.

그런데 사실 우리는 오늘날 엄청난 모순의 시대에 살고 있다. 오늘날 이보다 더 많은 교회가 있었던 때가 없었으며, 또한 동시에 이보다 더한 깨어짐의 시대도 없었다. 셀 수없이 많은 지역교회가 세계 도처의 나라들에 심어졌지만, 그럼에도 불구하고, 바로 그 나라들이 부패와 우상숭배, 공포와 가난 속에 파멸되어 가고 있는 것이다.

왜 그럴까? 이는 비참하게도 온 세계의 교회가 교회에 주신 주님의 지상명령을 바르게 이해하지 못하고 있는 까닭이다. 교회는 세상이 직면하고 있는 가장 긴급한 문제들에 대한 하나님의 응답이다. 그러나 교회는 문제가 있음에도, 그것을 깨닫지 못하고 있다. 그 결과로서, 교회는 본연의 목적을 수행하는 데 효과적이지 못하다. 그래서 민족과 나라들이 지금 그 값을 치르고 있는 것이다.

DNA(Disciple Nations Alliance) 운동은 바로 이러한 문제를 해결할 수 있도록 하나님께서 우리에게 주신 대안이라고 생각한다. 그러므로 이제 우리는 **"교회를 새롭게, 지역을 아름답게, 열방을 복되게"** 하는 이 소중한 운동을 각 지역교회에서 어떻게 펼쳐갈 수 있는가를 깊이 고민하고 기도하며, 겸손히 주님의 거룩하신 부르심에 순종하고자 하는 것이다. 그리하면 하나님께서 약속하신 대로 이 땅을 고치실 것이다(대하 7:14). 아멘!

DNA 운동의 사명과 비전과 전략

• **사명 선언문:** 우리는 전 세계에 있는 지역교회가 성경적인 전인적 사역을 통해 개인과 가정과 지역사회와 나라를 변화시키는 교회가 되도록 그들을 격려하고 훈련한다.

• **비전:** 우리는 지역교회가 각 지역에서 하나님이 의도하시는 교회, 하나님의 다중적 목적을 드러내는 창문으로서의 교회, 곧 하나님의 대사관과 같은 성경적 교회로 세워지는 것을 보기 원한다.

• **전략**(우리들이 원하는 결과)**:** 지역교회의 구성원들이 매일의 삶 속에서, 곧 그들의 가정과 일터와 공동체 속에서 (하나님을 영화롭게 하는 문화를 창조하며 변화를 증진하는 방식으로) 타인을 사랑하고 섬기도록 부름 받았다는 성경적 세계관을 바탕으로 살아가는 것을 보는 것이다.

• **방법:** 하나님의 목적을 반영하는 섬김의 삶을 살기, 비전 컨퍼런스(V/C), 코람데오 스쿨, 지도자 훈련(TOT), 교회 멘토링

• **접근:** 교회를 통해 나라와 민족을 제자 삼기

우리의 접근:
교회를 통해 나라를 제자 삼기

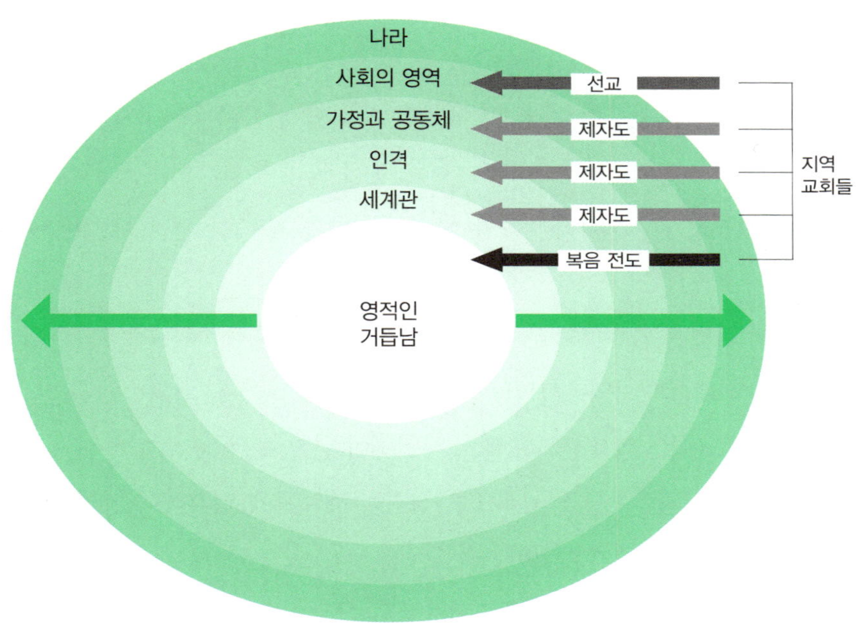

DNA의 역할

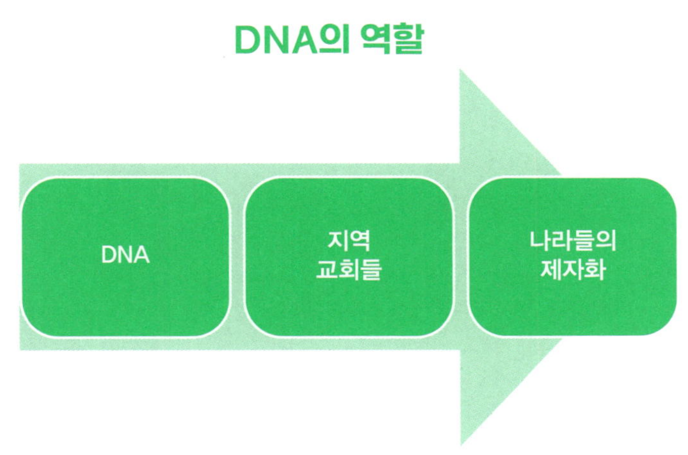

DNA 운동의 핵심 가치

- 예수 그리스도는 왕이시다(마 28:18).
- 예수 그리스도의 가장 큰 목적은 하나님 나라를 확장하는 것이다(마 6:9-10).
- 하나님 나라의 확장은 모든 나라와 민족을 제자 삼는 것으로 이루어진다(마 28:19).
- 이 과업을 완수하기 위한 주체는 지역교회이다(엡 3:9-11).
- 지역교회의 사역은 전인적이어야 한다(골 1:19-20).
- 지역교회는 성육신의 모델로 사역해야 한다(요 17:15-19).
- 지역교회는 항상 의식적으로 성경적 세계관에 입각하여 일해야 한다(골 1:15-18).

DNA 운동의 4대 원리

• 제1 원리: 죽어야 산다.

> 내가 진실로 진실로 너희에게 이르노니 한 알의 밀알이 땅에 떨어져 죽지 아니하면 한 알 그대로 있고 죽으면 많은 열매를 맺느니라(요 12:24)

▶ 생각할 질문

- 땅의 의미는 무엇인가?
- 교회와 개인에게 땅은 어디인가?
- 땅에 떨어져 죽는다는 의미는 무엇인가?

● 제2 원리: 작은 섬김으로 시작한다.

이는 모든 씨 보다 작은 것이로되 자란 후에 나물보다 커서 나무가 되매 공중의 새들이 와서 그 가지에 깃들이느니라(마 13:32)

▶ 생각할 질문

- 겨자씨는 얼마나 작으며, 어떻게 공중의 새가 머물 정도의 나무로 자랄 수 있을까?
- 겨자씨가 나무로 자랄 수 있는 원동력은 무엇인가?
- 작은 운동이 세상을 변화시킬 수 있다고 믿는가?

● 제3 원리: 전인적으로 섬긴다.

예수는 지혜와 키가 자라가며 하나님과 사람에게 더 사랑스러워져 가느니라(눅 2:52)

▶ 생각할 질문

- 개인과 교회에 있어, 영적, 사회적, 육체적, 지적영역에서 가장 부족한 부분은 무엇이며, 그 원인은 무엇인가?
- 4가지 영역에서 균형 있게 성장할 수 있는 비결은 무엇인가?

- 성도와 교회로서 적용할 수 있는 방법은 무엇인가?

(사랑의 훈련과 겨자씨 프로젝트)

● **제4 원리: 예수님의 본을 따른다.**

인자의 온 것은 섬김을 받으려 함이 아니라 도리어 섬기려 하고 자기 목숨을 많은 사람의 대속물로 주려 함이니라(막 10:45)

그가 우리를 위하여 목숨을 버리셨으니 이로써 우리가 사랑을 알고 우리도 형제를 위하여 목숨을 버리는 것이 마땅하니라(요일 3:16)

▶ 생각할 질문

- 예수님은 우리를 어떻게 섬기셨는가?
- 예수님이 섬기러 오지 않고, 섬김을 받으러 오셨다면 어떤 일이 발생했을까?
- 예수님의 섬김은 오늘날 우리에게 어떤 도전이 되는가?

겨자씨 프로젝트

● **겨자씨 프로젝트의 정의**

겨자씨 프로젝트란 성도들이 하는 작은 규모의 단기적 사역이다. 이것은 지역의 자원을 가지고 신앙공동체 밖에 있는 사람들에게 하나님의 사랑을 보여주는 것이다.

겨자씨 프로젝트는 지역교회가 하나님의 뜻에 따라 작은 섬김을 실천하여, 지역을 제자화하고 변화시켜 하나님 나라를 확장하는 운동이다. 즉 지역교회가 지역사회를 향해 하나님의 사랑을 실천으로 보여주는 것이며, 지역사회의 필요를 채움으로 지역사회를 향한 하나님의 의도를 드러내는 것이다.

● 겨자씨 프로젝트의 유익한 점

- 전인적 전도: 겨자씨 프로젝트는 성도들로 하여금 전도와 하나님 나라 확장을 위한 전인적 사역의 능력을 경험하게 한다.
- 의존으로부터의 자유: 겨자씨 프로젝트는 지역교회가 외부의 자원에 기대지 않고도 전인 사역을 할 수 있음을 보여준다.
- 더 큰 활동을 위한 경험과 자신감: 겨자씨 프로젝트는 지역 섬김의 계획과 실행을 경험할 수 있게 해주고, 지속적인 전인 사역 프로젝트를 위한 자신감을 갖게 해준다. 또한 종종 교회가 하나님의 사랑을 더 크게 드러낼 수 있게 해준다.

● 겨자씨 프로젝트 실천 전략

- 전체 과정을 기도로 진행한다. "계획-진행-후속 조치"의 전체 과정을 기도로 덮는다. 기도가 없으면 하나님의 의도를 잊어버리고 인간적인 선행을 보게 된다.
- 박애주의적 차원을 넘어, 하나님의 말씀과 의도에 의해 동기 부여된다. 그리하여 깨어짐에 대한 하나님의 긍휼을 드러낸다.
- 실천하기 전에 심사숙고해서 계획한다. 열정과 사랑은 치밀한 계획 속에 담길 때, 짧은 시간 안에 극대화될 수 있다.

- 작고 간단한 것으로, 단기간에 완수한다. 겨자씨 프로젝트는 작고, 간단해야 한다. 작고 간단해야 실패에 대한 부담도 작아진다. 작은 것을 쉽게 끝냄으로 하나님의 역사를 경험하게 된다. 하나님은 작은 것을 통해, 우리를 훈련시키신다.
- 내게 있는 자원과 지역 안에 있는 자원으로 실행한다. 교회 예산을 사용하지 않는다.
- 겨자씨 프로젝트는 교회 밖에 있는 사람들을 위한 것이다. 그러므로 지역의 비그리스도인들이 혜택을 받게 하라. 지역 구성원들에게 차별 없이 혜택이 주어져야 한다.
- 수혜자들도 진행에 참여한다. 가능하면 지역 주민을 함께 참여시켜라. 도움을 받는 사람도 그 안에 무한한 잠재력을 가지고 있다.
- 하나님 나라의 가치 기준에 의해 평가한다. 하나님 사랑인가, 인간의 동정심인가? 과연 하나님의 사랑을 볼 수 있었는가? 하나님의 의도는 드러났는가? 지역사회에 영적 영향력을 미쳤는가?
- 모든 결과는 하나님께 영광이 되어야 한다(마 5:16). 프로젝트를 실시한 사람보다 과연 하나님께서 더 높임을 받으셨는지 점검한다.

● 겨자씨 프로젝트의 과정

기도 → 계획 → 준비 → 실행 → 평가

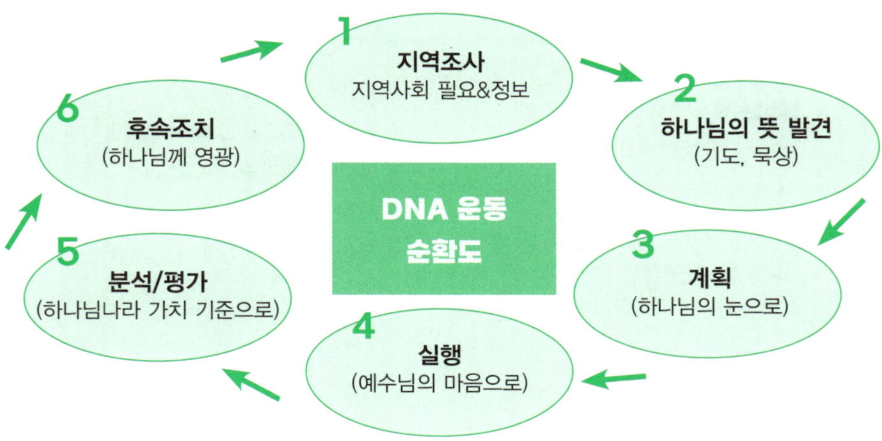

– 참고 자료 1 : 하나님의 관점으로 보는 지역사회
(강의 보조 자료 266 페이지 참조)

– 참고 자료 2 : 지역 조사(강의 보조 자료 272 페이지 참조)

● 겨자씨 프로젝트 사례

● 초등학교 하굣길 통행지도	● 장애인 점심 봉사	● 영정사진 무료 촬영
● 전인적 자녀교육 세미나	● 공원 청소	● 지역 경로잔치
● 노인정 방문	● 세차도우미	● 등굣길 조식 봉사
● 학교 운동장 청소	● 역전 우산 씌워주기	● 수해지역 봉사
● 영어교육강좌	● 국립현충원 비석 닦기	● 아파트 놀이터 보수
● 우면산 산책로 오이 나누기	● 출근길 사랑의 캔디 제공	● 해운대 백사장 청소
● 아파트 꽃 심기	● 이발 봉사	● 분리수거 활동 지원

● 겨자씨 프로젝트 실천 후 변화

개인	교회
● 지역 소속감과 애착심 증가 ● 실천하는 신앙으로 변화 ● 나의 섬김을 통해 일하시는 하나님을 체험 ● 개인의 삶을 통해 이루실 하나님의 비전 발견 ● 하나님 나라의 가치관으로 변화 ● 가정의 회복을 경험	● 교회와 성도들의 내적성숙 ● 동일한 비전으로 신뢰하고 합심함 ● 이웃 주민과의 관계 회복 ● 지역사회를 품고 나가는 교회로 인식됨 ● 자연적 전도로 인한 교인 수 증가
지역사회	**팀과 구역**
● 지역사회의 상처 회복 ● 예수그리스도의 사랑이 드러남 ● 불신자들의 예수영접 ● 교회와 기독교인들에 대한 호감 증대	● 중보기도의 중요성 재인식 ● 서로를 섬김 ● 구역과 팀의 협력 증대

● 겨자씨 프로젝트 계획 예시

1) 겨자씨 프로젝트 이름: 부부 관계에 대한 세미나

2) 하나님의 의도: 남편들은 아내를 사랑과 존경으로 대한다.
   성경말씀: 에베소서 5장 25절 "남편들아 아내 사랑하기를…"

3) 채워져야 할 필요(혹은 해결해야 할 문제): 우리 지역의 남편들은 자기 아내들을 존경으로 대하지 않는다.

4) 일차적으로 열매를 (impact) 보기 원하는 영역: 지혜

5) 이차적으로 열매를 (impact) 보기 원하는 영역: 사회적 필요

6) 시행 일시:

7) 시행 장소:

8) 사역 진행

프로젝트 단계	조언을 구해야 할 사람들, 기관들	필요한 자원	책임자	완수 날짜
1. 기도, 묵상, 성경공부	하나님	시간, 묵상	프로젝트 리더	1일
2. 결정	프로젝트 리더		프로젝트 리더	1일
3. 관심도 조사	교회와 지역의 남자들	설문지	교회 내 자원자들	4–7일
4. 세미나 강사 선임	목사나 다른 교사	추천 및 참고자료들	목사	8–10일
5. 세미나 교재 준비	교회, 서점 등	자료를 찾을 사람, 교재구입비	(자원자 이름)	8–15일
6. 세미나 장소 준비	책임자	의자, 칠판 등	(자원자 이름)	8–15일
7. 간식 준비	교회 여성도	간식비, 간식	(자원자 이름)	15–20일
8. 광고지 준비	인쇄기	광고비, 브로셔	(자원자이름)	15–20일
9. 기도회	전 교회		목사	25일
10. 브로셔 배포	상점, 시장 등	교회 젊은이들	(자원자이름)	20–24일
11. 세미나 열기	프로젝트 리더		프로젝트 리더	30일
12. 기도회	전 교회	목사	(목사님 이름)	31일
13. 평가	프로젝트 리더	참가자들의 반응, 평가서	프로젝트 리더	32–35일
14. 프로젝트 보고서		작성자	이름	35–40일

나눔 질문

1. 아래의 양식을 참고해 겨자씨 프로젝트를 적용하고 함께 나누어 보세요.

1) 겨자씨 프로젝트 이름:

2) 하나님의 의도:

3) 성경구절:

4) 채워야 할 필요(혹은 해결되어야 할 문제):

5) 1차적으로 열매(impact)를 보기 원하는 영역:

6) 2차적으로 열매(impact)를 보기 원하는 영역:

7) 시행 일시:

8) 시행 장소:

9) 사역 진행

단계	조언을 구해야 할 사람들, 기관들	필요한 자원	책임자	완수날짜

"교회가 세상을 제자 삼지 않으면 세상이 교회를 제자 삼는다."
- Darrow Miller

5

일터 선교론
(Workplace Missiology)

현대의 직장인들은 일주일의 거의 대부분을 교회와 가정이 아닌 일터에서 보낸다. 이 시대 진정한 **"땅끝"**은 내 옆자리의 직장 동료이다. 그러기에 매일매일 그리스도인의 삶을 살아내야 하는 우리에게 일터에서의 사명이 중요할 수밖에 없다. 이 일터가 바뀌지 않으면 세상은 바뀌지 않는다!

그렇다면 우리는 **일터**에서 어떻게 하나님을 드러내며 살 것인가?

세상에 영향을 미치라는 명령

너희는 세상의 소금이니 소금이 만일 그 맛을 잃으면 무엇으로 짜게 하리요. 후에는 아무 쓸데없어 다만 밖에 버려져 사람에게 밟힐 뿐이니라. 너희는 세상의 빛이라 산 위에 있는 동네가 숨겨지지 못할 것이요 사람이 등불을 켜서 말 아래에 두지 아니하고 등경 위에 두나니 이러므로 집안 모든 사람에게 비치느니라 이같이 너희 빛이 사람 앞에 비치게 하여 그들로 너희 착한 행실을 보고 하늘에 계신 너희 아버지께 영광을 돌리게 하라 (마 5:13-16)

● 소금과 빛의 역할과 적용

소금의 용도는 방부제 역할을 하며, 맛을 내는 것이다. 이를 우리의 삶에 적용한다면, 참된 그리스도인은 도덕적 가치를 준수하며, 주위 사람들에게 의미와 기쁨을 주어야 한다. 빛의 역할은 어둠을 없애며, 길을 비추는 것이다. 이를 우리의 삶에 적용한다면, 참된 그리스도인의 역할은 정의를 실천하고 확산하며, 사람들을 이끌고 안내하는 것이다.

이 말씀은 우리가 소금과 빛으로서 "세상에 선한 영향을 미치라"고 하시는, 예수님께서 친히 우리에게 주신 명령이다. 그러기에 우리 그리스도인은 하나님의 영광을 위해 세상에 선한 영향을 미치라는 명령을 받은 사람들이다. 그런데 우리가 이처럼 세상에 선한 영향을 미치려면, 하나님 나라의 가치대로 살아야 한다.

● 하나님 나라의 가치

로마서 14장 17절 말씀에 보면 "하나님의 나라는 먹는 것과 마시는 것이 아니요, 오직 성령 안에서 의와 평강과 희락이라"고 했다. 여기에 나오는 "의와 평강과 희락"이 바로 "하나님 나라의 가치"이다.

그렇다면 "하나님 나라의 가치"인 "의와 평강과 희락"의 의미는 무엇인가?

하나님 나라 가치의 첫 번째 특성은 의(義)이다.

의는 헬라어로 "디카이오쉬네"인데, 영어로는 "righteousness"로, 이는 하나님과 사람 앞에서 "옳음"을 의미한다. 그런데 이 "의"에 대해서 미가서 6장 8절 말씀을 보면, "여호와께서 네게 구하시는 것은 오직 정의를 행하며 인자를 사랑하며 겸손하게 네 하나님과 함께 행하는 것이 아니냐"고 했다. 그러므로 하나님께서 원시는 우리의 "의", 곧 옳음은 "정의와 인자와 겸손"으로 나타난다.

여기서 정의는 내 주위 사람들을 존중하고 배려하고 충실하게 섬기는 것이며, 그들의 권리, 이익, 명예 등을 보호해 주는 것이다. 인자는 우리 주위에 필요가 생길 때, 아무런 조건 없이 그냥 채워주는 긍휼과 사랑이다. 또한 겸손은 주님께서 성육신을 통해 본을 보여주셨다.

이러한 "정의와 인자와 겸손"이 바로 하나님 나라의 가치를 드러내는 첫 번째 특성인 "의", 곧 옳음이다. 그러므로 우리는 이러한 "정의와 인자와 겸손"을 통해 세상에 선한 영향을 미치게 되는 것이다.

하나님 나라 가치의 두 번째 특성은 평강이다.

여기서 평강은 내적인 평안을 의미하는 것이 아니라, "화평케 함"(peace making)을 의미한다. 이러한 화평케 함은 사람들에게 더 나은 곳이 되도록 도와주며, 깨어진 관계를 고쳐준다. 그리하여 이러한 화평케 함을 통해 우리는 세상에 선한 영향을 미치게 되는 것이다.

하나님 나라 가치의 세 번째 특성은 희락이다.

그런데 희락은 행복과 다르다. 행복은 시간이나 환경에 좌우되지만, 성령 안에서의 희락은 우리의 환경 때문이 아니라, 우리와 그리스도와의 관계의 결과이다. 그러므로 우리는 슬퍼하면서도 희락을 누릴 수 있고, 행복하면서 희락을 누릴 수 있다. 그래서 우리는 어떤 상황 속에서도 항상 기뻐할 수 있는 것이다.

● 의와 평강과 희락의 삶

우리는 이러한 의와 평강과 희락의 삶을 통하여 세상의 소금과 빛의 역할을 하게 되며, 그로 인해 세상에 선한 영향을 미치게 된다. 그러나 실제로는 대부분의 성도들이 하나님을 위해 세상에 선한 영향을 충분히 미치지 못하고 있다. 그 이유는 많은 성도들이 잘못된 사고방식이나 잘못된 패러다임을 갖고 있기 때문이다. 그러므로 그리스도를 위해 소금과 빛으로서 세상에 선한 영향을 미치기 위해서는, 모든 그리스도인들이 하나님 나라의 가치인 "의와 평강과 희락"의 삶을 살아야 한다.

이를 위해서는 3가지 패러다임의 변화가 필요하다. 곧 획기적인 의식 전환이 필요한 것이다.

패러다임의 변화 1.
예배와 교회에 대한 올바른 이해

● 예배란 무엇인가?

성경에 언급된 첫 번째 예배는 창세기 22장 5절에 나온다.

"아브라함이 종들에게 이르되 너희는 나귀와 함께 여기서 기다리라 내가 아이(이삭)와 함께 저기 가서 예배하고 우리가 너희에게로 돌아오리라"

여기서 "예배하다"는 히브리어로 "히쉬타슈바야"인데, 그 뜻은 "절하다"(순종하다, 항복하다)이다. 이는 곧 자신의 희망, 꿈, 인생의 전부를 온전히 내어드리는 것을 의미한다. 그러기에 참된 예배는 자신의 전부를 온전히 내어드리는 전적인 순종이다.

예배에 대한 신약의 표현은 로마서 12장 1절이다.

"그러므로 형제들아! 내가 하나님의 모든 자비하심으로 너희를 권하노니, 너희 몸을 하나님이 기뻐하시는 거룩한 산제사로 드리라. 이는 너희가 드릴 영적 예배니라"

여기서는, 우리가 드려야 할 "예배"를 거룩한 "산제사"(희생)라고 칭한다. 곧 예배는 거룩한 산제사로, 하나님께 드리는 우리의 거룩한 희생이며, 그러기에 참된 예배는 전적인 순종의 삶이다. 이는 우리의 순종의 삶이 곧 예배라는 의미다.

위대한 신앙인으로서, 자신의 삶을 하나님을 섬기는 데에 전적으로 바쳤던 조지 뮬러는 자신의 삶을 이렇게 고백했다.

"나의 전 생애는 하나님께 드리는 예배였다."

또한 《하나님의 임재 연습》의 저자 로렌스 형제는 그가 수도원 부엌에서 섬기는 일을 할 때, 하나님의 임재를 누리는 예배를 자주 경험하였다고 고백했다.

이처럼 그리스도인은 자신의 삶이 예배라고 고백하는 사람들이다.

● 예배의 두 가지 표현

의식과 이벤트를 통한 예배(이벤트 예배): 이것은 신자들이, 주일의 교회프로그램과 같이 지역교회에서 우선적으로 실행하는 것이다. 여기에는 찬양과 경배, 설교, 기도회, 성경 공부, 봉사활동 등이 포함될 수 있다. 신자들이 이런 일들을 하나님의 영광을 위해 온 마음을 다해서 하게 되면, 이것이 곧 예배인데, 우리는 이러한 예배를 이벤트 예배라 일컫는다.

과정으로서의 예배(삶으로 드리는 예배, 삶의 예배): 이것은 신자들이 월요일에서부터 금요일까지 하는 일들에 해당한다. 이 과정에는 가족, 직업, 사회봉사, 여가 혹은 공부를 위해 보내는 시간도 포함될 수 있다. 이런 일들을 신자들이 하나님의 영광을 위해 하는 한, 이 일들 역시 하나님께 드리는 예배가 된다! 이것이 삶으로 드리는 예배, 곧 삶의 예배다.

그렇다면 이벤트 예배와 삶의 예배 중에 어느 것이 하나님 보시기에 더 거룩할까? 그 대답은 "둘 다 똑같다"이다.

그런데 여기서 중요한 점은, 교회는 이벤트 예배가 반드시 삶의 예배로 이어지게 해야 한다. 교회는 삶의 예배를 통하여, 지역사회에서 "소금과 빛"의 역할을 할 수 있기 때문이다.

● 교회에 대한 왜곡된 관점

이것이 우리가 직면하고 있는 문제다. 흔히 우리는 교회를 장소나 건물로 그리고 예배를 프로그램이나 이벤트 개념으로 인식한다는 경우가 많다. 그리고 그리스도의 몸인 교회를 단지 지역교회로 제한하려고 한다.

이럴 때 그리스도인들이 주중에 하는 일들은 영적으로 덜 중요하든지, 혹은 전혀 중요하지 않은 일들이 되고 만다. 그러면 결국 교회는 언제 어디에서나 수행해야 할 소금과 빛의 역할(사명)을 감당하지 못하게 된다. 그러므로 교회에 대한 바른 이해가 반드시 필요하다.

패러다임의 변화 2.
일에 대한 올바른 이해

● 일에 대한 관점

일에 대한 잘못된 관점 때문에 성도들은 바르게 하나님을 예배하지 못하며, 하나님을 위해 소금과 빛으로 살지 못한다. 그들은 일을 예배로 보지 않는 사람들이다. 그들에게 있어서 일은 필요악이요, 차선이다. 그리고 일은 단지 생계 수단이며, 또한 일은 부의 축적 과정에 불과하다.

예배와 교회에 대한 바른 이해를 통해, 이제 우리는 일을 다른 관점으로 볼 필요가 있다. 곧 두 번째 패러다임은, 일을 단지 생계를 위한 직업으로 보는 것이 아니라, 하나님께 대한 예배로 볼 수 있게 도와준다. 이처럼 일을 예배로 인식한다면 하나님은 우리의 일 안에 계시고, 성도들은 일을 통해 하나님 나라를 구현하며, 일터에서 소금과 빛의 역할을 하게 된다.

● 최상의 예배로서의 일

일과 예배는 "아바드"라는 동일한 원어이며, 그 의미는 **"일하다, 섬기다, 예배하다"**이다. 곧 예배는 일이고, 일은 섬김이다. 일(예배)하는 그리스도인은 일터에서 다음의 세 대상들을 섬긴다. 곧 섬김을 통해 예배한다.

- 하나님이 맡기신 일을 수행함으로 **하나님**을 섬긴다.
- 제품의 생산과 서비스를 통해 **다른 사람들**을 섬긴다.
- 생활비를 벌고, 한 인격체로 성장함으로 **우리 자신**을 섬긴다.

그러기에 성도의 일(직업)은 위대한 계명(마 22:37-39)의 세 기둥인 하나님 사랑, 이웃 사랑, 자기 자신에 대한 사랑의 사역이라고 할 수 있다.

우리의 일(직업)은 세속적인가? 혹은 거룩한 일인가? 그 구별은 무엇으로 하는가? 일(직업)의 초점이 열매에 있다면 세속적인 것이다. 곧 우리의 일이 가져올 수입, 승진, 목표, 꿈에 초점을 두는 것이다. 일(직업)의 초점이 주님께 있다면 그것은 거룩한 것이다. "너희는 먼저 그의 나라와 그의 의를 구하라"(마 6:33).

● 일터 예배/일터 교회

일에 해당하는 히브리어는 아보다(avodah)인데, 이 단어는 예배와 일이라는 이중 의미가 있다. 일은 하나님과 사람을 섬기는 것으로, 일은 하나님께 드리는 예배의 한 모습이다. 직장에서 하는 일들도 주일교회의 사역처럼, 귀한 사역이며, 하나님을 섬기는 일이며, 곧 예배인 것이다. 그래서 **"나의 일은 나의 예배"**라고 고백할 수 있다.

사람들은 흔히 하나님의 부르심을 듣고는 그것이 "교회 전임 사역자"로의 부르심이라고 간주한다. 사실은 "일터의 전임 사역자(일터 목자)"로의 부르심인데도 불구하고 말이다.

그렇다면 우리는 어떤 부르심을 받았는가? 나는 일터 교회로 부르심을 받은 사역자인가?

패러다임의 변화 3.
삶의 영역에 대한 올바른 이해

● 생각해보아야 할 문제들

삶의 영역에 대한 올바른 이해를 위해 다음의 말씀을 읽고 질문에 답해보자.

육신을 좇는 자는 육신의 일을, 영을 좇는 자는 영의 일을 생각하나니 (롬 8:5)

▶ 이 말씀에서 "육신의 일"은 무엇이며, "영의 일"은 무엇일까?

위의 것을 생각하고, 땅의 것을 생각지 말라(골 3:2)

▶ 이 말씀에서 "위의 것"은 무엇이며, "땅의 것"은 무엇일까?

영의 일과 위의 것은 하나님의 일을 의미하며, 육신의 일과 땅의 것은 세상일을 의미할까? 그렇다면 예수님의 목수 일은 하나님의 일일까, 세상일일까? 또한 일터에서의 여러분의 일은 하나님의 일일까, 세상일일까?

우리는 흔히 종교적인 일은 영적인 일이요, 일상적인 일은 세상의 일이라고 생각한다. 과연 그럴까? 여기에 대한 해답은 삶의 영역에 대한 올바른 이해에서 나온다.

● 삶의 영역

우리의 삶은 다음 도표와 같이 4개의 영역, 즉 종교적인 영역과 일상적인 영역, 하나님의 일(영적인 일)과 세상의 일(육신의 일)로 나눌 수 있다.

"A 영역"은 종교적인 영역에서 하나님의 일, 영적인 일, 위의 것을 추구하는 삶의 영역이다. "B 영역"은 일상적인 영역에서 하나님의 일, 영적인 일, 위의 것을 추구하는 삶의 영역이다. "C 영역"은 일상적인 영역에서 세상의 일, 육적인 일, 땅의 것을 추구하는 삶의 영역이며, "D 영역"은 종교적인 영역에서 세상의 일, 육적인 일, 땅의 것을 추구하는 삶의 영역이다.

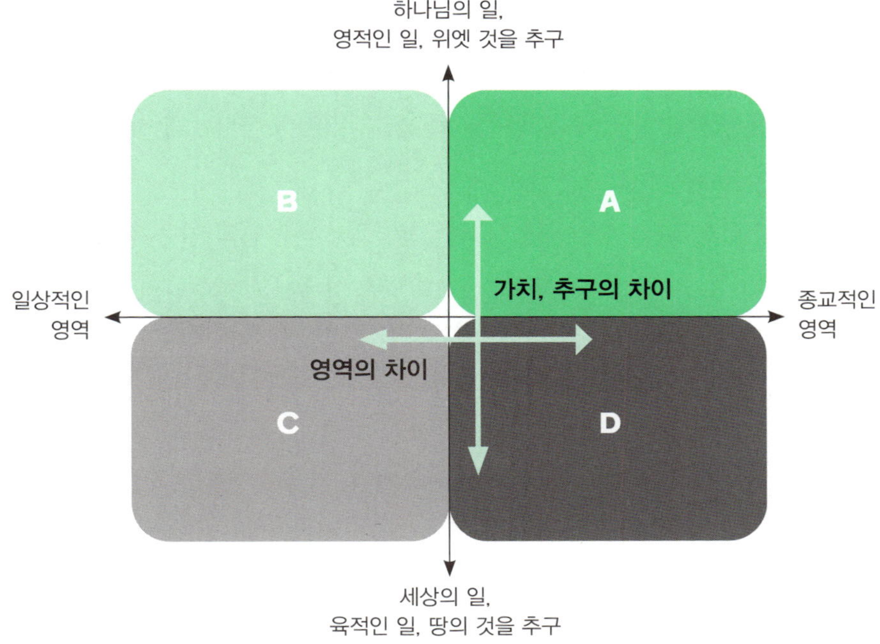

각 영역에 속하는 사람들의 예는 아래와 같다.

A 영역	사무엘, 엘리야, 엘리사, 이사야, 베드로, 바울
B 영역	아브라함, 이삭, 요셉, 다윗, 오바댜, 다니엘, 느헤미야
C 영역	아간, 게하시, 오므리, 아합, 베스도, 헤롯, 아나니아와 삽비라
D 영역	나답과 아비후, 홉니와 비느하스, 가룟 유다

종교적인 영역에 속하는 예배에도 두 가지 모습이 있다. 창세기 4장 4-5절 말씀에서 아벨의 제사는 "A 영역"에, 가인의 제사는 "D 영역"에 해당한다. 누가복음 18장 9-14절에 등장하는 바리새인의 기도는 "D 영역"의 예배이며, 세리의 기도는 "A 영역"의 예배이다.

● 평일과 주일의 생활

- 일반적인 생활: 평일에는 일상적인 영역에서 세상일을 추구하는 삶(C 영역)을 살다가, 주일에는 종교적인 영역에서 하나님의 일을 추구하는 삶(A 영역)을 사는 것이다.
- 바람직한 생활: 평일에 일상적인 영역에서 하나님의 일을 추구하는 삶(B 영역)을 살면서, 주일에 종교적인 영역에서도 하나님의 일을 추구하는 삶(A 영역)을 사는 것이다.
- 잘못된 생활: 평일에 일상적인 영역에서 세상일을 추구하는 삶(C 영역)을 살면서, 주일에 종교적인 영역에서도 계속 세상일을 추구하는 삶(D 영역)을 사는 것이다.

● 헌신이란 무엇일까?

헌신이란 세상일을 그만두고 하나님의 일을 하는 것이 아니라, 골로새서 3장 22-24절 말씀처럼 "무슨 일을 하든지 주께 하듯" 하는 것이다.

- 일반적인 생각: 일상적인 영역에서 세상일을 하다가(C 영역), 그 일을 그만두고, 종교적인 영역에서 하나님의 일을 하는 것(A 영역)이다.
- 가능한(권장) 방향: 일상적인 영역에서 하던 세상일(C 영역)을 그만두고, 일상적인 영역에서 하나님의 일(B 영역)을 하도록 방향을 바꾸는 것이다.
- 잘못된 방향: 일상적인 영역에서 세상일(C 영역)을 하던 사람이 종교적인 영역에 가서도 여전히 세상에 속한 일(D 영역)을 하는 것이다.(예: 삯꾼 목자)

일의 의미

● 창조에 있어서의 일의 의미(창 1:28)

창조주 하나님은 일하는 분이시다. 창조 시, 일은 하나님이 주신 축복이었다(창 1:28). 하나님은 우리에게 일할 수 있는 능력과 특권을 주셨다. 따라서 일은 곧 하나님의 역할을 위임받은 청지기적 사명이다.

● 타락 후 변질된 일의 의미

인간의 타락으로 모든 것이 변질되고, 일의 의미도 변하게 되었다. 그리하여 일의 성격은 하나님의 축복에서 고통이 수반되는 저주(창 3:17, 19)로 바뀌었다. 일의 목적도 하나님께 영광이던 일이 하나님께 반역(창 11:4)하는 일이 되었고, 인간의 욕망을 충족(렘 2:13)시키는 일로 전락하고 말았다.

● 그리스도의 구속 후 회복된 일의 의미

그리스도의 구속은 우주적이며 포괄적인 변화를 일으킨다. 먼저 단절된 하나님과의 관계를 회복시킨다. 곧 그리스도 안의 모든 사람이 새로운 피조물로 변한다(고후 5:17). 그리고 그리스도 안에서 일하는 자세가 변한다(골 3:22-23). 또한 그리스도 안에서 일하는 목적이 회복된다(고전 10:31).

일을 하는 목적

● 돈을 벌기 위해(Money)

- 돈은 경제적인 책임을 이루는 수단이다.
- 돈은 필요하지만, 돈이 우상이 될 수 있다(딤전 6:10).
- 돈을 벌기 위한 경제적 활동은 하나님 안에서의 당위적인 활동이다 (살후 3:10).
- 돈을 바르게 벌고 바르게 사용해야 한다.
- 일을 통해 얻은 이윤을 사회에 환원해야 한다.
- 돈은 삶의 수단이지 삶의 목적이 아니다(딤전 6:17-18).
- 돈으로 참 만족을 얻을 수 없지만(전 5:10), 그리스도 안에서 자족의 비결을 알면 어떤 형편에서도 만족할 수 있다(빌 4:11-13).

● 삶의 의미를 찾기 위해(Meaning)

- 직업은 자기를 개발하는 자아 성취의 현장이다(창 1:28).
- 일을 통해 사회에 선한 영향을 끼친다(엡 4:28).
- 하나님께 순종하며, 하나님이 주신 축복을 누린다(골 3:23).

● 사명을 이루기 위해(Mission)

- 직업은 축복이며 하나님의 명령이다(창 1:27-28).
- 직업은 청지기적 사명이며, 하나님께 영광을 돌리는 통로다 (고전 10:31),
- 일을 통해 하나님의 의를 드러내어야 한다(마 5:16).

- 직업의 현장은 전도의 현장이요, 그리스도의 편지로서의 사명을 감당하는 곳이다.

일터 속의 인간관계와 해결책

● 일터 속 대인관계 갈등의 이유

먼저 개인적인 요인으로 성격의 차이, 문화의 차이, 습관의 차이, 성별의 차이 등을 들 수 있다. 그리고 우리 일터 문화의 특성이 이중적이요, 실적을 중시하고, 일방적이며, 계급 중심적인 문화 때문이기도 하다. 또한 우리 그리스도인의 정체성으로 인해 갈등을 겪는다. 주일성수에 대한 주변 사람들의 불편함과 음주하는 회식 문화, 직장 내의 미신 문화에 대한 우리의 거부감 등이 갈등의 요인이 된다.

● 대인관계의 두 유형

- 현실 도피형: 믿지 않는 자와의 깊은 교제나 협업을 피하려는 유형이다(고후 6:14-15).
- 현실 타협형: 옳지 못한 현실이나 불의한 사람들과도 타협을 모색하는 유형이다(고전 5:10).

● 인간관계의 성경적 해결책

- 사랑하고 용서하라(눅 6:35, 엡 4:32). 사랑과 용서는 그리스도인들이

보여줄 수 있는 미덕이다.

- 황금률의 실천하라(마 7:12). 먼저 대접하고 경청하며 역지사지(易地思之)를 실천하라!
- 모든 사람과 평화롭게 지내라(롬 12:18, 히 12:14).
- 중보기도를 실천하라(눅 6:28). 중보기도는 어설픈 충고보다 효과적인 의사소통 방법이고 해결책이다.
- 대인관계에서 적극적인 창조자가 되라!

일터 교회 세우기

● 개인을 통한 일터 전도

- 직장인으로서 인정받아야 한다. 원만한 인간관계가 기본이며 업무로써 인정받아야 한다.
- 신앙인으로서 인정을 받아야 한다. 윤리적인 면에서, 경건한 생활로서 인정받아야 한다.
- 그리스도의 증인이 되어야 한다. 구원의 체험을 나눌 수 있어야 한다.
- 일터 전도는 관계 중심이어야 한다. 기도로 준비하고, 구체적인 계획을 세워 불신자와 관계를 맺는다. 그리고 선한 영향을 끼치도록 노력하라.
- 일터 전도는 전인적이어야 한다. 영적인 기도, 전도 대상자의 필요관찰, 전인적 섬김, 복음 제시, 훈련(세움)이 균형을 이루도록 하라.

● 기독교 기초 공동체 B.C.C

BCC(Basic Christian Community)는 기독교 기초 공동체로 이는 그리스도의 몸(교회)의 세포조직이라 할 수 있다(마 18:20, 전 4:9-12). 제자로 성장하고, 새로운 제자들을 배출하는 것이 BCC의 목적이다(마 28:19-20).

변화가 절실히 필요하거나 변화를 사모하는 사람들, 변화 과정에 충성스런 사람들이 BCC에 들어올 수 있으며, BCC 구성원은 서로의 죄를 고백하고(약 5:16), 말씀을 함께 나누며(마 13:23), 새로운 제자들을 위해 기도한다(마 9:35-38).

〈BCC의 실제적인 적용〉

- **말씀 묵상과 나눔**
  - 당신의 기도 생활은 어떠한가? (하나님과의 관계)
  - 당신이 오늘 읽고 받은 말씀은 무엇인가?
- **죄의 고백**
  - 처음엔 감사를 나눔
  - 당신은 고백해야 할 죄가 있는가? (약 5:16)
  - 이번 주에 어떤 유혹을 받았는가?
  - 당신은 다른 사람과 관련된 죄가 있는가? (험담, 판단, 빈정됨 등)
- **회심자를 위한 기도**
  - 당신은 그리스도를 위해 영혼을 구하고자 하는 부담감 혹은 긍휼의 마음이 있는가?
  - 그가 누구인지 나누고 함께 기도하라.
- **불신자(잃어버린 영혼)을 위한 기도문의 예**
  - 그가 좀 더 주님께 가까이 다가가게 해주소서.
  - 그가 복음의 진리를 깨달을 수 있게 해주소서.
  - 그가 그리스도를 주님으로 고백하고 그리스도의 제자가 되게 해주소서.

● 일터 교회 세우기 기본 전략

- 토양 준비: 일터(직장)를 위해 지속적으로 기도하라. 매사에 근면 성실하고 솔선수범하며 사랑으로 섬겨라. 존경과 신뢰를 받는 인격적인 관계 형성이 중요하다.
- 기독교 기초 공동체(BCC) 세우기: 기도 중에 선택된 한 사람을 사랑으로 섬겨라. 친밀한 관계로 발전시키면서 영적인 대화를 통해 신앙을 갖도록 돕는다. 이후 전도자와 결신자는 동역자가 되어 또 다른 사람을 사랑으로 섬길 수 있다.
- BCC의 배가와 번식: 구성원이 4명이 되면 2명씩 분가(번식)한다. 같은 방식으로 지속적으로 배가하면 분가하여 번식한다.

● 일터 교회의 성경적 근거

- "교회는 그리스도의 몸"(엡 1:23)이다.
- 교회는 모인 교회와 흩어진 교회, 주일 교회(Sunday church)와 주중 교회(Weekday church)로 나눌 수 있다. 여기에서 흩어진 교회(주중 교회)는 목장교회(지역)와 일터 교회(일터)를 의미한다.
- 일터 교회는 "집에 있는 교회"(고전 16:19, 골 4:15, 몬 1:2)의 현대적 적용이라 할 수 있다.

● 일터 교회의 궁극적 목표

- 일터의 문화와 가치관을 기독교 문화로 변화시킨다.
- 하나님의 목적을 성취하는 일터가 되게 한다.
- 일터 교회를 또 다른 일터에 번식한다.

- 일터 교회들이 연합하여 세상을 변혁시킨다.
- 열방에 하나님 나라를 구현한다.

나눔 질문

1. "이벤트 예배"와 "삶으로 드리는 예배"는 서로 어떻게 다른가요?

2. 과연 나는 나의 삶을 예배라고 고백할 수 있을까요?

3. 하나님 나라의 가치는 무엇이며, 우리는 어떻게 하나님 나라의 가치를 표현할 수 있을까요?

4. 일에 대한 잘못된 관점은 무엇이며, 일에 대한 올바른 관점은 무엇인가요?

5. 일터 교회 세우기를 위하여 내가 해야 할 일들은 무엇입니까?

6

우리의 목표 - 하나님의 영광

(Our target - God's glory)

우리의 표적은
하나님의 영광

어느 교회 지도자들 모임에서 강의할 때였다. 밥(Bob Moffitt)은 참석자들에게 복음이 결국 개인과 가정과 지역사회를 변화시켜야 하는지를 물어보았다. 그들은 그래야 한다고 대답했다. 그러면 복음의 전파로 그들의 지역사회 가운데 그들이 기대한 그러한 변화가 나타나지를 물어보았다. 그들은 아니라고 분명하게 대답했다.

그때 밥(Bob)은 활과 화살을 가지고 그들에게 한 가지 실험을 좀 하겠다고 말하고는, 그들 가운데 이 실험에 참여할 분이 있으면 앞으로 나와 주면 좋겠다고 하였다. 한 분이 앞으로 나오자, 밥(Bob)은 그 사람에게 화살을 주고는 작은 보자기로 그의 눈을 가렸다. 그런 다음 밥(Bob)은 청중이 보는 앞에서 바로 자신이 서 있는 뒤쪽의 벽을 향해 가상의 표적을 가리켰다. 그러고 나서 눈을 가리고 있는 그에게 그 표적이 있다고 생각하는 방향으로 화살을 한번 겨눠보라고 했다. 그랬더니 그는 청중 쪽을 화살로 겨누었고, 사람들이 혼비백산했다. 그래서 다시 시도해보라고 했더니, 이번에는 방향은 바로 잡았지만, 표적에서는 한참 빗나간 위치를 겨누고 있었다. 그래서 그의 눈을 가렸던 손수건을 풀어주고, 참석자들에게 표적이 어디였는지 말해 보라고 했다. 그들이 표적을 가리키자, 그는 불평조로 말하기를, 만약 표적을 볼 수 없다면 아무도 맞힐 수 없을 것이라고 했다.

그가 자기 자리로 돌아간 후, 밥(Bob Moffitt)은 참석자들에게 바로 이 시범을 통해 왜 우리의 전도와 교회 개척에 대한 노력이 우리가 선포하는 복음에 의해 일어나길 원하는 변화를 이루지 못하는지에 대해 설명해 주었다. 우리가 전도와 교회 개척을 열심히 했는데도 개인과 가정과 지역사회에 대해 기대한 만큼의 변화를 보지 못한 이유는, 바로 우리의 표적, 즉 그리스도께서 우리에게 주신 목표를 오해했기 때문이다.

성경에는 영광이란 단어가 3백 번 이상 나온다. 이 단어들은 대부분 하나님의 영광에 대한 것이다. 성경은 하나님의 궁극적 목적은 하나님의 영광을 드러내는 것, 즉 하나님의 엄청나게 놀라운 성품의 반영이라고 계시한다. 영광이란 수월성, 가치, 영예, 뛰어남, 아름다움, 장엄, 경이 등을 묘사하는데 사용하는 속성이다.

하나님의 영광을 생각할 때, 또 다른 용어들이 떠오른다. 절대적 순수, 거룩, 인자함을 겸비한 정의, 인내, 무한한 능력, 자발적인 희생적 사랑 등이다. 깨어진 우리의 세상에 이와 같은 속성들이 얼마나 절실히 필요한가!

하나님의 영광은 너무나 사랑스럽고, 너무나 보호적이며, 자기를 내어주며, 너무 순수하고 거룩하며, 속이거나 사심이 없어서, 우리가 그 영광을 대할수록 그 영광에 가까이 다가가기를 원하게 된다.

하나님의 영광을 나타내기

달이 햇빛을 반사하듯이, 창조는 단지 하나님의 영광을 드러낼 뿐이다. 잠시 멈추고 하나님의 영광을 직접 본다면 어떻게 될까를 상상해보

자. 그건 마치 태양을 직접 쳐다보는 것과 같을 것이다.

이사야는 환상 가운데 직접 하나님의 영광을 보았다. 그가 묘사한 광경(이사야 6장)을 보면, 하나님의 영광은 거룩하고 순결하다. 그 영광 앞에 마주칠 때, 죄성을 가진 인간인 이사야는 마치 죽은 사람처럼 얼굴을 땅에 대게 된다.

우리는 하나님의 영광을 상상해보려고 해도 할 수 없다. 그것은 우리의 지각 능력을 벗어나기 때문이다. 그러나 놀라운 사실은 하나님이 우리 인간을 하나님의 영광을 반영하는 존재로 창조하셨다는 것이다!

하나님은 그분의 백성 이스라엘을 열방의 제사장으로 삼으시고, 다른 나라들이 이스라엘을 통해 하나님의 영광을 보고 이끌려 오도록 하는 방식으로 살아가기를 원하셨다(신 4:5-8). 개인적 차원에서 보면, 예수님은 제자들에게 그들의 빛을 비추어서 이를 바라보는 자들이 하나님께 영광을 돌리게 하라고 말씀하셨다(마 5:13-16).

바울은 실제로 우리가 하나님의 영광이 되어야 한다고 세 번씩이나 상기시켜 준다. 에베소서 1장에서 우리는 "그의 은혜의 영광을 찬송하게 하려"(6절) 아들로 받아들여졌다고 한다. 11-12절에서 바울은 우리가 그의 영광의 찬송이 되게 하려고 선택되었다고 말한다. 이 엄청난 진리를 우리에게 확신시켜주기 위해, 바울은 우리가 "그의 영광을 찬송하게 하려고" 구속의 인치심을 받았다고(13-14절) 말하고 있다. 성경의 다른 구절에서 바울은 우리가 무엇을 하든지 다 하나님의 영광을 위해 하라고 말한다(고전 10:31). 베드로는 우리가 이렇게 살아감으로써 우리를 보는 사람들이 하나님께 영광을 돌리게 하라고 가르친다(벧전 2:11-12).

말하자면, 하나님이 요구하시는 대로 살 때, 우리는 하나님을 영화롭게 하는 것이다. 그리고 하나님이 바로 우리의 영광이시다. 이사야는 "네 하나님이 네 영광이 되리니(사 60:19)"라고 했다. 또 있다! 하나님이 요구하시는 대로 살 때, 우리가 하나님의 영광이 된다(become). 이사야는 말했다. "너는 또 여호와의 손의 아름다운 관, 네 하나님의 손의 왕관이 될 것이라"(사 62:3). 하나님의 영광은 이처럼 상호교류적이다. 놀랍지 않은가!

이처럼 순환적인(상호교류적인) 영광은 골로새서 1장 15-20절, 요한복음 16장 13-14절, 17장 4-1절에 나와 있는 대로 삼위일체 하나님의 자기희생적 사랑을 반영한다. 성령님은 예수님을 영화롭게 한다. 예수님은 하나님을 영화롭게 한다. 하나님은 예수님을 영화롭게 한다. 이런 일이 계속적으로 반복해서 이어지고 있다.

하나님이 창조에 대한 평가를 "좋았더라"(창 1:1-24)에서 "심히 좋았더라"(창 1:31)로 바꾸신 이유는, 하나님의 창조의 왕관인 인간을 창조하셨기 때문이라고 여겨진다. 인간은 그 어떤 창조물보다도 하나님의 영광을 잘 반영할 수 있는 능력을 가지고 있다. 인간이 어떻게 그렇게 할 수 있는가? 우리는 서로를 돌보는 것을 포함하여 하나님의 창조를 돌보는데 있어서 하나님의 형상을 반영해 냄으로써 그렇게 할 수 있다.

인간의 죄는 이런 비전, 즉 하나님의 목적을 황폐하게 만들어버리고 말았다. 그러나 그리스도는 하나님께서 의도하신 영광을 하나님께 되돌릴 수 있도록 우리의 권리를 회복시켜 주었다. 바울은 이 진리를 골로새서 1장 15-20절에서 강력하게 확인시켜 준다. 그는 우리의 죄를 용서해

주시고 우리로 하여금 하나님의 우주적 목적에 다시금 참여시켜주시는 하나님의 계획을 다음과 같이 요약했다.

"그(예수님)의 십자가의 피로 화평을 이루사 만물 곧 땅에 있는 것들이나 하늘에 있는 것들이 그로 말미암아 자기와 화목하게 되기를 기뻐하심이라"(골 1:20).

십자가 덕분에 우리 인간이 하나님이 이미 의도하셨고 또한 여전히 의도하시는 대로 살아간다면, 하나님을 영광스럽게 할 수 있는 우리의 권리를 재천명할 수 있다. 이사야 58장에서는 우리가 그분의 의도대로 사는 것이 진정한 예배라고 말한다. 십자가는 은혜, 즉 우리를 향한 하나님의 과분한 호의를 나타낸다. 그러나 이 은혜는 하나님의 과분한 은혜 이상의 것이다. 그것은 우리로 하여금 하나님이 우리를 불러서 어떻게 살라고 하는지 알게 해주는 능력이며, 하나님의 뜻을 행할 수 있게 해주는 초자연적 능력이 되어, 우리가 그분의 뜻대로 살 때 그분께 영광을 돌리게 한다(빌 2:13). 올바른 삶을 통해 하나님을 영화롭게 할 때, 또한 우리 자신이 바로 하나님의 영광이다!

하나님의 영광과 지상명령

우리의 복음적 신앙의 실천과 관련하여, 우리는 하나님의 궁극적인 목적을 이해하는데 있어서 그것이 지닌 전체적인 의미에서 벗어나 버렸다. 그동안 우리는 지상명령의 의미를 해석할 때, 전도와 교회개척의 명령을 수행하는 데에는 주의를 기울여왔다. 그러나 일반적으로 볼 때 지상명령의 궁극적 목적, 혹은 목표는 놓쳐 버리고 말았다. 그 목표를 놓쳐버렸기 때문에, 하나님이 의도하신 결과, 즉 세상의 변화 혹은 치유도 광범위하게 잃어버리고 만 것이다.

지상명령을 깊이 들여다보자. 여기서 지상명령의 내용을 일일이 분석하려는 것은 아니지만, 통상적인 복음주의의 분리적 관점에서 들여다보자. 예수님의 마지막 선교 명령과 관련된 우선적 구절들은 마가복음 16장 15절과 마태복음 28장 19절이다. 이 절들에서 복음주의자들은 다음과 같은 내용을 강조한다.

● 1. 전도(Evangelism)

너희는 온 천하에 다니며 만민에게 복음을 전파하라(막 16:15)

그러므로 너희는 가서 모든 민족으로 제자를 삼아(마 28:19상)

● 2. 교회개척(Church Planting)

아버지와 아들과 성령의 이름으로 세례를 베풀고(마 28:19중)

● 3. 가르침(Teaching)

가르쳐(마 28:19하)

● 4. 제자훈련(Discipling)

내가 너희에게 분부한 모든 것을…지키게 하라(마 28:19하)

위의 1번에서, 우리는 그리스도의 명령이 세상에 나가서 복음을 전파하여 영혼들을 지옥에서 구해내고 천국으로 인도하는 것으로 해석한다. 그동안 우리 복음주의는 "전도" 부분을 성공적으로 수행해왔다.

2번에서, 우리는 새로운 신자에게 그리스도의 몸인 교회의 일원으로 받아들이는 표징으로 세례를 주는 것으로 이해한다. 이 명령이 가진 의미는 신자들을 하나의 의도적인 회중, 즉 지역 교회로 모으는 것이다. 말하자면, 세례를 주는 것은 지역교회를 개척하는 관점의 하나로도 볼 수 있다. 복음주의는 이 부분도 성공적으로 잘 해왔다.

3번에서는 복음주의자의 또 다른 강점을 볼 수 있다. 복음주의자는 신앙에 대해 가르치는 것의 중요성을 인식했다. 수천 개의 교단들과 선교단체들이 자신들만의 제자훈련 교재를 제작했다. 그런데 많은 주일 설교들처럼 예수님의 제자들이 창조 세계와의 관계와 제자들 서로 간의 관계에서 어떻게 해야 하는지에 대해 다룬 내용에서는 대부분 큰 차이가 없다.

지상명령의 마지막 부분인 4번은 종종 비극적이게도 예수님의 선교명령을 이해할 때 놓치는 부분이다! 지상명령의 다른 부분들이 모두 핵심적인 것이지만, 만약 지키게(순종하게) 가르치지 않는다면, 그리스도의 제자들, 즉 교회를 향한 그리스도의 목적이 심각하게 약화되고 만다. 우리는 십자가와 구속에는 매우 익숙할 수 있다. 우리는 그리스도의 희생이 가져다준 용서에 대해 깊이 감동받을 수도 있다. 그러나 이러한 이해가 우리 쪽에서 해야 할 희생적 순종의 실천으로 이어지지 않는다면, 이 핵심적인 성경 진리는 결과가 별로 나타나지 않을 것이다.

제자들을 가르쳐서 지키게 하는 것이 예수님 명령의 궁극적이고 핵심적인 것이다. 이것이 바로 목표에 도달하는 수단이다. 만약 우리가 그 목표에 도달하는 수단을 가르치지 않는다면, 하나님께서 우리를 창조하셔서 나타나게 하시려는 그 영광은 엄청나게 사라지고 말 것이다. 이처럼 불완전한 사역에 의해 회심한 사람들은 구원을 받을 진 모르지만, 하나님께 영광을 돌리는 대신 불명예를 돌리게 될 위험에 처하게 될 것이다.

표적 맞추기

성경에서 성경적 변화란 하나님께서 부르신 그분의 백성들이 하나님 뜻대로 살 때, 하나님께서 이루어주시는 어떤 것이라고 분명히 해주고 있다. 하나님의 말씀은 이렇게 약속하고 있다,

"내 이름으로 일컫는 내 백성이 겸비하여 기도하며 내 얼굴을 구하며 악한 길에서 돌이키면, 내가 하늘에서 듣고 그들의 죄를 사하며 이 땅을 고칠지라"(역대하 7:14).

이 구절의 약속은 조건적이다. 동시에 초자연적이다. 조건은 불순종에 대한 겸손한 회개, 그리고 뒤이은 순종이다. 복음의 전제는 그리스도가 없다면 우리는 죽은 것이다. 우리가 "죽었기" 때문에, 우리는 우리 자신을 고칠 수 없다. 우리의 깨어짐을 고치기 위해 어떤 지식, 돈, 인력도 소용없다. 우리의 깨어진 삶과 사회를 치유하는 것은 초자연적 간섭을 필요로 하는 그 어떤 것이다. 하나님 백성이 순종할 때, 그들이 하나님의 부르심 대로 살아갈 때, 하나님은 초자연적으로 그들의 현실 속에 간

섭하셔서, 그들의 지식, 돈, 인력, 기타 자원을 활용하셔서 그들을 치유해주신다. 그러나 우리가 하나님 방법대로 살지 않으면, 그 약속은 공허해진다.

간단히 말해서, 마태복음에 나온 지상명령은 우리의 나라들을 제자화하는 것이다. 전도, 교회개척, 신앙에 대한 가르침은 순종하는 최종 단계에 이르도록 하는 핵심적 활동들이다. 지상명령의 이런 요소들이 핵심적이긴 하지만, 그 자체로 하나님의 원하시는 대로 하나님을 영화롭게 하지는 않는다. 하나님 백성이 날마다 매 순간마다 하나님의 뜻대로 살아서, 즉 하나님이 명령하신 대로 실천하여 그분을 영광스럽게 할 때, 민족들은 비로소 제자가 되어 하나님께 영광을 돌리게 될 것이다.

성경적 변화는 즉시 일어나거나, 그리스도의 왕국이 완전히 설립되기 전에는 완성되지 않을 것이다. 그러나 역사를 보면, 변화는 뚜렷할 만큼 지금 현실화될 수 있음을 알 수 있다. 사회과학자인 로드니 스타크(Rodney Stark)는 과거 초기 기독교회의 첫 200~300년 동안 이교적인 로마제국에 나타난 엄청난 사회적 변화를 추적하였다(《기독교의 발흥》The Rise of Christianity, 프린스톤대학 출판사, 1996). 거기에는 종교개혁과 웨슬리 부흥 기간 동안에 일어난 것과 동일한 변화가 있었다. 이 각각의 기간 동안, 괄목할만한 순종의 실천이 있었다. 이는 그리스도의 이름으로 일컫는 그분의 백성들이 그리스도의 희생적 사랑을 넘치도록 실천한 것이었다.

이와 같은 변화가 오늘날에도 가능하다. 그러나 그 가능성은 조건적이다. 하나님은 분명히 역대하 7장 14절에서 조건들을 제시하셨다. 그것은 두 가지 조건이다.

첫째, 하나님 백성은 스스로 하나님 앞에서 겸손하게 하나님 얼굴을 구해야 한다. 말하자면, 회개하며 그분 앞에서 와서 그분의 뜻을 배워야 한다.

둘째, 하나님 백성은 그들의 악한 길에서 돌이켜야 한다. 즉, 하나님의 뜻을 실천해야 한다.

하나님 백성이 이 두 가지 기준을 만족하면, 역시 두 가지 약속이 이뤄질 것이다. 하나님의 영광 가운데, 하나님께서 용서하시고, 치유하신다.

우리 안에 드러난 하나님의 영광

우리가 표적을 맞혔는지 어떻게 알 수 있는가? 제자들이 개별적으로, 또한 지역교회로서, 우리가 하나님을 영광스럽게 할 때, 어떤 모습으로 나타날까? 성경에서 이 질문에 대한 답을 찾을 수 있다.

● 깨어짐의 회복을 위한 열정

> 예수께서 대답하여 이르시되 너희가 가서 듣고 보는 것을 요한에게 알리되 맹인이 보며 못 걷는 사람이 걸으며 나병환자가 깨끗함을 받으며 못 듣는 자가 들으며 죽은 자가 살아나며 가난한 자에게 복음이 전파된다 하라 (마 11:4-5)

예수님은 그분의 아버지의 뜻을 행하려 왔다고 말씀하셨다(요 6:38). 무슨 뜻인가? 해답은 위에 있는 대로 요한의 제자들에 대한 예수님의 대답에서 알 수 있다. 또한 마가복음에 나와 있는 주요 제목에서 해답을 찾을 수도 있다.

예를 들어보자. "예수가 악한 영을 쫓아내시다", "예수가 많은 사람을 고치시다", "예수가 중풍환자를 고치시다", "예수가 폭풍을 잠잠케 하시다", "귀신 들린 사람의 치유", "예수가 오천 명을 먹이시다", "귀머거리와 벙어리를 치유하심", "벳세다 연못에서 소경을 고치심", "소경 바디매오가 눈을 뜨다", "예수가 성전을 정결케 하시다" 등이다. 이러한 내용은 예수님의 제자인 우리에게 다음과 같은 의미를 준다.

하나님은 깨어짐을 고치는데 열정적이시다.

▶ 우리 주위에서 깨어진 것들을 고치기 위해 우리는 개별적으로 또한 집단적으로 무엇을 하고 있는가?

우리는 우주에 대한 하나님의 주권에 대한 증거를 본다.

▶ 우리의 물리적 환경이 훼손된 데 대한 하나님의 관심을 개인적으로 또한 집단적으로 표현하기 위해 우리가 무엇을 하고 있는가?

우리는 거룩한 장소를 정결케 하는데 하나님께서 관심을 두신다는 증거를 본다.

▶ 우리는 우리 가정, 교회, 지역사회에서 깨어진 것을 치유하기 위해 개인적으로 또한 집단적으로 무엇을 하고 있는가?

우리는 인간과 세상의 깨어짐을 치유하기 위한 하나님의 초자연적 개입에 대한 수많은 증거들을 본다.

"그들이 베드로와 요한이 담대하게 말함을 보고 그들을 본래 학문 없는 범인으로 알았다가 이상히 여기며 또 전에 예수와 함께 있던 줄도 알고"(행 4:13).

▶ 우리의 삶과 다른 사람들을 위한 봉사에서 세상이 우리를 보고서 하나님의 초자연적 개입의 증거를 보고 놀라고 있는가?

● 고난

오직 우리가 천사들보다 잠시 동안 못하게 하심을 입은 자 곧 죽음의 고난 받으심으로 말미암아 영광과 존귀로 관을 쓰신 예수를 보니 이를 행하심은 하나님의 은혜로 말미암아 모든 사람을 위하여 죽음을 맛보려 하심이라. 그러므로 만물이 그를 위하고 또한 그로 말미암은 이가 많은 아들들을 이끌어 영광에 들어가게 하시는 일에 그들의 구원의 창시자를 고난을 통하여 온전하게 하심이 합당하도다(히 2:9-10)

고난은 하나님의 영광을 나타낼 수 있는 한 가지 방법이다. 예수님은 희생적으로 고난 당하셨다. 이는 그 자신을 위해서가 아니라 다른 사람들을 위해서이다. 우리가 다른 이들을 위해 고난을 당할 때, 예수님께서 우리를 위해 하신 것을 나타내는 것이다.

▶ 우리 교회 안의 예수님의 제자들을 각자 바라볼 때, 그들이 다른 사람들을 위해 고난 받기 때문에 하나님의 영광이 나타나는 것을 볼 수 있는가? 우리 지역사회의 사람들이 우리 교회를 바라볼 때, 지역사회 내의 깨어진 것들을 치유하기 위해 "상처를 받으면서까지 나눠주는" 예수님의 제자들을 발견하는가?

● 서로 사랑하라

믿는 사람이 다 함께 있어 모든 물건을 서로 통용하고 또 재산과 소유를 팔아 각 사람의 필요를 따라 나눠 주며 날마다 마음을 같이 하여 성전에 모이기를 힘쓰고 집에서 떡을 떼며 기쁨과 순전한 마음으로 음식을 먹고 하나님을 찬미하며 또 온 백성에게 칭송을 받으니 주께서 구원받는 사람을 날마다 더하게 하시니라(행 2:44-47)

하나님의 영광의 또 다른 증거는 초대교회 성도들이 서로 돌보는 사랑에서 볼 수 있다.

▶ 우리 지역사회의 사람들은 우리가 서로 돌보는 부분에서 무엇을 보고 듣고 있는가?

● 낯선 사람들에게 관대하게 나눠줌

환난의 많은 시련 가운데서 그들의 넘치는 기쁨과 극심한 가난이 그들의 풍성한 연보를 넘치도록 하게 하였느니라 내가 증언하노니 그들이 힘대로 할 뿐 아니라 힘에 지나도록 자원하여(고후 8:2-3)

성경은 하나님의 영광을 이런 모습으로 즐거이 드러낸다. 예를 들면, 고린도후서 8:1-15절에서, 바울은 마게도냐 성도들이 예루살렘의 성도들-그들이 한 번도 만나보지 못한-을 위해 힘에 지나도록 기부하는 것을 칭찬한다.

▶ 우리가 전에 한 번도 보지 못했던 사람들이 우리의 관대함을 통해 하나님의 영광을 보는가? 우리 이웃들이 우리의 호의를 통해 하나님의 영광을 체험하고 있는가?

● 변화된 지역사회

선행을 배우며 정의를 구하며 학대받는 자를 도와주며 고아를 위하여 신원하며 과부를 위하여 변호하라 하셨느니라(사 1:17)

만약 예수님이 시장이라면…. 만약 하나님의 뜻이 우리 가정과 이웃 가운데 이뤄진다면…. 만약 정부에 부패가 없어진다면…. 만약 사업을 정직하게 한다면…. 만약 계층들과 인종들 사이에 평화가 이뤄진다면…. 만약 소외된 자들을 존엄과 정의로 처우한다면…. 만약 우리 자신이 하나님의 영광이 된다면, 이 중 어떤 것이라도 혹은 모든 것이 우리가 보기 원하는 대로 될 것이다.

그러나 이러한 것들은 인간의 능력으로 성취할 수 있는 목표가 아니다. 이는 깨어진 세상에 대한 초자연적인 개입의 결과이다. 이는 만약 무엇을 한다면 우리가 보게 될 것들이다. 여기서 '만약'이란 것은 하나님이 정해놓으신 조건인 그분께 대한 겸손한 순종을 우리가 만족시키는가에 좌우된다.

우리는 위에 나온 "만약"의 조건들이 현실화되기를 원하지만, 그것들은 우선적으로 하나님의 뜻하신 대로 살 때 나타날 부산물이다. 만약 우리가 하나님의 백성들이 매일의 생활과 세상 가운데서 복음대로 살도록 가르치지 않고, 나타날 결과만을 얻으려고 노력한다면, 우리의 지역사회는 변화하지 않을 것이다.

▶ 우리는 변화가 순종에 의해 좌우된다는 것을 믿는가?

성경적 대안-
하나님의 백성을 어떻게 세울 것인가?

만약 하나님의 영광이 목표이고, 사람들을 봉사의 일을 하게 하도록 세우는 것이 그 목표를 이루는데 핵심적 수단이라면, 표적을 맞히는 것이 가능하다. 어떻게 가능한가? 그렇게 할 수 있는 효과적인 또 다른 제자훈련 시나리오가 있다. 이 글의 목적은 어떤 전략을 제시하려는 것이 아니다. 좋은 전략보다 더 중요한 무엇이 있다. 그것은 전략을 세우는 기초가 되는 원리를 받아들이는 것이다. 전략이란 상황에 따라 적용하는 것인 반면, 성경적 원리는 타협할 수 없고, 어떤 전략을 사용하든지 핵심적인 것이다. 이러한 원리들은 다양한 방법으로 정의할 수 있지만, 여기서는 어떤 문화권이나 시대적 상황에서도 효과적인 것들을 소개하고자 한다. 여기서 7가지 원리를 제시한다.

- **원리 1 :** 가능케 하시는 은혜에 의존하라(Reliance on enabling grace)

너희가 내 안에 거하고 내 말이 너희 안에 거하면 무엇이든지 원하는 대로 구하라 그리하면 이루리라 너희가 열매를 많이 맺으면 내 아버지께서 영광을 받으실 것이요 너희는 내 제자가 되리라!(요 15:7-8)

내가 아버지의 계명을 지켜 그의 사랑 안에 거하는 것같이 너희도 내 계명을 지키면 내 사랑 안에 거하리라 내가 이것을 너희에게 이름은 내 기쁨이 너희 안에 있어 너희 기쁨을 충만하게 하려 함이라(요 15:10-12)

첫 번째 원리는 제자들을 돕거나 코칭하여 그들과 예수님의 관계를 추구하고 유지하게 하는 것이다. 제자들이 그리스도 안에 거하지 않는다

면, 그들을 세우기 위한 다른 모든 원리들도 하나님을 영광스럽게 할 제자들을 길러내지 못할 뿐 아니라, 제자들이 하나님의 영광도 되지 못할 것이다.

• **원리 2:** 일관성을 가지고 모델이 되라(Integrity and modeling)

그러므로 누구든지 이 계명 중의 지극히 작은 것 하나라도 버리고 또 그같이 사람을 가르치는 자는 천국에서 지극히 작다 일컬음을 받을 것이요 누구든지 이를 행하며 가르치는 자는 천국에서 크다 일컬음을 받으리라 (마 5:19)

두 번째로 제자를 세우는데 중요한 요소는 메신저와 메시지 사이의, 즉 제자 훈련자와 제자 간의 일관성이다. 세우는 자는 반드시 모델이 되어야 한다. 예수님은 행함이 가르침보다 먼저 와야 한다는 것을 실천하시고 가르치셨다.

• **원리 3:** 지속적으로 가르쳐라(Ongoing teaching)

단단한 음식은 장성한 자의 것이니 그들은 지각을 사용함으로 연단을 받아 선악을 분별하는 자들이니라(히 5:14)
범사에 여러분에게 모범을 보여준 바와 같이 수고하여 약한 사람들을 돕고 또 주 예수께서 친히 말씀하신 바 주는 것이 받는 것보다 복이 있다 하심을 기억하여야 할지니라(행 20:35)

세 번째 원리는 지속적인 가르침이다. 믿음과 실천이라고 부를 수 있는 중심적인 부분을 지속적으로 강화하고 코칭하는 것이다. "믿음-실천"이란 무엇인가? 이것은 그리스도의 희생적인 섬김의 도가 우리의 모든 생각과 말과 행동을 통해 흘러나가게 만드는 의도적인 라이프스타일이다. 이 원리는 커리큘럼이나 일련의 가르침을 통해 시행할 수도 있다. 왜 그런가? 예수님이 모본을 보이시며 가르치신 대로 희생적인 섬김의 도를 따라 신앙 생활하는 것이, 하나님을 영광스럽게 하며 또한 우리가 그분의 영광이 되는 목표를 성취하는 데 있어서 핵심적인 통로가 되기 때문이다.

- **원리 4:** 바로 지금 적용하고 행동하라(Application)

자녀들아, 우리가 말과 혀로만 사랑하지 말고 행함과 진실함으로 하자 이로써 우리가 진리에 속한 줄을 알고 또 우리 마음을 주 앞에서 굳세게 하리니(요일 3:18-19)

네 번째 원리는 적용이다. 어디든지 할 수만 있다면, 제자훈련은 나중이 아니라 바로 지금 행동으로 옮겨야 한다. 하나님 명령에 대한 순종은 지금 이뤄져야 한다. 만약 배운 대로 적용하지 않으면, 교회 성도들의 삶과 그들과 관련된 사람들 안에서 변화가 별로 없을 것이다.

- **원리 5:** 보고 책임(Accountability)

예루살렘에 이르러 교회와 사도와 장로들에게 영접을 받고 하나님이 자기들과 함께 계셔 행하신 모든 일을 말하매(행 15:4)

다섯 번째 원리는 보고 책임이다. 교회 성도들은 지도자가 희생적 섬김을 중요하게 여기고 있다는 것, 즉 섬김이 교인의 핵심적 표지라는 걸

인식하는 것을 알아야 한다. 그리고 섬김의 적용으로 인한 기쁨을 나누고, 질문도 하고, 거기에 따른 실망감 등을 나눌 수 있는 기회를 정기적으로 마련해주어야 하는데, 이는 예배 시간, 소그룹 모임, 상호간 보고 책임을 가진 그룹을 통해 할 수 있다. 이것은 성도들에게 조직적이면서도 자발적인 기회를 주어, 그들을 통해 하나님께서 행하신 일들과 섬김을 통해 무엇을 배웠는지에 대해 간증하게 하는 것이다.

• 원리 6: 권면하고 격려하라(Encouragement)

그러므로 피차 권면하고 서로 덕을 세우기를 너희가 하는 것 같이 하라 (살전 5:11)

그러므로 그리스도 안에 무슨 권면이나 사랑의 무슨 위로나 성령의 무슨 교제나 긍휼이나 자비가 있거든 마음을 같이하여 같은 사랑을 가지고 뜻을 합하며 한마음을 품어(빌 2:1-2)

여섯 번째 원리는 권면이다. 권면은 특히 경험이 없는 제자들에게 중요하다. 섬김이 하나의 라이프스타일처럼 되어 실천하는 것이 습관처럼 될 때 자연스럽게 섬김으로 인한 기쁨이 지속된다. 참된 제자도를 배우는 예수님의 제자들은, 인정과 그룹모임과 코칭을 통한 권면이 필요하다. 이러한 권면과 인정은 제자를 높이기 위한 것이 아니다. 오히려 제자는 자신이 섬기는 주님을 높여야 한다.

• 원리 7: 성도들의 섬기는 모습을 축하하라

나와 함께 여호와를 광대하시다 하며 함께 그의 이름을 높이세(시 34:3)

끝으로, 일곱 번째 원리는 축하이다. 사람들이 축하하는 것을 보면, 그들이 무엇을 중요하게 여기는지 알 수 있다. 우리가 축하하는 것이 우리의 가치를 드러내는 것이다. 우리의 성도들이 섬기는 모습을 볼 때, 축하하자! 우리로 하여금 그분의 영광이 되게 하시는 주님께 영광을 돌리자.

우리에게 주는 의미

- 우리의 목표인 하나님의 영광에 집중하자.
- 순종하도록 세우는 성경적 훈련의 원리에 기초하여 제자훈련을 확립하자.
- 숫자로 평가하지 말자. 그 대신 제자들의 삶 가운데 나타나는 하나님의 영광의 증거인 순종으로 평가하자.

나눔 질문

1. 우리의 삶과 사역의 목표는 무엇인가요? 과연 우리의 목표는 하나님의 영광인가요?

2. 그리스도의 지상명령(Great Commission)은 무엇이며, 그 가운데 오늘날 교회가 소홀히 여기는 위대한 생략(Great Ommission)은 무엇일까요?

3. 우리 공동체의 최우선 사역은 과연 하나님의 영광을 위해 사람들을 양육하고 훈련하여 섬기는 자들로 세우는 사역입니까?

4. 우리는 주님을 본받아 희생적인 사랑의 섬김의 삶을 살고자 합니까?

7

사회에서의 교회의 역할
(The Role of the Church in Society)

이 세상에서 교회의 역할은 무엇인가? 교회를 위한 하나님의 의도는 무엇인가? 이번 장에서는 하나님께서 이 세상에서 그분의 사랑을 나타내기 위해 교회가 어떻게 하기를 원하시는지 살펴보기로 한다.

기본 전제들

먼저 몇 가지 전제들을 살펴보기로 하자. 각 전제가 어디서 온 것인지 이해하는 게 중요하다.

● 인간으로서 우리는 절망적으로 깨어졌다.

최선의 지혜로 최고의 노력을 한다 해도 우리는 자신을 치유할 수 없다. 이것이 성경이 말하는 내용이다. 예를 들어, 최근 20년 동안 수백 개의 기관들이 9백만 명이 살고 있는 조그만 섬인 아이티(Haiti)에서 심혈을 기울여 활동했는데, 십억 달러 정도를 구호와 개발 활동이라는 명목 아래 이 나라에 퍼부었다. 그러나 치유의 열매를 그리 많이 보지 못했다. 깨어진 사람들이 하는 최선의 노력은 치유를 가져올 수 없다. 만약 우리가 하나님께 의존하지 않고 성경적 세계관에 따르지 않는다면 말이다.

● 우리의 치유는 믿음과 순종을 통해 온다.

이것은 하나님께서 우리를 불러 어떻게 살라고 하셨는지에 대한 믿음과 순종이다. 우리는 세속적이고 논리적인 사고에 의해 만약 치유할 방법을 알기만 한다면, 즉 우리가 최고의 지혜와 지식과 돈과 기술을 사용하면 상황은 치유될 것이라고 생각한다. 그러나 하나님의 말씀은 이러한 사고방식과 반대이다.

역대하 7장 14절에서, 하나님은 말씀하신다.

"만약 내 이름으로 일컫는 나의 백성이 겸비하여 내 얼굴을 구하며 악한 길에서 돌이키면, 하늘에서 내가 듣고 이 땅을 고칠지라."

하나님이 우리의 삶과 사회와 역사에 초자연적으로 개입하실 때, 그분이 치유를 주신다. 이것은 하나님께서 그분의 치유 계획에 우리와 우리의 순종을 사용하시지 않는다는 뜻이 아니다. 하나님은 우리 안에 주신 그분의 형상을 사용하신다. 그러나 하나님이 없이는 그 형상이 치유를 가져다주지 않는다.

● 성경은 우리의 치유를 위한 하나님의 계시이다.

성경을 한 소유주의 매뉴얼로 생각해보자. 모든 새로운 가전제품을 구입할 때, 사용법을 설명하는 매뉴얼도 함께 따라오는데, 그건 제작자가 쓴 것이다. 왜냐하면 제작자가 그 물건을 가장 잘 활용할 수 있도록 어떻게 사용해야 하는지를 알기 때문이다. 하나님이 우리의 제작자이시다. 그분이 우리를 만드셨고, 우리가 어떻게 사는 것이 잘 사는 것인지를 아신다. 우리는 하나님이 우리더러 살라고 부르신 대로 살아야 하고, 그분의 얼굴을 구하고, 겸손해야 하고, 우리를 치유하는 것은 우리의 지혜가 아닌 하나님의 지혜임을 알아야 한다. 치유는, 우리가 어떻게 살아야 하는지에 대한 하나님의 가르침과 그 가르침을 실천하기 시작할 때, 비로소 일어난다.

● 우리는 어떤 목적을 위해 창조되었다.

우리는 하나님을 알도록 창조되었다. 우리는 무엇보다 하나님이 누구신지를 알아야 한다. 우리는 하나님을 닮도록 지음 받았다. 우리는 창조 세계를 관리하도록 창조되었다. 우리는 이 목적을 어떻게 수행하는가? 우리는 섬김으로써 수행한다. 우리 하나님은 섬기는 하나님이시다. 우리는 종으로서의 하나님 형상을 본받아야 하며, 만약 우리가 하나님을 알지 못하면 하나님이 섬기시는 것처럼 섬길 수 없다. 그분은 우리가 섬기도록 명령하셨고, 이것이 바로 하나님의 창조 세계를 관리한다는 뜻이다. 우리는 깨어진 세상에 대한 화해의 중개인이다.

하나님의 관심

하나님이 섬기시는 대로 섬기기 위해 우리는 하나님이 관심을 가지시는 것에 관심을 가져야 한다. 하나님의 관심은 일차적으로 인간의 구속 같은 영적 문제일 거라고 생각하기 쉽다. 과연 그런가? 창세기는 훨씬 큰 그림을 드러낸다. 창세기 1장에 보면 하나님은 신중하게 평가하시며 그분의 창조를 "심히 좋았더라"(1:31)라고 확인하셨다. 그분은 그분이 창조하신 것을 좋았다라고 평가하신 것이다. 그분은 모든 생명과 언약을 맺으셨는데, 단지 노아와 그의 가족이나 인간과만 언약을 맺으신 것이 아니다(9:9-17). 하나님은 미래 세대들에게도 관심을 두셨다(6:18, 17:2-8). 그리고 구약과 신약은 하나님의 관심이 단지 이스라엘 국가에게만 아니라, 모든 민족에게 있다고 반복적으로 언급하고 있다. 실제로

"열방"("nations", 모든 민족)이란 단어는 성경에서 2천 번 이상이나 나온다(몇 구절만 인용한다면, 창 22:18, 신 4:5-8, 대하 7:14, 시 2:8, 사 55:3-5, 욘 3:8-4:2, 겔 20장, 36장, 눅 24:47, 마 28:19, 행 10:34-35, 계 21:24 등이다). 하나님은 단지 우리의 영혼뿐 아니라 모든 민족을 포함하여 모든 창조에 참으로 관심을 갖고 계신다.

예수님이 우리를 구원하기 위해 죽으셨다는 사실은 많은 사람들이 늘 들어왔던 이야기이다. 만약 하나님이 모든 창조 세계에 관심이 있다면, 예수님의 십자가 죽음 역시 우리 영혼 이상을 위한 것이었다는 의미가 아닌가?

"그[그리스도]는 보이지 아니하는 하나님의 형상이시요, 모든 피조물보다 먼저 나신 이시니, 만물이 그에게서 창조되되 하늘과 땅에서 보이는 것들과 보이지 않는 것들과 혹은 왕권들이나 주권들이나 통치자들이나 권세들이나 만물이 다 그로 말미암고 그를 위하여 창조되었고"(골 1:15-16).

왜 예수님이 피를 흘리셨는가?

"그의 십자가의 피로 화평을 이루사 만물 곧 땅에 있는 것들이나 하늘에 있는 것들이 그로 말미암아 자기와 화목하게 되기를 기뻐하심이라"(골 1:17-20).

예수님의 피는 타락으로 깨어진 모든 것을 구속하기 위해 흘리신 것이다.

교회와 하나님의 구속의 목적

하나님은 모든 창조에 관심을 가지고 계시고, 예수님의 희생적 죽음은 만물을 구속하기 위한 것임을 살펴보았다.

그러면 교회는 어디에 위치하고 있는가? "또 만물을 그의 발 아래에 복종하게 하시고 그를 만물 위에 교회의 머리로(교회를 위해 그리스도를 만물 위에 머리로) 삼으셨느니라"(엡 1:22-23)고 하는 건 무슨 뜻인가? 하나님께서 교회를 위해 그리스도를 만물 위의 머리로 삼으셨다는 건 무슨 의미인가? 왜 하나님은 교회-"교회는 그의 몸이니 만물 안에서 만물을 충만하게 하시는 이의 충만함이니라"-를 위해 만물을 그리스도 아래 두시는가?

여기서 바울은 교회가 그리스도의 몸으로서 그리스도의 충만을 표현하는 잠재력을 갖고 있다고 말한다. 교회가 항상 그리스도의 충만을 표현하지는 않지만, 잠재력을 갖고 있다. 우리는 하나님이 교회를 위해 만물을 그리스도 아래 두셨다는 것이 무슨 뜻인지 알아가고 있다. 그러나 아직 그런 일이 일어나는 것은 보지 못하고 있다.

이제는 에베소서 3장 17-19절에 있는 "사랑"이란 단어에 주목하자.

"너희가 사랑 가운데서 뿌리가 박히고 터가 굳어져서 능히 모든 성도와 함께 지식에 넘치는 그리스도의 사랑을 알고 그 너비와 길이와 높이와 깊이가 어떠함을 깨달아 하나님의 모든 충만하신 것으로 너희에게 충만하게 하시기를 구하노라."

바울이 말하는 바, 하나님과 그리스도의 충만은 사랑이라는 것이다.

만약 하나님의 충만함, 그리스도의 충만함에서 생략할 수 없는 최소한의 것을 찾는다면, 그건 사랑이다. 그것은 높고 깊고 넓고 긴 사랑이다. 이것은 하나님이 창조하신 만물에 대한 하나님의 사랑의 원대한 의도를 포함하는 원대한 사랑이다. 그리고 교회는 그리스도의 몸이기 때문에 이러한 충만을 표현할 잠재력을 가지고 있다. 이것이 어떻게 가능한지는 에베소서 4장에서 볼 수 있다.

에베소서 4장 11절을 보자.

"그[그리스도]가 어떤 사람은 사도로, 어떤 사람은 선지자로, 어떤 사람은 복음 전하는 자로, 어떤 사람은 목사와 교사로 주셨으니."

모든 교회 지도자들이 여기 열거되어 있다. 전도자, 선지자, 목사, 교사와 같은 이러한 직분은 무엇을 위한 것인가? 이는 성도를 온전케 하여 봉사의 일을 하도록 하기 위함이다. 이게 궁극적인 목적이다.

우리는 한 가지 목적을 위해 창조되었으니, 바로 섬기기 위해서다. 그리스도의 몸에서 하나님 백성의 궁극적 목적은 섬기는 것이다. 우리는 사랑의 섬김을 통해 그리스도의 충만함을 표현한다. 에베소서 4장 12-13절에 보면, "우리가 다 하나님의 아들을 믿는 것과 아는 일에 하나가 되어 온전한 사람을 이루어 그리스도의 장성한 분량이 충만한 데까지 이르리니"라고 했다.

하나님은 여기서 그리스도의 몸에서 하나됨은 세부적인 교리에 동의하는 것보다는, 하나님의 사랑을 실천하기 위해 함께 봉사하는 데에서 더 많이 이뤄진다고 밝혀주고 있다. 우리가 서로 차이점들이 있음에도 불구하고 함께 일할 때, 공동의 목적을 갖고 있다고 말할 수 있다. 하나님이 우리를 불러서 하게 하시는 섬김의 일을 할 때, 하나됨(연합)은 이뤄지고 그리스도의 충만함, 즉 사랑을 표현하는 것이다.

또한 에베소서 3장 10절에서는, "이는 이제 교회로 말미암아(through the church) 하늘에 있는 통치자들과 권세들에게 하나님의 각종 지혜를 알게 하려 하심이니"라고 말씀하고 있다.

다음 이야기는 위의 구절들에 대한 좋은 사례가 된다. 경기장에서 벌어지는 축구 경기를 보러 사람들이 꽉 차 있는 축구경기장을 생각해보자. 관중석은 관중들로 가득 차있다. 이들은 하늘에 있는 주권들이나 권세들을 나타낸다. 운동장에는 두 팀이 있는데, 어두움의 왕국과 교회가 있다. 각 팀은 코치가 있다. 어두움의 왕국의 코치는 사탄이다. 빛의 왕국, 혹은 교회의 코치는 예수 그리스도이시다. 하나님의 아들 예수님은 교회를 위한 경기 전략을 갖고 있다. 교회가 코치의 말을 잘 들으면 우승컵을 얻게 될 것이다. 물론 월드컵은 아니고, 월드컵보다 훨씬 더 위대한 경기, 즉 영생을 위한 경기이다. 이 우승컵은 교회가 경기 규칙을 잘 준수하고, 코치의 지시대로 잘 순종하면 골을 넣어서 경기에 이길 때 갖게 된다. 성경을 보면, 하늘의 주권들이나 권세들은 선한 존재들이 아니다. 이들은 하늘의 천사들이 아니고, 사단의 졸개들이다. 이제 하나님은 사탄과 어두움의 모든 권세들에게, 그분의 다면적 계획을 통해 모든 깨어진 것들을 구속하는 것을 보여주려고 하신다. 이 계획은 타락으로 깨어진 모든 것의 회복을 포함한다. 그리고 이 계획은 교회가 세상에서 어떻게 살아가야 하는지에 대한 그리스도의 명령을 순종하면, 하나님의 원대한 목적, 즉 깨어진 모든 것이 구속되는 것이 성취될 것이다.

그토록 많은 교회들,
그토록 작은 변화

역사적으로 보면 하나님께서 실제 교회를 사용하여 사회를 변화시키신 시기들이 있다. 가장 극적인 사례는 사회학자 로드니 스탁(Rodney Stark)이 쓴 기독교의 발흥(The Rise of Christianity)이란 책에 잘 나와 있다. 스타크는 무엇이 로마 제국을 그토록 급격하게 기독교 제국으로 변화시켰는지 알고 싶었다. 왜냐하면 이 변화는 지난 2천 년 동안 서구 역사에 일어났던 가장 큰 사회적 변화였기 때문이다. 그는 사도행전 1장 14절에 나온 처형당하고 거부당하고 핍박받던 120명밖에 되지 않던 소수 그룹이 어떻게 해서 불과 300년 만에 강력한 로마 제국을 변화시킬 수 있었는가 하는 의문을 가졌다. 그가 발견한 것은 일련의 신념(즉 신앙) 체계가 인간에 대한 완전히 새로운 관점을 가져다주었다는 것이다. 그는 다음과 같은 신앙이 이와 같은 급격한 사회 변화의 기초가 되었다고 믿었다.

맨 먼저, 이방 세계 안에 처음으로 어떤 신(하나님)이 소개되었는데, 이 신은 자기를 사랑하는 사람을 사랑한다는 것이었다. 이교적인 로마교에서 신들은 자신들을 예배하는 사람들을 분명히 사랑하지 않았다. 신들조차도 서로 싸우고, 그들에게 예배하는 사람들에게 관심도 없었다. 그러나 이제 인류 역사상 처음으로 자기를 사랑하는 사람들을 실제로 사랑한 한 하나님이 계신다는 것이 증거되었다. 뿐만 아니라 그분은 자기를 사랑하는 자들이 다른 사람들도 사랑하기를 요구하신다.

두 번째 중요한 신앙은 이 하나님이 긍휼을 요구하는 긍휼의 하나님이

시라는 것이다. 이것 역시 로마의 이방 종교에 배치되는 것이었다. 로마는 잔혹하기로 유명했다. 스타크는 어떤 황제의 예를 들면서, 그 황제는 검투사들을 콜로세움에 집어넣고 서로 싸워 죽이게 했는데, 그의 아들도 성인식을 기념하여 죽을 때까지 피를 흘리는 경험을 하게 하였다. 로마의 작가들은 기독교인들이 자비롭다고, 특히 가난한 자들에게 그렇게 한다고 놀리곤 했다. 많은 초기 로마 작가들 사이에 이런 농담이 있었는데, "당신은 왜 가난한 자를 돌보나요?" 라는 것이었다. 그러나 이것은 당시로선 새로운 종교인 기독교의 중심 신앙이었다.

또 다른 핵심적 신앙은, 어떤 문화에서나 인종과 계급 차별이 없어져야 한다는 것이었다.

이것 역시 로마인들은 미친 사상이라 여기며 그리스도인들을 완전히 정신이 나갔다고 놀렸다. 기독교인이 예배드릴 때, 귀족이나 노예나 함께 와서 형제로서 같이 예배를 드린다. 얼마나 멍청한 짓인가! 왜 노예들이 귀족들을 보고 형제라고 부르도록 놔둔단 말인가? 게다가 귀족들이 그들의 노예를 보고 형제라 부르다니! 그러나 이것은 완전히 새로운 인간관이었다.

또 하나의 정신 나간 사상은 남자들이 자기 자신들을 사랑하는 것처럼 자기의 아내들을 사랑해야 한다는 것이었다. 남자가 여자보다 우월하다는 것은 다 아는 사실이 아닌가! 로마의 남자들은 아내들과 아이들을 소유물로 여겼다. 스타크는 말하길, 로마의 남자들은 법적 책임 없이 아이들을 실제로 죽일 수도 있었는데, 아이들은 그들의 재산이었기 때문이며, 그들의 재산에 대해 마음대로 처분할 수 있기 때문이라고 했다. 그러나 이 새로운 종교에서는 자신을 사랑하는 것과 같이 아내와 아이들을 사랑해야 한다는 것이었다.

기독교인은 또한 낙태와 영아살해의 관습을 거부했다. 스타크는 갓 결혼하여 전장에 나간 한 로마 군인이 보낸 편지를 인용한다. 그 편지에서 그 군인은, "여보, 당신이 정말 보고 싶소. 임신한 걸 축하하오. 만약 남자 아이면 잘 보살피고 길러주시오. 만약 여자 아이면 내다 버려서 죽게 놔두시오. 사랑하는 남편으로부터"라고 썼다. 이것이 당시의 전형적인 내용이었다. 하지만 이 새로운 종교에서는, 모든 생명은 장애자든, 태아이든, 여자아이 혹은 남자아이든, 귀족이든 노예이든 간에 거룩했다.

스타크가 지적한 마지막 예는, 기독교인들은 상대가 기독교인이든지 아니든지 간에 사랑했는데, 특히 병에 걸려 있을 때에 그러했다. 당시 로마에서 생활하는 것은 우리가 상상하는 것과는 거리가 멀었다. 기독교인들은 사랑과 긍휼을 신앙의 중심 의무로 강조했다. 전염병이 돌던 시기에 기독교인이 긍휼과 자선을 베푼다고 해서 무슨 큰 차이가 있겠는가? 놀랍게도 기독교인들이 베푼 최소한의 돌봄을 통해 사람들의 생존 확률은 크게 높아졌다. 로마인 이교도 의사들은 병자를 돌볼 이유가 없었고 전염병이 도는 도시를 피해 달아났다. 대피할 수 없었던 이교도들은 전염을 두려워하여 환자를 거리에 방치했다.

그러나 기독교인들은 자신뿐만 아니라 다른 사람들도 돌아보았다. 그 결과는 놀라웠다. 많은 사람들이 기독교 신앙이 가진 새로운 인간관을 깨닫고는 기독교인이 된 것이다. 서기 40년에 기독교인은 단지 1천 명으로서 전체 6천만 인구의 0.0017%에 해당했다. 스타크는 추산하기를, 서기 300년에 이르러 로마 제국 전체에 6백만 명의 기독교인이 생겼고, 이는 전체 인구의 10.5%에 달했다고 했다. 콘스탄틴 황제는 기독교를 합법화했고 서기 381년에는 국가 종교가 될 수 있도록 길을 열어 주었다. 비록 기독교인이 4세기가 시작될 당시는 전체 인구의 10.5%에 불과했지만, 전체 사회와 문화를 변화시킨 것을 볼 수 있다.

교회 역사에서는 이와 동일한 커다란 사회적 영향을 볼 수 있다. 유럽, 스위스, 독일, 네델란드의 사회는 종교개혁 시대 동안 변화되었다. 그리고 괄목할 만한 사회적 변화는 성경적 세계관이 영국에 들어왔을 때 일어났다. 노예무역과 노예 제도를 반대하는 법안이 윌리엄 윌버포스와 그에게 동의한 의회와 웨슬리 부흥과 성장한 교회들에 의해 마침내 통과된 것이다. 신앙을 가진 사람들이 그들의 사회에서 새로운 방법으로 신앙을 실천으로 옮긴 것이다.

오늘날도 할 수 있다!

우리는 과거 역사에서 나타났던 교회의 영향을 칭송하지만, 오늘날의 교회는 왜 주위 문화 속에서 그처럼 큰 영향을 끼치지 못하고 있는지 자문해봐야 한다. 예를 들면, 과테말라는 인구의 40%가 복음주의 신자라고 주장하지만, 나라는 부패하고 가난하다. 무엇이 잘못되었는가? 르완다에서는 대량 학살이 일어나기 전에 80% 인구가 기독교인이라고 했다. 이런 현상은 전 세계적이다. 왜 우리는 극적인 사회적 변화를 보지 못하는가? 로마 제국에서는 단지 인구의 10.5%였던 기독교인들이 제국 전체를 변화시켰다.

오늘날은 뭔가 잘못되었다. 오늘날의 교회가 사회에 영향을 미치지 못하는 것은, 하나님의 목적의 오직 한 부분에만 우선적인 초점을 맞추고 있기 때문이 아닌가? 오늘날의 교회는 하나님의 다중적인 목적의 전 영역에 대해 깨어나야 한다.

많은 보수 교회가 지난 150년 동안 왜 하나님의 총체적인 계획에 주목해 오지 못했는지 이해하는 것이 중요하다. 1850년대에 유럽에서 고등비평이라는 신학적 사조가 있었는데, 이 때문에 사회복음으로 알려진 교리가 생겨났다. 이 교리가 가진 한 가지 주장은 교회가 봉사의 일을 통해 이 땅 위에 하나님 나라가 임하게 된다는 것이다. 또 다른 주장은 만인 구원론이었는데, 사람들이 복음에 대한 반응과는 무관하게 모든 사람이 구원을 받는다는 것이다. 이런 이론들은 모든 사람이 중생을 통해 구원을 얻을 수 있다고 믿는 보수 교회가 보기엔 이단이었다.

그에 대한 반작용으로, 보수교회는 하나님의 총체적인 계획 중 다른 분야들은 무시한 채, 오직 목회자들과 선교사들이 전도와 영적 회심에만 신경을 쓰도록 훈련하였다. 이렇게 훈련받은 선교사들은 똑같은 방법으로 그다음 세대를 제자로 삼았다. 오늘날까지도 여전히 전 세계의 수많은 기독교인들은 똑같이 복음에 대해 좁은 이해를 가지고 있다. 우리는 선교사들과 그들의 헌신과 위대한 업적에 대해 하나님께 감사드린다. 그러나 그들은 교회를 통해 사회를 변화시키는 것도 역시 하나님의 계획의 일부임을 알지 못했다.

어떤 보수 교회는 소위 세대주의라는 신학에 의해 역시 영향을 받았다. 1840년대에 등장한 세대주의는 예수님의 재림 이전까지 세상은 단지 더 악화될 뿐이며, 종종 하나님의 나라는 오직 미래에만, 즉 그리스도의 재림 이후에 이뤄질 뿐이라고 가르쳤다. 하나님의 나라가 단지 미래를 위한 것이라면, 세상을 치유하기 위해 할 수 있는 일도 없고, 사회에 영향을 끼칠 이유도 없게 된다.

이것은 성경적 관점이 아니다. 예수님은 "하나님의 나라는 너희 가운데 있느니라"고 말씀하셨다. 하나님 나라는 현재와 미래에 모두 해당한다. 예수님은 이렇게 기도하라고 하셨다.

"나라가 임하시오며 뜻이 하늘에서 이루어진 것같이 땅에서도 이루어지이다."

이 기도는 예수님의 재림 이후만을 위한 것인가? 물론 아니다. 하나님은 그분의 뜻을 하늘에서 이루신 것처럼 땅에서도 이루시는 데에 관심을 두신다. 그리고 하나님의 뜻이 땅에서 지금 이뤄질 때, 하나님 나라가 임한다.

때로는 보수 교회들이 신체적 혹은 사회적 영역의 프로젝트를 실행할 때 일차적으로는 전도의 수단으로 그렇게 하기도 한다. 하지만 예수님은 자신에게 어떻게 반응하든지 관계없이, 모든 남녀에게 사랑과 긍휼을 베푸신 것을 기억해야 한다. 그분은 열 명의 나환자를 치유하실 때, 그중 아홉 명이 아무런 반응이 없을 것을 알고 계심에도 치유해 주셨다.

예수님이 이 땅 위에 계셨던 이래, 모든 세대는 자기들 세대에 예수님이 다시 오실 것으로 믿었다. 이것이 그리 잘못된 관점은 아니다. 왜냐하면 우리는 예수님이 내일이나 다음 주에 다시 오실 것처럼 살아가야 하기 때문이다. 물론 향후 10년 안이나 100년 혹은 천년 내에 안 오실 수도 있다. 만약 그토록 오랜 기간 동안 다시 오시지 않는다면, 그동안 우리가 무슨 일로 바쁘게 되기를 원하실까? 우리는 예수님이 다시 오실 때까지 세상의 모든 영역을 정복해 나가야 한다! 아무도 예수님이 언제

오실지 그 시와 때는 모른다. 단지 아버지 하나님만이 아신다.

또 다른 문제도 있는데 바로 온정주의이다. 역사적으로 온정주의로 인해 제2/3세계의 교회들이 전인적 관점을 가지지 못하게 되었다. 수많은 서구 선교사들이 과학적 배경과 계몽주의적인 세계관을 가지고 개발도상 국가들이 가진 물질적 및 사회적 어려움을 도우려고 기술과 돈을 가지고 갔다. 현지 주민들은 스스로 문제를 해결할 수 없다는 전제하에서, 외부의 수많은 기관들은 신체적 혹은 사회적 노력을 경주했지만, 이러한 좋은 의도를 가진 개발 노력은 실제로 의존 의식과 빈곤 의식과 운명론만 낳았을 뿐이다. 그래서 물질적 자원을 가진 사람들은 다른 사람을 도와야 할 책임이 있지만, 가난한 사람들을 권면하여 하나님이 그들에게 두신 잠재력과 자원을 스스로 발견하여 활용할 수 있도록 계속적으로 도와주어야 한다. 개발도상국 사람들은 하나님께서 그들 속에 선진국 사람들에게 주신 것처럼 동일하게 지성, 능력, 창의성, 하나님의 형상을 주셨다는 사실을 알아야 한다.

의도하지 않은 죄 (Unintentional Sin)

이러한 불균형은 단지 현대에 와서 시작한 게 아니란 것을 아는 것이 중요하다. 구약에서 이 사실을 볼 수 있다. 이사야서 58장에서 하나님은 이스라엘의 관심을 촉구하시며 그들에게 하나님의 원대한 계획에 대한 잘못된 이해를 바로잡으라고 하신다. 이사야서 58장의 첫 네 구절을 보면 이스라엘은 하나님의 원하시는 대로 예배하고 있다고 생각했음이 분명하다. 그런데 하나님의 관점에서 보면 그렇지 않다는 것 역시 분명하다.

이사야서 58장 3절에서 사람들이 하나님께 묻는다.

"우리가 금식하되 어찌하여 주께서 보지 아니하십니까?"

그들은 금식하고 자기를 부인하면 하나님으로부터 인정과 축복을 받을 것으로 여긴다. 질문 속에 그런 동기가 들어있다. 하나님의 축복의 징조가 보이지 않자 그들은 불평한다. 하나님은 단호하게 대답하신다.

"너희가 오늘 금식하는 것은 너희의 목소리를 상달하게 하려는 것이 아니니라."

하나님은 다른 사람에게 긍휼과 정의로 대하지 않는 사람들이 행하는 종교적인 겸손의 행위를 기뻐하지 않으신다. 하나님은 회개를 요구하신다.

여기 3개의 구절에서 하나님은 그분이 원하는 예배의 종류와 올바른 예배의 결과가 어떤 것인지 설명하신다.

첫째 구절에서 하나님은 참된 예배는 힘없는 자들의 신체적, 사회적 깨어짐을 위해 섬기는 것(6-7)을 포함한다고 말씀하신다. 그런 다음 사람들이 순종할 때 이스라엘을 치유하실 것이라고 약속하신다.

두 번째 구절에서 하나님은 하나님 백성들 사이에서 악의적 분열을 중단하고 힘없는 자를 도울 필요성(9하-10상)에 대해 재확인시켜주시고, 그런 후에 성경에서 가장 아름다운 회화적 언어 중 하나(10하-12)를 사용하시며 치유를 약속하신다.

세 번째 구절에서 하나님께서는 안식일의 영적 활동(13상) 가운데 사랑의 실천이 빠져있음을 상기시키신다. 안식일을 거룩히 지키는 사람들은 자기들의 방법대로 해선 안 되며 타인에게 적대적으로 "어리석은 말"을 해선 안 된다(13하). 그런 다음, 하나님께서는 그들에게 기쁨, 회복, 유산을 약속하신다(14).

이사야 58장은 영적 예배에 대한 새로운 관점을 보여준다. 그것은 의무와 율법의 외적 준수가 아니라, 마음의 내적 태도이며, 하나님과 타인을 섬기는 것이다. 이사야 58장 본문에 보면 이스라엘의 부적절하며 불완전한 예배의 죄는 일부러 저지른 죄가 아닌 것 같다. 그렇지만 여전히 이스라엘은 하나님 앞에서 범죄하였다. 그다음 59장에서, 하나님은 이스라엘에게 그들의 악한 길에서 돌이켜 하나님이 의도하신 축복의 길로 회복하라고 요청하신다.

오늘날의 보수적이고 복음적인 많은 교회들 또한 부적절한 예배를 회개할 필요가 있다. 우리는 단지 하나님의 계획의 일부인 영적인 것만을 고집하고 있다. 우리는 하나님의 전인적인 관심을 적절히 대변하지 못하고 있는 것이다. 우리 각자와 우리 지역교회들은 회개하고 더 큰 겸손과 기도와 함께 우리 지역사회의 신체적 및 사회적 깨어짐에 주목할 필요가 있다. 우리가 하나님의 말씀을 듣고 순종하면, 치유가 있게 될 것이다. 또한 변화가 일어날 것이다.

나눔 질문

1. 하나님의 계획은 얼마나 큰가요?

2. 하나님의 계획에 포함되지 않는 것은 무엇인가요?

3. 어떤 성경 구절이 하나님의 큰 계획을 요약해주나요?

4. 무엇이 교회의 계획이어야 하나요?

5. 어떤 성경 구절이 교회의 역할을 묘사하고 있나요?

6. "그리스도의 충만"을 한 단어로 말해보세요.

7. 모든 교회 지도자의 사역의 목적은 무엇인가요?

8. 바울은 연합을 이루려면 어떻게 해야 한다고 가르쳤나요?

심화 과정

8

생략할 수 없는 최소치 (Irreducible Minimum)

요한일서 3장 17절에서는 이렇게 묻고 있다.

"누가 이 세상의 재물을 가지고 형제의 궁핍함을 보고도 도와줄 마음을 닫으면 하나님의 사랑이 어찌 그 속에 거하겠느냐?"

하나님에 대한 사랑과 이웃에 대한 사랑은 서로 긴밀한 관계를 갖고 있다. 만약 하나님의 사랑이 우리 안에 있다면, 우리는 도움을 필요로 하는 우리의 형제, 우리의 이웃을 섬겨야 한다. 단지 의무감에서 섬길 뿐만 아니라, 하나님의 열정적인 사랑이 우리를 강권하시기 때문에 섬겨야 한다.

사실 이 성경 구절은, 만약 우리가 긍휼한 마음도 없고, 깨어진 사람들의 신체적이고 사회적인 필요에 대한 하나님의 관심을 나타내지 않고도, 예수님의 제자가 될 수 있는지를 묻고 있다. 역으로 우리가 도움이 필요한 이웃을 진정으로 섬길 때, 그 사람을 향해 넘쳐나는 하나님의 사랑이 우리 안에 있다는 것이다. 예수님께서는 제자란 사랑으로 증명된다고 단정하셨다! 사랑은 예수 그리스도의 제자임을 나타내는 징표이다. 요한복음 13장 34-35절에 있는 예수님의 말씀을 보자.

"새 계명을 너희에게 주노니 서로 사랑하라 내가 너희를 사랑한 것같이 너희도 서로 사랑하라 만일 너희가 서로 사랑하면 세상이 이로써 너희가 내 제자인 줄 알리라"(요 13:34-35).

사랑! 바로 이와 같은 하나님의 성품을 우리가 온전히 드러낼 때, 사람들은 우리가 예수님의 제자인 줄 알게 된다. 우리는 그리스도처럼 가정, 사무실, 일터에서 사랑해야 한다. 우리는 사랑으로써 그리스도를 닮아가고, 우리의 삶에서 하나님 나라를 대표하게 되는 것이다.

선한 사마리아인

어떤 유대인 율법사가 예수님에게 물었다.

"영생을 얻기 위해 제가 무엇을 해야 합니까?"

예수님은 지혜롭게 되묻는다.

"율법에 뭐라고 쓰여 있느냐?"

그 율법사가 대답했다.

"네 마음과 목숨과 힘과 뜻을 다해 하나님을 사랑하고 네 이웃을 네 몸과 같이 사랑하라는 것입니다."

예수님은 그 사람이 올바르게 대답을 했다고 확인해주시고 말씀하셨다.

"가서 이를 행하라. 그러면 네가 살리라."

그러자 그 사람이 자신을 의롭게 보이려고 두 번째 질문을 던진다.

"그러면 누가 내 이웃입니까?"

예수님은 선한 사마리아인의 비유를 인용하여 대답하신다.

예수님이 말씀하신 비유는 성경에서 가장 잘 알려진 비유 중 하나이다. 이것은 한 도시에서 다른 도시로 가던 사람의 이야기이다. 그 사람은 강도를 만나 빼앗기고, 죽도록 맞고 내팽개쳐졌다. 한 제사장이 그를 보더니 그냥 지나갔다. 한 레위인도 그를 그냥 지나쳤다. 아마도 그들은 매우 바빴을 것이다. 아마 자신들도 강도를 당할까 두려웠을지도 모른다. 아니면 혹시 그가 죽었다면 율법의 제도상 부정한 사람을 만지지 않으려 했을 수도 있다. 그들이 왜 그랬는지는 모르지만, 그들이 강도 만난 자를 돕지 않았다는 것은 분명하다. 그리고 나서 어떤 사마리아인이 나타났는데, 이 사람은 잘못된 신학을 가진 경멸받는 불신자였다! 성경에 따르면 그는 잘못된 신학을 가진 사람이었지만, 예수님의 표현으로는 올바른 행동을 했다. 그는 멈춰 서서, 다친 사람의 상처를 싸매고, 여관에 데려다주고, 비용까지 치러주었다.

예수님은 이 두 번째 비유를 가지고 율법사의 두 번째 질문에 대해 대답하셨다. 물론 첫 번째 질문에 대한 대답도 될 수 있다. 두 가지 대답은 모두 사랑에 관계된 것인데, 우리가 기대하는 대답과는 다르다.

만약 우리에게 누군가가, "내가 구원을 받으려면 어떻게 해야 합니까?"라고 물으면, 우리는 보통 성경 구절을 보여주고 회개의 기도를 하라고 할 것이다. 그러나 누가복음 10장 27절은, "하나님을 사랑하고 이웃을 사랑하라. 그리고 가서 너도 이와 같이 하라"고 가르친다. 이 비유는 "말만 하지 말라. 하나님의 사랑을 나타내라. 하나님의 긍휼을 보여주고 깨어진 사람을 돌봐주어라"는 것이다.

똑같은 방법으로, 만약 누군가가 "누가 나의 이웃입니까?"라고 묻는다면, 우리는 보통 우리 가까이 사는 사람을 "이웃"이라고 대답한다. 이때 "이웃"은 서로를 위해 무엇을 한다든지 서로 어떤 공통점이 있는 관계를 말한다.

그러나 누가복음 10장 37절에서 예수님의 대답은 단지 인종이 같거나 경제적으로 유사한 계층이거나 지리적으로 가까운 이웃을 의미하는 것이 아니다. 여기서 "이웃"은 우리의 삶의 여정에서 우리의 실제적인 자비 혹은 사랑의 행동을 필요로 하는 대상으로서, 하나님이 우리에게 데려다 두신 사람이다.

이 말이 어떤 신학적 논쟁을 유발할 수 있는 것처럼 들리진 않는가? 우리는 분명히 행위가 아니라 은혜로 구원받는다! 그렇지만 우리의 신앙이 참되다면, 이웃에게 우리의 사랑을 나타내는 방법으로써 하나님과 우리의 관계의 참모습을 드러내야 한다. 만약 우리가 신학적 논쟁을 하느라고 본래 의도에서 빗나간다면, 마가복음 10장 17-23절에서 부자 청년이 했던 대로 하는 셈이 될 것이다. 우리의 신학은 올바른 것일 수 있지만, 하나님께서 우리가 하기 원하는 바로 그것, 즉 하나님의 사랑과 긍휼을 다른 사람에게 보여주는 것에 저항할 수도 있다. 예수님은 특별히 이 희생적인 사랑에 대한 비유를 가지고, 영생을 상속받는 방법을 묻는 질문에 대답하신 것이다.

사랑의 계명을 묘사하는 용어들

사랑하라는 명령은 성경에서 많이 볼 수 있다. "사랑의 계명"에 관한 신약성경의 다섯 구절을 보면, 각각 서로 다른 방법으로 묘사하고 있음을 보게 된다.

● 내 계명

> 내 계명은 곧 내가 너희를 사랑한 것 같이 너희도 서로 사랑하라 하는 이것이니라(요 15:12)

요한복음 15장 12절에서 예수님은 제자들에게 그분이 그들을 사랑한 것처럼 서로 사랑하라고 하시면서 "내 계명"이라고 설명하신다.

● 그리스도의 법

너희가 짐을 서로 지라 그리하여 그리스도의 법을 성취하라(갈 6:2)

갈라디아서 6장 2절은 우리가 서로의 짐을 지면 "그리스도의 법"을 완성하는 것이라고 말한다.

● 최고의 법

너희가 만일 성경에 기록된 대로 네 이웃 사랑하기를 네 몸과 같이 하라 하신 최고의 법을 지키면 잘하는 것이거니와(약 2:8)

야고보서 2장 8절에서는 우리 이웃을 우리 자신처럼 사랑하라는 명령이 "최고의 법"(royal law)이라고 말했다.

● 가장 큰 계명

예수께서 이르시되 네 마음을 다하고 목숨을 다하고 뜻을 다하여 주 너의 하나님을 사랑하라 하셨으니 이것이 크고 첫째 되는 계명이요 둘째도 그와 같으니 네 이웃을 네 자신 같이 사랑하라 하셨으니 이 두 계명이 온 율법과 선지자의 강령이니라(마 22:37-40)

마태복음 22장 36-40절에 보면 "가장 큰 계명"은 하나님을 사랑하고 내 이웃을 내 몸처럼 사랑하는 것이다.

● 황금률

남에게 대접을 받고자 하는 대로 너희도 남을 대접하라(눅 6:31)

누가복음 6장 31절은 다른 사람이 우리에게 대접해주기를 원하는 대로 다른 사람을 대접하라고 권면하고 있다. 이것은 세계의 많은 지역에서 "황금률"이라고 알려져 있다. 이상의 다섯 구절들 중에 네 개는 다른 사람을 사랑하라는 명령인 반면, 나머지 하나는 하나님과 이웃을 사랑하라는 명령이다.

신약에는 하나님의 모든 계명이 요약되어 있는 여섯 개의 구절이 있는데, 이들은 "율법과 선지자"의 요약(성경에는 '강령')으로 불리고 있다. 이들 중 세 개는 그 요약이 하나님 사랑과 이웃 사랑이라고 말한다. 실제로 마가복음 12장 29절에서는 "가장 첫째 되는 계명"은 "마음을 다하여 주 너의 하나님을 사랑하라"이고, 두 번째는 이웃을 사랑하라는 것이다. 그러나 다른 세 개의 신약 구절에서는 성경의 요약이 우리 이웃을 사랑하라는 것이라고 말하면서, 예수님께서 두 계명 중의 첫째인 하나님 사랑에 대해 말씀하신 것은 생략하고 있다. 왜 이런 차이가 있는가?

하나님과 이웃을 사랑하라	이웃을 사랑하라
● 마 22:36-40	● 마 7:12
● 막 12:28-31, 33	● 롬 13:9
● 눅 10:27	● 갈 5:14

왜 그럴까? 혹시라도 하나님은 우리가 하나님을 사랑할 때 우리가 모든 계명을 지킨 것처럼 여길까 봐 염려하시는 건 아닐까? 또한 우리가

하나님을 사랑하기만 하면, 사랑의 하나님이 우리의 이웃 사랑을 포함한 나머지 모든 것을 이뤄주실 것처럼 우리가 오해할까 걱정하시는 건 아닐까?

하나님께서는 우리가 이웃을 사랑하지 않고는 하나님을 진정으로 사랑할 수 없다는 것을 강조하시기 위해 주의를 주고 계신다고 볼 수 있다. 우리의 이웃을 사랑하는 것은 하나님에 대한 우리의 사랑을 나타내기 원하시는 하나님의 핵심적인 방법이다. 하나님을 사랑하는 것은 가장 첫째 되는 계명이며, 이웃을 사랑하는 것은 가장 첫째 되는 계명의 가장 첫째 되는 표현인 것이다. 따라서 이웃 사랑은 하나님의 모든 계명들 중의 가장 간단한 요약이다. 결국 이것은 요약 중의 요약이다!

생략할 수 없는 최소치

이웃을 사랑하라는 이러한 요약적인 명령에서, 하나님은 우리에게 그분의 모든 계명 중에서 더 이상 생략할 수 없는 최소치를 주셨다. 생략할 수 없는 최소치란 어떤 것의 가장 기본적인 요약을 말한다. 이는 요약들 중의 가장 간단한 요약이다. 이 경우에는 하나의 요약, 즉 하나님 사랑과 이웃 사랑을 그 이하로 더욱 "줄여서" 가장 최소치의 표현인 이웃 사랑으로 축소한 것이다.

성경의 또 다른 구절에서 하나님의 계명의 생략할 수 없는 최소치를 확인할 수 있다. 야고보서 1장 27절에 보면 순결하고 거짓이 없는 경건은 고난에 처한 고아와 과부를 돌보는 것이라고 말한다. 요한일서 3장 17절에서는 우리가 할 수 있는데도 형제의 필요를 돌보지 않으면 하나님의 사랑이 우리 안에 없다고 한다. 요한일서 5장 3절은 사랑을 하나님의 계명에 순종하는 것으로 정의한다. 즉 우리가 하나님의 뜻을 행함으로 그분에 대한 우리의 사랑을 드러내는 것이다.

우리는 하나님께서 우리에게 사랑하라고 명령하시기 때문에 이웃을 사랑한다. 그러나 사랑은 계명에 대한 맹목적 순종 이상의 것이다. 이것은 의무, 감정, 결심 이상의 것이다. 이웃에 대한 우리의 섬김과 사랑은 하나님이 우리 안에서 조성하시는 사랑의 마음에서 솟아 나와야 한다.

고린도전서 13장에서 사랑이 없다면, 우리의 뛰어난 영적 은사, 뛰어난 믿음, 뛰어난 행위, 뛰어난 관대함, 그리고 순교까지도 아무것도 아니라고 말한다. 그리스도의 제자로서 행하는 자비로운 사랑의 행동은 그리스도의 긍휼을 반영하는 마음으로 해야 한다. 이러한 사랑은 오래 참고, 온유하며, 시기하지 않으며, 자랑치 아니하고, 교만하지 않고, 무례하지 않으며, 자기의 유익을 구하지 않고, 속히 화내지 않고, 불의를 기뻐하지 않는다. 그리고 진리와 함께 기뻐하고, 모든 것을 참으며, 모든 것을 믿으며, 모든 것을 바라며, 모든 것을 견디는 것이다. 사랑이 가장 위대한 것이라고 바울은 요약한다. 이것이 바로 생략할 수 없는 최소치이다!

분명한 것은, 하나님께서는 우리가 신약성경을 통해 볼 수 있는 것과 동일한 순결과 동기를 가지고 그분의 사랑을 드러내기 원하신다. 우리의 삶의 여정 가운데 하나님께서 두시는 사람들을 사랑하는 것이야말로, 하나님에 대한 우리의 사랑을 보여주는 핵심적이고 실제적인 방법이다.

사실 우리는 이웃을 사랑하지 않고는 하나님을 사랑할 수 없다. 하나님을 사랑하는 것은 가장 위대한 계명이고, 우리의 이웃을 사랑하는 것은 가장 위대한 표현이다. 따라서 이웃을 사랑하는 것이 하나님의 모든 계명들 중의 가장 기본적인 요약, 즉 생략할 수 없는 최소치인 것이다.

이것이 얼마나 중요한가? 마태복음 7장 21-23절에 기록된 예수님의 말씀을 보자.

"나더러 주여 주여 하는 자마다 다 천국에 들어갈 것이 아니요, 다만 하늘에 계신 내 아버지의 뜻대로 행하는 자라야 들어가리라. 그날에 많은 사람이 나더러 이르되 주여 주여 우리가 주의 이름으로 선지자 노릇하며 주의 이름으로 귀신을 쫓아내며 주의 이름으로 많은 권능을 행하지 아니하였나이까 하리니 그 때에 내가 그들에게 밝히 말하되 내가 너희를 도무지 알지 못하니 불법을 행하는 자들아 내게서 떠나가라 하리라"(마 7:21-23).

우리는 하나님 아버지의 뜻을 알아야 한다! 그분이 정말 원하시는 것의 핵심을 어찌 지나칠 수 있겠는가? 우리가 예수님의 이름으로 놀라운 일들을 행하는데, 그분이 우리를 모른다고 하는 이런 일이 어찌 가능하겠는가? 이 구절들 앞에 나오는 7장 12절을 보면 그 의미가 다소 분명해진다.

"그러므로 남이 너희에게 대접해주기를 원하는 대로 너희도 남을 대접하라 이것이 율법이요 선지자니라"

여기서 또다시 하나님 계명의 요약이 등장한다. 아버지의 뜻은 우리가 그분의 계명을 지키는 것인데, 그분의 계명은 우리가 대접을 받고 싶은 대로 남을 대접하라는 것이다.

결론적으로 말하면, 예수님께서 우리를 사랑하신 것같이 서로 사랑하라는 명령(요 13:34-35)을 볼 때 위에서 말하는 요점이 분명해진다. 바로 이 한 가지(생략할 수 없는 최소치)로 인해, 모든 사람들이 우리가 예수님의 제자인 줄을 알게 될 것이다.

누군가 이런 말을 했다. 지상 명령은 대계명에 의해 좌우된다는 것이다. 마태복음 28장 18-20절에 나타난 예수님의 지상명령에서 예수님은 제자들에게 모든 민족을 제자로 삼아 예수님이 분부한 모든 명령을 가르쳐 지키게 하라고 명령하신다. 대계명은 우리에게 하나님과 이웃을 사랑하라고 명령한다. 사랑이 가장 유일하게 뛰어난 특성으로서, 예수님께도 그러했듯이 우리의 가르침에서 반드시 핵심이 되어야 한다. 이것이 기본이며 핵심이다. 이것이 바로 생략할 수 없는 최소치인 것이다!

이상을 요약하면 다음과 같다.

- 하나님은 신체적 필요에 관심을 갖고 계시며, 그분의 제자들도 역시 신체적 필요에 관심을 갖기 원하신다.
- 이웃을 사랑하는 것은 우리와 구원과 관련이 있다. 우리는 행위로 구원받는 것이 아니다. 그러나 하나님의 사랑이 우리 안에 있다면, 우리가 이웃을 사랑하는 것이 하나님의 사랑의 증거가 될 것이다. 만약 우리가 다른 사람의 필요를 외면하면, 하나님의 사랑이 우리 안에 없는 것이다.
- 이웃이란 우리가 섬길 수 있는 필요를 가진 어떤 사람이다. 다르게 말하면 우리가 그들을 섬길 때, 그들에게 우리가 이웃이 되는 것이다.

• 이와 같은 사랑의 계명에는 "내 계명", "그리스도의 계명", "최고의 법", "대계명", "황금률"과 같이 여러 가지 용어들이 있다. 이런 서로 다른 용어들은 서로의 의미를 상호 보완해 주기 때문에, 사랑의 계명에 대한 성경의 가르침을 더 폭넓게 이해하게 된다.

• 가장 기본적인 요약, 즉 하나님의 계명의 생략할 수 없는 최소치란 우리가 이웃을 사랑함으로써 우리 안에 계신 하나님에 대한 우리의 사랑을 드러내는 것이다.

이 과의 내용은 단지 배우기만 하는 것이 아니라, 반드시 적용하기 위한 것이다! 하나님의 계명의 가장 기본적인 요약인 이웃 사랑의 명령에 순종하여 우리는 작은 걸음을 내디딜 수 있다. 먼저 하나님께 구하여 우리의 삶 가운데 우리가 사랑하도록 하나님께서 두신 사람이 누군지, 그리고 그를 위해 새롭고 실제적인 어떤 것을 해야 할지를 알아야 한다. 우리 이웃의 신체적 혹은 사회적 필요를 섬기기 위해 무엇을 할 수 있는가? 생각나는 것을 써보는 것이 도움이 된다. 그런 다음 누군가와 나누고 함께 기도하라.

주님, 주님의 뜻을 실천하려고 합니다. 무엇을 해야 할지, 주님께서 알려주시는 것이 우리가 행하는 것보다 더욱 더 '내 몸과 같이 내 이웃을 사랑하는 것'에 가까울 것으로 믿습니다. 우리가 주님의 의도를 어떻게 따라야 할지 알게 해주십시오. 우리가 사랑을 받고 대접받기를 원하는 대로 남을 사랑하고 대접하게 해주십시오. 주님의 긍휼과 사랑 때문에, 우리로 멈춰서서, 우리 삶 가운데 하나님께서 보내주신 깨어진 사람들을 보고 도와줄 수 있게 해주십시오. 아멘.

나눔 질문

1. 우리는 하나님의 사랑을 어떻게 드러낼 수 있을까요?

2. 오늘 하나님의 사랑을 경험할 필요가 있는 나의 “이웃”은 누구입니까?

3. 바로 지금 내 주위에서 하나님의 사랑을 새로운 방법으로 어떻게 드러낼 수 있을까요?

4. 사랑의 실천을 구체적으로 계획해 봅시다. (4 W's)

   - 무엇을(What):
   - 누구에게(Who):
   - 언제(When):
   - 어디서(Where):

5. 당신의 적용 계획을 다른 분과 나누고 서로를 위해 기도하십시오.

9

예수님의 성장과 섬김의 모델
(Jesus' model for Growth and Service)

예수님의 지상에서의 삶은 우리에게 인간 개발에 대한 세속적인 관점과는 판이하게 다른 성장의 모델을 보여준다. 또한 이 모델은 우리 삶을 위한 명확한 성경적 형태로 제시할 수 있다.

먼저 개발에 대한 세속적 관점을 보자. 세속적 사회는 개발을 교육적 및 물질적 용어로 정의한다. 교육, 과학, 기술 등을 주된 개발의 과정으로 여기고, 이런 것들을 통해 가난을 줄이고 인간의 필요를 채우고 평화와 행복이 이뤄질 것이라고 한다. 고등 교육, 진보된 기술, 산업 생산, 성장하는 국가 경제, 높은 GDP는 세속적 개발이 자랑스러워하는 것들이다. 물론 교육, 기술, 그 외 서구 문화의 유익들이 물질적이고 지적인 삶의 질을 높이는 것은 사실이지만, 이런 것들이 하나님의 의도를 향한 성장에 필수 요건은 아니다.

불행하게도 제2/3세계의 수많은 기독교인은 물질주의의 유혹에 의해 세속적 모델을 무의식적으로 받아들이고 말았다. 그들은 서구의 교육과 기술이 그들과 그들의 국민들을 행복의 항구로 실어다 주는 배라는 거짓을 믿고 말았다. 하지만 그들이 잘못한 것이 아니다. 그들의 서구 형제자매들이 먼저 속았고, 그다음 그들은 서구에서 온 선교사들이 서구 물질주의의 포장지에다 종종 그럴듯하게 포장해 준 메시지에 속은 것뿐이다. 제2/3세계의 기독교인들은 개발에 대한 물질주의적 관점을 종종 "붙잡았던" 것이다.

선교사들과 기독교 구호 개발 사역자들은 비록 의도적이진 않았지만, 그들의 삶의 방식으로 인해 역시 개발에 대한 물질주의적 관점을 부추겼다. 만약 어떤 가난한 사람이 어떤 "부유한" 사람(시계, 카메라, 컴퓨터, 차, 멋진 옷을 걸친 사람)의 전도로 그리스도께 나오면, 그 가난한 사람은 기독교인이 된다는 것과 물질을 소유하는 것에 대해 무슨 생각을 하게 될까? 만약 어떤 기독교 개발 기관 직원이 마을에서 주민들의 1년 총수입보다 더 비용이 많이 드는 기술을 사용한다면, 그 마을 주민들은 기독교 신앙과 고급 기술과 개발과의 관계에 대해 어떤 인상을 갖게 되겠는가?

누가복음 2장 52절

기독교인들은 개발 혹은 성장에 대한 기존의 일반적 신념과 성경을 비교해 보아야 한다. 누가복음 2장 52절에 보면, 인간 개발에 대한 성경적 관점의 가장 명확하고 간단한 표현을 볼 수 있다.

> 예수께서 지혜와 키가 자라가며, 하나님과 사람에게 더욱 사랑스러워 가시더라(눅 2:52).

예수님은 하나님이 인간을 하나님의 형상으로 지으셨을 때, 하나님이 의도하셨던 가장 완전한 인간의 모본이셨다. 아담과 하와가 범죄했을 때, 그들은 창조된 그 완전성을 그만 상실하고 말았다. 예수님 안에서 우리는 하나님의 형상의 완전한 인간적 모본을 볼 수 있다. 즉, 창조 이래 처음으로 우리 인간이 마땅히 되어야 할 바 그대로를 볼 수 있게 된 것이다. 예수님이 완전하셨기 때문에, 그분은 우리의 모델이시고, 그분의 개발 혹은 성장은 우리의 모델이 될 수 있다.

누가복음 2장 52절이 가진 다소 충격적인 내용을 살펴보자. 먼저, 이 구절은 전인(the whole person)에 대한 하나님의 관심을 가리킨다. 의사인 누가는 예수님이 성장하신 4가지 영역을 묘사했다. 그분은 지혜에서, 신체적으로, 영적으로, 사회적으로 자라나셨다. 대부분의 기독교인들이 동의하는 것은 예수님은 모든 역사를 통틀어 가장 잘 개발된(성장한) 분이라는 것이다. 성경은 예수님의 영적 개발뿐만 아니라 신체적, 사회적 개발에 대해서도 기록하고 있다. 분명히 하나님은 예수님이 이 세상에 오신 목적을 달성하기 위해, 그러한 4가지 영역의 각각에서 성장하시는 데에 관심을 두셨다. 만약 예수님의 성장이 우리 자신의 모델이라면, 하나님은 또한 우리를 위한 이들 각 영역에서의 개발에도 관심을 두고 계신다고 추론할 수 있다.

예수님은 우리의 개발의 모델이기 때문에, 좀 더 이해가 필요한 다른 부분도 보자. "자라갔다"라는 표현은 바로 예수님의 성장이 하나의 과정이라는 의미이다. 예수님은 이들 각각의 영역에서 더욱 자라가셨다. 상상해보라. 예수님, 하나님의 아들이 성장하는 과정을 거치셨다는 것을. 우리를 위한 하나님의 계획은 우리도 또한 성장하고 더욱 자라가는 것이다. 오늘날 우리는 모두 여전히 이와 같이 성장하고 개발하는 과정 가운데 있다. 이런 개념을 염두에 둘 때, 누가복음 2장 52절이 당신의 개인적 개발과 교회에게 어떤 암시를 주는가?

인간 개발의 대부분은 누가복음에 있는 이러한 4가지 영역들 중의 하나 혹은 그 이상으로 분류할 수 있다. 이 4가지 영역은 인간을 전인적으로 바라보는 간단한 방법이고, 다른 사람에 대한 섬김을 고려할 때 유용한 하나의 방법이 된다. 이러한 영역들은 전 세계 지역사회의 성장을 위한 새로운 모델이 되었다.

예수님의 성장의 조건

예수님은 비교적 물질적으로 가난한 상황에서도 이 4가지 영역에서 그분의 인간적 잠재력을 온전히 발휘하셨다. 그분은 마구간에 태어났고 한때 정치적 망명을 위해 이집트에 머물렀다. 그분은 당시 로마의 지배하에서 별로 주목받지 못한 마을인 나사렛에서 숙련된 노동자의 가정에서 자랐다. 그의 가족은 도덕적이었지만, 예수님을 평범치 않은 방법으로 임신했기 때문에 가족이 다소 의심과 손가락질을 당하기도 했다. 예루살렘 방문 후에는 요셉에 대한 이야기가 별로 없는 걸로 보아 요셉은 젊은 시절에 사망한 것 같고, 예수님은 목수가 되어 가족을 부양해야 했을 것이다. 예수님은 공식적인 고등 교육을 받은 적이 없지만, 그의 교육 정도는 당시 그 지방의 보통 수준으로서, 읽고 쓸 수 있었고, 성경도 잘 알았다. 집에는 수도도 없고, 수세식 화장실, 전기, 텔레비전도 없었다. 개인적으로는 시계도 자동차도 컴퓨터도 없었다.

예수님은 물질적 풍요나 고등 교육이나 기술적 혜택이 없었음에도 그분이 가진 모든 잠재력을 개발하셨다. 그분은 제자들에게 말하길 "사람의 생명이 그 소유의 넉넉한 데 있지 아니하니라"(눅 12:15)고 하셨다. 예수님은 우리의 기준으로 볼 때 가난했을지 모르지만, 그렇다고 극빈층은 아니었다. 극빈은 하나님의 뜻이 아니다! 예수님은 하나님의 의도를 이루는 데 꼭 필요한 충분한 사랑, 도움, 교육의 기회, 물질적 소유를 가지셨다. 예수님의 성장을 위해 하나님이 공급하신 물질적 상황은 풍요도 극빈도 아닌 적절한 것(adequacy)이었다. 적절하다는 것은 기본적 필요를 채우기 위한 자원이 충분하다는 뜻이다. 적절하다는 말은 잠언 30장 8-9절의 "나로 가난하게도 마옵시고 부하게도 마옵시고 오직 필요한 양식으로 나를 먹이옵소서 혹 내가 배불러서 하나님을 모른다 여호와가 누구냐 할까 하오며 혹 내가 가난하여 도둑질하고 내 하나님의 이름을 욕되게 할까 두려워함이니이다"라는 말씀 안에 아름답게 명시되어 있다.

예수님의 성장과 관련된 물질적 조건은, 전 세계를 통틀어 현대의 물질적 편리함의 축복을 한 번도 누려보지 못하는 수많은 사람들에게 큰 희망을 준다. 이것은 "물질", 즉 수도, 전기, 고임금 직업, 기술, 고등 교육 등의 풍요함이 없이도 삶의 모든 영역에서 그들을 위한 하나님의 의도대로 성장할 수 있음을 보여주기 때문이다. 풍요가 성장과 개발의 필수 요건이라고 믿는 것은, 수많은 서구 기독교인들의 영적 생동력을 병들게 한 우상을 믿는 것이다. 이러한 세계관은 종종 행복과 성취가 "물질"에 의존한다는 것을 나타내지만, 성경적 세계관은 하나님께 대한 의존을 주장한다. "물질"이 개발에 큰 도움이 되지만, 물질을 개발을 위한 유일한 길로만 여긴다면, 우리의 초점이나 기대는 잘못된 것이다. 하나님이 예수님을 위해 그러셨던 것과 똑같이, 하나님이 우리의 자원이시며 공급자이시다. 예수님처럼 가난하지만 적절한 물질을 가진 사람들은 예수님이 하신 것처럼, 그들의 삶의 모든 영역에서 그들을 위한 하나님의 의도를 개발하여 성취할 수 있다. 다시 말하지만, 고등 교육이나 물질들은 좋은 것이지만, 반드시 성장과 개발을 위한 기본적 필수 요건은 아니다.

이러한 성경적 관점은 우리를 자유롭게 만들 수 있다! 만약 어떤 나라에 가난하지만 적절한 물질을 가진 사람들이 있다면, 이들이 그 나라에서 하나님이 그들에게 의도하신 사람들이 되는 데에는 아무런 지장이 없다. 성경적 개발은 하나님이 의도하시는 성취를 향해 사람들이 움직이도록 도와줄 수 있으며, 사람들의 에너지를 더 많은 "물질"을 얻기 위한 노력이 아니라, 하나님이 의도하시는 사람이 되는 방향으로 향할 수 있게 해준다.

교회에 주는 의미

예수님의 성장 모델은, 개발에 관심 있는 기독교인들은 사람들이 성장할 수 있는 적절한 환경을 조성하는 방향으로 일해야 한다는 의미를 포함한다. 예수님의 모델은 또한 교회가 적절함에 대한 책임을 갖고 있다는 뜻도 포함하고 있다. 우리는 하나님께서 모든 사람들이 성숙을 향해 자라는 데 필요한 자원을 가질 수 있도록 의도하신다고 믿는다. 이것이 죄로 가득한 세상에서 완전히 가능하지는 않지만, 하나님은 하나님이 지으신 인간을 위한 의도를 향하여 인간이 성장해가는 데 필요한 자원이 빼앗기지 않기를 바라신다.

우리는 앞에서 예수님이 사랑이 많고 하나님을 경외하는 부모와 아마도 대가족 가운데 자랐을 것으로 지적했다. 대부분의 유대 어린이들처럼 예수님도 아마 회당 학교에 다니면서 율법과 선지서의 많은 구절들을 읽고 암송했을 것이다. 예수님은 거처, 음식, 의복도 있었다. 비록 단출했지만, 우리가 아는 한 적절하였다.

만약 이러한 예수님의 삶의 예들이 모든 인간을 위한 하나님의 관심을 나타내는 것이라면, 그 예들은 교회의 관심과 사역에도 반영되어야 한다. 신체적 극빈은 분명히 하나님의 의도가 아니며, 따라서 모든 기독교인은 하나님이 자연적으로 또한 초자연적으로 공급하시는 분임을 기억하고 극빈 퇴치를 위해 노력해야 한다.

우리 교회는 우리 회중과 지역사회에서 사람들의 개발에 필요한 적절한 자원을 확보하기 위해 무엇을 하고 있는가? 넘치게 가진 기독교인들은 그들 주위의 도움이 필요한 형제와 자매들을 도울 책임을 갖고 있으며, 가난한 교회일지라도 성경적 명령으로부터 예외가 아니다. 물질적으로 가난한 교회는 극빈이 하나님의 의도가 아님을 알아야 하며, 하나님께서 우리를 부르심을 따라 살 수 있도록 공급하신다고 약속하신 것을 알아야 한다. 하나님은 거의 항상 우리를 동반자로 부르셔서 우리 자신을 치유하신다. 따라서 극빈 가운데 있는 교회는 그들의 순종에 따라서 간섭하시고 공급하시는 하나님을 신뢰하는 동시에, 그들이 할 수 있는 것을 해야 할 필요가 있다.

성장과 개발에는 목적이 있다.

성장은 단지 성장만을 위한 것이 아니다. 성장과 개발에는 목적이 있다. 예수님은 어떤 목적을 위해 성장하셨다. 예수님은 그분을 위한 하나님의 목적을 향하여 자신을 개발하신 것이다.

성경은 이 목적을 여러 가지 방법으로 묘사한다.

내가 하늘에서 내려온 것은 내 뜻을 행하려 함이 아니요 나를 보내신 이의 뜻을 행하려 함이니라(요 6:38)

주의 성령이 내게 임하셨으니 이는 가난한 자에게 복음을 전하게 하시려고 내게 기름을 부으시고 나를 보내사 포로 된 자에게 자유를 눈 먼 자에게 다시 보게 함을 전파하며 눌린 자를 자유롭게 하고 주의 은혜의 해를 전파하게 하려 하심이라(눅 4:18-19)

내가 다른 동네들에서도 하나님의 나라 복음을 전하여야 하리니 나는 이 일을 위해 보내심을 받았노라(눅 4:43)

하나님이 그 아들을 세상에 보내신 것은 세상을 심판하려 하심이 아니요 그로 말미암아 세상이 구원을 받게 하려 하심이라(요 3:17)

너희 중에는 그렇지 않아야 하나니 너희 중에 누구든지 크고자 하는 자는 너희를 섬기는 자가 되고 너희 중에 누구든지 으뜸이 되고자 하는 자는 너희의 종이 되어야 하리라 인자가 온 것은 섬김을 받으려 함이 아니라 도리어 섬기려 하고 자기 목숨을 많은 사람의 대속물로 주려 함이니라(마 20:25-28)

예수님의 목적을 아름답게 요약한 한 단어는 **섬김**(service)이다. 예수님은 성장하셨고 혹은 개발되셨는데, 그것은 바로 섬기기 위해서이다. 우리는 그리스도의 성품, 즉 하나님의 형상을 따라 지음 받았기 때문에, 우리도 또한 섬기기 위해 이 땅에 보내진 것이다. 섬김은 위대함, 성숙, 참된 인간 성장과 개발의 표시이다.

섬김에는 두 가지 종류가 있음을 기억하는 것이 중요하다. 하나는 비자발적, 혹은 노예적이다. 노예 역사의 문화를 가진 문화권에서는 섬김을 긍정적 시각에서 보기가 어려울 때가 있다. 그러나 성경이 말하는 종됨은 완전히 다르다. 이는 빌립보서 2장에 나오는 자발적 섬김이다. 이것은 자발적인 순종으로서, 하나님의 마음을 반영하며, 다른 사람을 우선하며, 남에게 대접받고 싶은 대로 남을 대접하는 것이다.

사람들이 성경적 의미대로 성장을 향해 나아가는지 어떻게 알 수 있을까? 그것은 그리스도께서 그분의 세계에서 섬기셨던 대로, 사람들이 자기들의 세계에서 희생적으로 섬기는 것을 볼 때이다. 그런데 여기서 한 단계 더 들여다보자. 만약 우리의 목적이 섬기는 것이라면, 섬김의 목적이나 목표는 무엇인가? 바로 사람들을 도와서 그들을 향한 하나님의 의도를 향해 움직여나가게 하는 것이다. 그러면 하나님의 의도란 무엇인가? 그것은 바로 그리스도처럼 되는 것, 즉 섬기는 것이다. 하나님의 백성들이 종이 될 때 하나님은 영광을 받으신다. 이것이 바로 모든 기독교인들의 궁극적 목표이며, 하늘 아버지를 영화롭게 하는 것이다.

성장과 개발의 성경적 정의

우리는 누가복음 2장 52절의 패러다임으로 인간의 성장과 개발을 바라보기 때문에, 이상적인 인간 성장과 개발이란 지금 있는 자리에서 우리의 현재와 미래를 위한 하나님의 의도를 향해 움직여가는 것으로 정의할 수 있다. 하나님의 의도를 향하여 움직이는 것은 전 생애에 걸친 과정이다. 이것은 한 번에 일어나지 않고, 그리스도를 얼굴과 얼굴로 마주볼 때까지 우리 생애 동안 완성되지 않을 것이다. 그때까지 우리는 항상 하나님의 의도를 향한 과정 가운데 있을 것이다. 우리를 위한 하나님의 의도란 무엇인가? 우리는 이제 다른 사람을 섬기는 것이 하나님의 의도에 포함되어 있음을 안다.

그럼 어디서 시작할까?

기독교인들은 주님의 성품을 반영해야 한다. 그러므로 우리는 다른 사람들을 도와서 그들을 위한 하나님의 의도를 향해 성장해가도록 해야 한다. 그러나 우리가 다른 사람의 성장을 권면하기 전에 반드시 먼저 거쳐야 할 한 가지 단계가 있는데, 바로 우리의 개인적 성장이다.

예수님은 말씀하시길 하나님 나라에서 큰 자는 먼저 실천하고 그다음에 가르치는 자라고 하셨다(마 5:19). 열매 맺는 제자는 다른 사람에게 성장하라고 권하는 것을 스스로 모델로 보여주는 자이다. 우리는 다른 사람들이 하나님의 의도대로 성장할 수 있도록 권면하며 도와주기 전까지는, 우리 자신이 다 성장했다고 할 수는 없다. 그러나 우리 자신이 먼저 성장해가고 있어야만, 다른 사람들이 성장할 수 있도록 제대로 권면하며 도와줄 수 있다.

이렇게 말해보자.

"개발은 나부터 시작된다."

성령님께 우리가 어느 영역에서 자라야 할지 보여주시도록 간구하자. 성령께서 필요한 영역을 보여주실 때 우리는 결심하고 하나님의 의도를 향해 나아가야 한다. 영역과 변화의 속도는 사람마다 다르다. 그러나 개발을 향한 움직임은 항상 동일한 방향, 즉 그리스도 안에서 보여주신 모델을 향해야 한다.

하나님께서 우리에게 은혜와 힘을 주셔서 하나님의 의도를 향해, 특히 다른 사람들을 섬기는 방향으로 나아갈 수 있게 해주옵소서. 그러나 다른 사람들을 섬기는 동시에, 우리 자신들도 우리 삶의 모든 영역에서 우리를 위한 하나님의 의도를 향해 계속해서 움직여나가도록 해주옵소서. 아멘!

나눔 질문

1. 하나님은 하나님의 자녀들이 그리스도를 닮기를 원하십니다(롬 8:29 참조). 우리는 이러한 사실에 어떻게 응답하고 있나요?

2. 예수님의 경우를 볼 때 성장(개발)을 위한 기본 필수 조건은 무엇이라고 생각하나요?

3. 예수님의 성장의 목적은 무엇이었나요? (요 6:38, 눅 4:18-19, 마 20:28 참조)

4. 그렇다면 예수님을 본받는 그리스도인으로서 우리의 성장의 목표는 무엇이어야 할까요?

5. 나와 주변 사람의 성장을 위한 구체적인 계획을 세우고 실천해 봅시다!

나눔 질문

나의 개인 실천 계획과 헌신	
4가지 영역 중 한 영역을 택하여 동그라미를 치고, 자신이 선택한 영역에서 성장하기 위해 이 주간에 실천할 수 있는 일을 구체적으로 계획해 보라.	
지혜	무엇을:
신체적	누구에게:
영적	언제:
사회적	어디서:

나의 가정에서의 개발의 필요				
4가지 영역 중 나의 가정에서 개발이 필요한 한 가지 예를 기도 가운데 찾아보라.				
	지혜	신체적	영적	사회적
가정				

다른 사람의 개발 계획과 헌신을 돕기	
당신의 가족 중 한 사람을 택하여 4가지 중 한 영역에서 성장하고 하나님의 의도를 향해 움직이도록 도와주라. 4가지 영역 중 한 영역을 선택한 후 즉시 실천할 수 있는 일을 구체적으로 계획해 보라.	
지혜	무엇을:
신체적	누구에게:
영적	언제:
사회적	어디서:

10

인간의 필요-
미래에 대한 하나님의 의도
(Man's need - God's future Intentions)

인간의 깨어짐

이번 주간에 인간의 깨어짐에 대한 어떤 실례를 보거나 듣거나 마주친 적이 있는가? 어떤 신체적인 문제를 보았는가? 즉 어떤 질병이나 사망이나 가난인가? 어떤 영적 문제를 마주친 적이 있는가? 즉 어떤 악이나 우상 숭배나 부패인가? 어떤 사회적 문제를 인지했는가? 즉 어떤 깨어진 개인적 관계인가? 사회적 불의인가? 아니면 다른 문제인가?

깨어짐의 증거는 어디든지 있다! 신문을 읽거나 TV를 보거나 우리 주위에 일어나는 일들을 볼 때, 수많은 깨어짐의 예들을 볼 수 있다.

로마서 1장 21절을 보면 인류의 깨어짐의 문제가 나온다.

"하나님을 알되 하나님을 영화롭게도 아니하며 감사하지도 아니하고 오히려 그 생각이 허망하여지며 미련한 마음이 어두워졌나니"(롬 1:21).

이 구절은 깨어진 인간의 매우 비참한 모습을 묘사한다. 이것은 창세기 1장 31절에서 하나님께서 그분의 창조를 바라보시고 매우 좋았더라고 말씀하신 것과는 아주 다른 모습이다. 불과 몇 장 뒤인 창세기 6장 6절에서는 하나님께서 인간인 우리를 지으신 것을 후회하셨다고 말씀하고 있지 않은가! 무엇이 하나님의 평가를 그토록 바꿔놓았는가? 그것은 불순종 때문이다. 즉 인간이 하나님의 의도대로 살지 않았기 때문이다.

이것은 사실이다. 비단 창세기에서만이 아니다. 하나님이 창조하신 인간이 하나님의 정하신 길에 대해 반역한 것이다. 우리 자신에게 정직하다면, 바로 이것이 오늘날 우리의 모습이라는 것을 잘 안다. 우리는 불순종하고 있다. 우리는 하나님이 디자인하시고 우리보고 살라고 하신 대로 살고 있지 않다.

하나님이 없는 인간의 상태는 비참하다. 주위를 둘러보거나 뉴스를 볼 때 이를 알게 된다. 그리고 성경이 이 사실을 확인해주고 있다. 창세기 6장 5절에서 인간의 마음에 계획하는 바가 모두 악하다고 말한다. 로마서 3장 23절은 모든 사람이 죄를 범하였으매 하나님의 영광에 이르지 못한다고 알려준다. 에베소서 2장 1절에서 우리는 죽었다고 말하고 있다. 죄 가운데 있는 우리는 하나님이 없이는 소망도 없다. 끝으로 로마서 2장 5절을 보면, 하나님의 개입이 없다면 우리는 하나님의 진노를 받게 된다.

이 주제를 가르칠 때, 이상의 성경 구절들을 살펴본 후, 참석자들을 몇 개의 소그룹으로 나누어라. 각 소그룹은 종이 한 장씩을 가지고 가서, 종이 아래쪽에는 하나님이 없는 인간의 상태를 그림으로 그리도록 한다. 창의적으로 그려보도록 권하라. 인간의 깨어진 본질을 철저하게 이해해야 한다. 여러분은 하나님이 없는 인간의 깨어진 상태를 어떻게 묘사할 수 있겠는가?

하나님이 없는 인간의 상태는 절망적으로 깨어져 있다. 그러나 하나님께서는 우리가 그런 상태에 있는 것을 원하지 않으신다. 요한복음 3장 17절에 보면, 예수님은 깨어진 인간들을 심판하기 위해서가 아니라, 구원하시기 위해 오셨다는 걸 알게 된다. 빌립보서 2장 5-11절에서는 그리스도께서 자신을 비워 종이 되셔서 깨어진 인간들을 대신하여 죽으셨다고 말씀한다. 우리의 하나님은 놀라운 분이다. 그분은 깨어진 우리를 구속하기 위한 계획을 갖고 계시다. 이것이야말로 모든 인류에게 진정 기쁜 소식이 아닐 수 없다.

미래를 위한
하나님의 의도

성경은 하나님이 미래를 위한 놀라운 계획을 갖고 계심을 확인해준다. 이사야 11장 4-9절에는 평화와 풍요에 대한 비전이 나온다. 61장 1-4절에서는 우리가 창조의 회복에 참여케 될 것이라고 말한다. 요한복음 14장 1-4절에서 예수님이 우리를 위해 한 처소를 예비하러 가셨다고 한다. 로마서 8장 21절에서 모든 창조(피조물)가 타락 시에 일어났던 매임으로부터 해방될 것이라고 말한다. 요한계시록 21장 1-4절은 우리에게 아름다운 미래를 보여주고 있는데, 사망도 눈물도 고통도 없을 것이라고 말씀한다. 끝으로 마태복음 19장 28절에서는 예수님이 왕으로 다시 오실 것이라고 약속한다. 하나님은 분명히 미래를 위한 계획을 갖고 계신데, 그것은 우리가 상상할 수 있는 것보다 더 좋다!

이 과를 가르칠 때, 위의 성경 구절들을 살펴본 후, 참석자들을 다시 소그룹으로 나누어 하나님의 미래의 계획에 대해 그려보도록 한다. 처음에 종이의 아래 칸에 그렸던 그림 위에 하나님의 미래적 의도에 대한 성경의 묘사를 그려보게 한다.

무엇을 그릴 것인가? 이전에 많은 소그룹들이 여러 가지 예들을 보여준 적이 있다. 어떤 그룹은 간단하게 3차원의 달걀 모양을 만들고 여기에 하나님의 미래 계획을 묘사하는 단어들, 즉 사망 없음, 평화, 풍요, 하나님이 우리와 함께하심을 써넣기도 했다.

이렇게 완성된 예들을 보면, 하나님이 없는 인간의 깨어진 상태와 미래에 대한 하나님의 놀라운 의도 사이에 놀랄만한 대조가 있음을 알 수 있다. 우리의 깨어진 상태에서, 인간의 모든 생각이 악하며, 모든 이가 범죄하였으며, 하나님의 영광에 이르지 못한다. 하나님이 없다면 인간에게는 아무런 희망이 없다. 사실상 회개하지 않은 인간은 하나님의 진노를 향하고 있는 것이다.

그러나 하나님은 예수님을 보내셨다. 우리를 저주하기 위해서가 아니라 구원하시기 위해서 말이다. 이제는 평화와 풍요가 있게 될 것이다. 우리는 깨어진 모든 것의 회복에 동참할 것이다. 예수님은 우리를 위해 처소를 예비하고 계신다. 모든 창조는 어느 날 깨어짐에서 완전히 자유롭게 될 것이다. 하나님은 그가 지으신 인간만 사랑하실 뿐 아니라, 모든 창조의 회복도 미래 계획에 포함시킨다. 현재 깨어져 있는 그분의 창조는 어느 날 매임에서 전적으로 자유롭게 될 것이며, 로마서 9장 19-20절에서 그러한 자유가 하나님의 아들들의 "영광스러운 자유"와 연관되어 있다고 말한다. 그때는 더 이상 사망, 고통, 눈물이 없을 것이다. 예수님은 왕의 왕으로서 다시 오실 것이다! 열방은 하나님의 영광의 축복을 보고, 그 안에 거하고, 즐기게 될 것이다. 요한계시록 21장 24절에서는 "열방들이 그 빛 가운데 걷게 될 것이고, 땅의 왕들이 그들의 영광을 가지고 그리로 들어오리라"고 한다. 하나님의 계획은 열방을 포함하여, 깨어진 인간과 깨어진 창조의 완전한 치유까지 포함하고 있다!

이것이 기쁜 소식이 아닌가? 그렇다, 엄청난 소식이다! 그러나 이러한 기쁜 소식을 가지고 우리가 무엇을 하는가가 지극히 중요하다. 우리는 깨어짐의 어두운 구름 아래 살아가면서 미래의 구원을 기다릴 수도 있고, 혹은 미래를 위한 하나님의 비전에 동참할 수도 있다.

이것이 무엇을 의미하는지 한 가지 이야기를 들어보자.

몇 년 전 밥 모피트(Bob Moffitt)는 페루의 수도 리마를 방문 중이었다. 그는 루디라는 젊은이를 만났다. 루디는 최근에 신자가 되었는데, 그의 삶은 급속도로 변했다. 그는 중산층 가정 출신으로 가난한 사람들에 대한 긍휼한 마음을 가지고 있어서, 그들에게 이 기쁜 소식을 전해주기를 간절히 원했다.

어느 날 그는 무언가 해야겠다고 결심하고 전도지를 호주머니에 잔뜩 넣고서 버스를 타고 리마시의 변두리에 있는 빈민가로 향했다. 버스에서 내려서 걸어가다가 처음 눈에 띄는 청년에게 인사를 건넸다.

"안녕, 나는 루디라고 해. 너 이름은 뭐니?"

청년은 "난 후안이야"라고 대답했다.

루디는 "여기서 무슨 일을 하니?"라고 묻자, 후안은 "아무 일도 안 해. 직업이 없어. 지금 배가 고파. 골치 아픈 일들도 많고"라고 했다.

루디는 전도지를 호주머니에서 꺼내서 건네주며 말했다.

"이 전도지를 읽어보면 네 문제의 해답을 알 수 있을 거야."

그러자 후안은 "전도지 필요 없어. 무슨 내용인지 다 알아. 예수에 대한 얘기지. 난 네가 믿는 예수는 필요 없어"라고 응수했다.

루디는 "그렇지만 예수님은 네 문제를 해결할 수 있어! 그분은 네가 그분과 영원히 함께하시길 원하고 있어!"라고 말했다.

그러자 후안은 "난 지금 빵이 필요하단 말이야"라고 했다.

다시 루디는 "예수님은 생명의 빵이시라구. 그 전도지 한번 읽어봐. 네게 도움이 될 거야"라고 말했다.

마침내 후안은 이렇게 말했다.

"네가 믿는 예수를 내가 어떻게 생각하고 있는지 보여주지."

그렇게 말하고는 받은 전도지를 잘게 찢더니 입속으로 집어 넣어버리는 게 아닌가. 루디가 깜짝 놀라서 보고 있는 동안, 후안은 전도지를 서서히 씹어서 삼켜버리더니 루디에게 이렇게 말했다.

"말했잖아. 나는 네가 믿는 예수는 필요 없어. 대신 빵이 필요하단 말이야!"

루디가 밥(Bob)에게 이 이야기를 들려주었을 때, 그의 뺨에는 눈물이 흐르고 있었다. 루디는 "나는 빵을 가져가지 않고는 결코 가난한 사람에게 예수님에 대해 말할 수 없다는 걸 깨달았죠"라고 말했다. 그래서 그는 친구들을 동원해서 빵 가게를 열어서 빵을 팔았다. 이윤이 생기자, 빵을 가지고 빈민가를 찾았다. 그리고 빵을 나눠주며 예수님에 대해 전했다.

내 생각에는 후안이 우리가 들어야 할 어떤 메시지를 갖고 있는 것 같다. 세상은 깨어졌는데, 그것도 심하게 깨어져 있다. 그리고 깨어진 사람들은 이렇게 말한다.

"내가 보기에 당신들은 미래를 위한 좋은 소식을 갖고 있네요. 그런데 바로 지금 나를 위한 좋은 소식은 어디 없나요?"

그렇다. 분명히 있다. 죄 때문에 세상을 위한 하나님의 의도가 훼방을 받았지만, 하나님의 계획은 그분의 의도를 온전히 다시 이루는 것이다. 미래를 대한 치유는 아직 오지 않았지만, 현재의 실제적인 치유와 회복에 대한 희망은 제시할 수 있다. 하나님은 자기 백성을 불러서 그리스도의 미래의 통치를 현재 시점에 드러내도록 하신다. 미래의 회복은 그리스도의 재림과 함께 이뤄질 것이지만, 바로 지금 하나님의 백성은 "뜻이 하늘에서 이루어진 것같이 땅에서도 이루어"지도록 하나님의 뜻을 실천할 책임이 있다. 그리하여 땅에 대한 하나님의 통치를 확산시키고 예수님이 다시 오실 때까지 사회의 모든 영역을 "점령해야"(occupy) 한다.

하나님은 그분의 백성에게 역사상 가장 원대한 목적에 참여할 수 있는 기회를 주셨다. 그분은 우리가 청지기가 되게 하신다. 우리의 행동은 영원한 영향을 준다. 그분의 뜻과 맞지 않는 모든 일은 별 의미가 없다. 성전에서 동전 두 닢을 바친 과부는 그녀의 헌물이 향후 2천 년간 주게 될 영향에 대해 결코 상상치 못했을 것이다.

우리도 역시 현재 알 수 없거나 보지 못할 수준을 넘어 미래 세대에 영향을 끼칠 수 있다. 만약 우리 교회 성도들이 각자의 삶과 전 인류를 위한 하나님의 놀라운 의도를 이해할 수 있다면, 우리는 그 어디서도 이보다 더 위대한 삶의 목표를 찾을 수 없을 것이다.

나눔 질문

1.성경은 하나님이 없는 인간의 깨어진 상태를 어떻게 묘사하나요? (창 6:5, 롬 3:23, 엡 2:1, 롬 2:5 참조)

2. 깨어진 인간에 대한 하나님(예수님)의 태도는 어떠한가요? (요 3:17, 빌 2:5-11 참조)

3. 당신의 주위와 지역사회에서 어떤 깨어짐을 볼 수 있나요?

4. 이런 사람들에게 당신은 미래에 대한 하나님의 의도를 어떻게 나타낼 수 있을까요?

5. 아래의 영역에서 당신의 지역사회의 누군가에게 하나님의 미래적 의도를 보여주기 위한 섬김을 구체적으로 계획해 보세요.

지혜	무엇을:
신체적	누구에게:
영적	언제:
사회적	어디서:

11

하나님 나라 계산법
(Kingdom Math)

여러분의 교회가 가난하거나 작아서 이웃을 도울 수 없다고 생각한 적이 있는가?

의존적 사고는 오늘날 개발도상국들의 수많은 교회들을 옭아매고 있다. 그들의 문화는 가난에서 벗어날 정도의 뚜렷한 발전은 오직 외부의 자원이 있어야만 가능하다는 신념에 젖어 있다.

물론 하나님은 "외부" 자원을 활용할 수 있으시지만, 교회가 생각으로나 실제로나 하나님이 아닌 어떤 다른 것을 치유의 근원으로 의지한다면, 창조주보다 피조물을 더 경배하게 될 위험에 빠진다. 교회가 하나님보다 어떤 자원을 의지하면 하나님은 아무것도 하실 수 없다. 어떤 의미에서 하나님보다 "외부의 것"을 바라보는 것은, 의도하지 않은 우상숭배가 된다.

그러나 하나님 나라 계산법에 대한 이해로 인해, 가장 작은 교회나 가장 가난한 교회들까지도 불가능해 보이는 것을 실천하고 있다. 지금도 하나님은 교회를 하나의 통로로 사용하셔서 하나님의 변화시키는 능력을 발휘하시는 것이다.

그렇다면 하나님 나라 계산법은 무엇인가? 이제 친숙한 성경 이야기를 살펴보고, 하나님께서 어떻게 기적적으로 변화를 일으키시는지 배워보자.

하나님의 능력

첫 번째 볼 성경 구절은 이사야서 40장 29절이다.

"피곤한 자에게는 능력을 주시며 무능한 자에게는 힘을 더하시나니" (사 40:29).

이 성경 구절은 다음과 같이 하나님 나라의 계산법 공식으로 표시할 수 있다.

우리의 약함 × 하나님 = 능력

여기서 우리는 하나님 나라 계산법에 대한 메시지를 볼 수 있다. 곧 우리가 우리의 약함을 하나님께 드릴 때, 하나님은 그것을 능력으로 바꾸신다는 것이다.

이사야 40장 30-31절에는, "청년이라도 넘어지며 자빠지되, 오직 여호와를 앙망하는 자는 새 힘을 얻으리니 독수리의 날개 치며 올라감 같으리니 그들은 달려도 지치지 않을 것이요 걸어도 피곤치 않을 것이라"는 말씀이 이어진다. 이것은 하나의 전환을 의미한다.

이 "전환"은 통상적인 변화가 아니다. 이것은 기적이다. 하나님 나라 계산법은 "만약 당신이 당신 자신을 충분히 신뢰하거나, 적극적 사고방식의 능력을 믿거나 하면, 당신의 환경을 변화시킬 수 있다"라는 어떤 철학이 아니다. 하나님 나라 계산법은 우리 자신의 내부와 외부에서 우리가 약하고 충분하지 않다는 것을 인정하는 데서부터 시작한다. 비록 청년이라도 지치고 젊은이라도 넘어진다. 그러나 우리가 우리의 약함을 받아들일 준비가 되어있을 때, 우리는 하나님께 가서 우리의 약함을 드릴 자리에 있게 된다. 그러면 하나님은 하나님 나라 계산법의 기적을 일으키셔서 우리의 한계를 그분의 능력으로 전환시키신다.

수많은 성경 이야기들을 하나님 나라 계산법의 공식으로 바꿀 수 있지만, 여기서는 4가지만 생각해보자. 각 이야기의 끝에 가서 공식을 만들어 볼 것이다. 이 이야기들의 결론에 가서는 의존과 마비로부터 우리를 자유롭게 하는 진리를 찾을 수 있게 될 것이다.

● 어떤 호숫가 이야기

먼저 첫 번째 극적인 이야기는 요한복음 6장 1-14절과 마태복음 14장 13-21절에서 나온다. 열 살 된 바락이란 소년이 유명한 랍비가 호숫가에서 사람들에게 설교한다는 소식을 들었다. 그는 엄마에게 그곳에 가게 해달라고 졸랐다. 엄마는 마침내 허락하고 다섯 조각의 빵과 구운 물고기 두 마리를 도시락으로 싸주었다. 바락은 호숫가에 도착하여 수많은 군중들 사이를 헤집고 들어가서 앞쪽에 자리를 잡았다. 바락은 그 교사가 하는 말을 모두 알아듣진 못했지만, 특이하게 그분에게 맘이 쏠렸다. 중간에 배가 고파서 도시락을 조심스럽게 풀었다.

바로 그때, 그 교사의 제자들 중의 한 사람이 랍비에게, 사람들을 보내서 먹을 걸 사게 하라고 말하는 것이었다. 그런데 그 랍비는 이렇게 말했다.

"갈 필요 없다. 너희들이 먹을 것을 주어라!"

이때 안드레라는 한 제자가 바락이 들고 있는 도시락을 쳐다보더니, 말했다.

"예수님, 우리가 가진 거라곤 여기 떡 다섯 덩어리와 작은 물고기 두 마리 뿐입니다."

예수님은 "그걸 내게 가져오너라"고 하셨다.

이때 바락의 머릿속에 어떤 생각이 들었을까. 어쨌든 그는 도시락을 예수님께 드렸고, 예수님은 감사기도를 드리고 군중들에게 나누어주셨다. 바락이 나중에 엄마한테 가서 이런 말을 하지 않았겠는가.

"그 선생님이 제 도시락을 가져가시더니 나누어 가지고 모든 사람들을 다 먹이셨다니까요. 게다가 열두 광주리가 남았어요!"

만약 당신이 바락이었다면 기분이 어땠을까? 만약 예수님이 당신이 먹을 걸 전부 달라고 하셨다면? 예수님이 다른 방법으로 무리들을 먹이실 수 없으셨을까? 능히 그렇게 하실 수 있으셨지만, 그렇게 하지 않으셨다. 그 대신 그분은 어린 소년에게 가진 것을 다 달라고 하셨다.

이제 여기에 적어도 5천 배나 배가한 것을 보여주는 수학 공식을 만들어 보자.

소년 + 떡 5개와 물고기 2마리 × 예수님
= 5천 명 남자의 음식 + 여자와 어린이의 음식 + 12 광주리 남음

● 어떤 기근 이야기

이제 열왕기상(17:1-18:1)에서 두 번째 이야기를 보자. 엘리야는 이스라엘의 불의에 대한 징계로 하나님께 기근을 달라고 했다. 기근이 3년째 이어지자, 아합왕은 엘리야를 잡으러 다녔다. 하나님은 엘리야를 강 근처로 보내 숨게 하시고 까마귀를 통해 음식을 공급하셨다.

강물이 말라버리자, 하나님은 다시 엘리야를 먼 도시로 보냈다. 그는 도시에 도착했을 때 목도 마르고 배도 몹시 고파서, 한 여인에게 도움을 청했는데, 먼저 물 한 항아리를 청하고 나서 먹을 걸 좀 달라고 했다. 그 여인은 너무 가난해서 물을 가져와서 말하길, "우리에겐 나와 내 아들이 마지막으로 먹을 밀가루와 기름밖에 없답니다"라고 했다.

엘리야는 하나님께서 공급하실 것이라고 그녀를 확신시켰다. 그녀는 믿음으로 남은 밀가루와 기름으로 엘리야를 대접했다. 기적이 일어나서, 기근이 다 끝날 때까지, 밀가루와 기름이 남아있었다. 그리하여 그 여인과 아들과 엘리야와 다른 이들이 충분히 먹을 수 있었다.

여기서 상상력을 발휘하여 이것을 수학 공식으로 만들어 보자.

과부 + 1끼 식량 × 하나님
= 1끼 식량 × 3명(여인, 아들, 엘리야) × 2끼/일 × 365일 × 2년 반 기근
= 5,475끼 식량

배가보다 더 놀라운 사실은 하나님께서 그의 종을 먹이시는 방법이다. 하나님은 엘리야를 다른 방법으로 먹일 수 없으셨을까? 물론 하실 수 있다. 그러나 하나님은 여인과 아들밖에 먹지 못하는 것을 가진, 그 여인에게로 향하셨던 것이다.

● 성전 이야기

마가복음 12장 41-44절에서 세 번째 이야기를 살펴보자. 예수님은 성전에서 헌금을 드리는 사람들을 보고 계셨다. 부자들은 꼿꼿이 서서 헌금을 넣은 모습을 보란 듯이 보여주었다.

한 가난한 과부는 사람들의 눈을 피해 작은 동전 두 닢을 넣었다. 그것은 그녀가 가진 돈의 전부였다. 예수님은 그녀를 바라보셨다. 예수님은 중간에 간섭하실 수도 있었다. 그리고 그녀의 적은 헌금을 가지고 필요한데 쓰라고 말하실 수도 있었다. 그렇지만 그렇게 하지 않으셨고, 그녀에게 아무 말도 하지 않으셨다. 그러고 나서 말씀하시길, "내가 너희에게 이르노니 이 가난한 과부가 모든 다른 사람들보다 더 많이 드렸느니라"(막 12:43)고 하셨다. 물론 비교해 본다면, 그녀는 다른 사람들보다 더 많이 바친 셈인데, 가진 걸 모두 드렸기 때문이다. 그녀는 또한 문자적으로 보아도 부자들보다 더 많이 드렸는데, 그건 다음과 같은 공식 때문이다.

과부 + 동전 두 닢 × 예수님
= 지난 2천년 동안 사람들이 희생적으로 드리게 한 감동

이 과부의 헌금으로 인해 지난 2천 년간 수백만 배의 배가가 일어나지 않았는가? 그녀의 모범으로 수많은 세대를 통해 기독교인들은 자신의 것을 희생적으로 드려왔다. 십자가의 이야기 외에, 이 이야기가 아마도 모든 성경을 통해 가장 위대한 배가의 이야기일 것이다.

이상의 세 이야기를 하나의 공통된 하나님 나라 공식으로 묶을 수 있다.

모든 사람(가난한 사람 포함) + 하나님에 대한 사랑
+ 하나님에 대한 믿음 + 순종과 희생적 드림
× 하나님
= 하나님에 의해 배가됨 + 다른 사람에게 축복
+ 개인적 축복(때때로) + 하나님이 찬양받으심

이것은 예수님의 삶과도 연결된다. 예수님은 세상의 부가 거의 없었

다. 그분은 "여우도 굴이 있고 공중의 새들도 집이 있으나, 인자는 머리 둘 곳이 없느니라"(요 8:20)고 하셨다. 그럼에도 그분은 그 어느 누구도 하지 않은 가장 위대한 희생을 치르셨다. 자기의 삶을 드린 것이다. 그분의 희생으로 인해 지난 2천 년 동안 그분을 찾고 믿는 자에게 영원한 축복을 가져다주었고, 하나님께 큰 영광을 올린 것이다.

● 대단히 슬픈 이야기

이제 마지막 이야기를 소개하는데, 결말이 좋지 못하다. 예수님이 하나님 나라에 대해 가르치신 이 비유는 마태복음 25장 14-30절에 나와 있다.

한 부자가 먼 여행을 떠나기 전에 세 명의 종을 불러놓고 지침을 주고 있다. 그는 이윤을 기대하면서 각자에게 재산의 일부를 맡겼다. 종들은 다섯 달란트와 세 달란트와 한 달란트를 각각 받았다. 나중에 부자가 돌아왔을 때, 종들에게 결과를 보고하도록 했다. 다섯 달란트와 두 달란트를 맡았던 종은, 각각 다섯과 두 달란트를 남겼다고 보고했다. 그러자 두 종은 그 부자의 식구의 일원이 되라는 초대를 받았다.

한 달란트를 맡았던 종은, 적은 것을 받았기 때문에 두려워서 시장에 가서 이윤을 남기려 하기보다 땅에 파묻어놓고 보존하려 했다고 보고했다. 그 종은 주인에게 야단을 맞았을 뿐 아니라, 한 식구가 되지 못하고 거부당하고 말았다.

어떻게 주인이 적게 가진 "가난한" 종에게 이처럼 덜 자비를 베풀 수가 있단 말인가? 그렇게 몰인정해서 되겠는가? 왜 그런지 아래 공식을 한 번 보자.

종 + 1 달란트 × 0 (아무 일도 안함)
= 0 (제로) + 어둠 가운데 내어 쫓긴 종

모든 신자와 지역교회를 위한 교훈

위의 4가지 이야기는 모든 기독교인에게 중요한 교훈을 준다. 그런데 특히 자신의 가진 것이 자신에게조차 충분하지 않다고 믿는 사람들에게 해당한다. 어떤 교훈인가?

● 모든 신자는 하나님 나라에 투자해야 한다.

모든 사람은 자기가 가진 물질과 지위에 상관없이 가진 것을 하나님께 드리라는 부르심을 받는다. 여기에는 예외가 있을 수 없다. 가난한 사람도 마찬가지이다.

● 모든 신자는 "자신의 손안에 가진 것"을 반드시 사용해야 한다.

우리는 하나님이 요구하실 때 자신의 것을 드려야 한다. 현재의 환경을 변명해서는 안 된다. 어디에 있든지, 어떤 일을 하든지, 하나님이 요구하시면 드려야 한다.

● 그 어느 것도 너무 작다거나 너무 보잘 것 없는 것은 없다.

너무 적거나 너무 보잘 것 없다고 해서 하나님께 쓰이지 못하는 상황은 없다.

● 동기는 사랑의 순종이지, 축복이 아니다.

우리가 하나님께 드리는 동기는 그분에 대한 믿음과 사랑이다. 어떤 물질적 보상이 아니다. 하나님께서 되돌려 주시거나 예비해 주실 수도 있지만, 축복에 대한 기대 때문에 순종해서는 안 된다.

희생하는 것은 하나님의 사랑 때문이다. 사랑과 순종으로 희생하면 하나님 나라의 능력이 나타난다. 하나님은 우리를 사랑하셔서 우리가 하나님의 행하시는 일의 일부가 되길 바라신다. 그분은 홀로 일하기를 원치 않으시기 때문에 우리를 선택하셨다. 하나님은 이 깨어진 세상에 희망과 생명을 가져다주시기 위해, 각자의 역할을 감당하면서 그분께 전적으로 의지하려는 사람들을 찾고 계신다. 희생에 대한 부르심은 진실로 그분 자신이 사랑이시며 우리를 사랑하시는 하나님에게서 온다.

● 하나님은 사랑의 순종으로 드린 것을 배가시키신다.

하나님을 사랑함으로 자신의 삶을 드릴 때 하나님의 능력이 임한다. 순종으로 드리면 배가가 일어난다. 희생이 클수록, 배가의 정도도 커진다. 우리는 배가되는 것을 못 볼 수도 있다. 그러나 분명히 배가된다.

● 불순종은 위험을 초래한다.

하나님께서 우리에게 맡기신 것을 투자하지 않으면, 우리는 그것을 잃어버릴 뿐 아니라, 주인의 가족이 되지 못하고 밖으로 내쫓길 위험에 처하게 된다.

이 모든 이야기가 지역교회에게, 특히 물질과 재정이 적은 사람들에게 무엇을 가르치는가?

먼저, 하나님은 사랑의 희생으로 드리는 것을 받으시고 그분의 영광을 위해 배가시키셔서, 하나님 나라를 확장시키실 것이다.

다음, 교회가 가진 것을 자신의 유익만을 위해 붙잡고 있는 것은 위험하다. 교회 자원을 하나님의 긍휼을 보여주기 위해 희생적으로 드리면, 교인들과 외부 사람들에게 영향을 끼칠 것이다.

하나님 나라의 계산법은 사람들에게 드리는 법을 가르친다. 이런 일을 하도록 기독교인들을 가르치고 권면하지 않는다면, 하나님이 주기 원하시는 축복을 사람들로부터 빼앗는 것이다. 교회도 역시 교인들의 희생적인 드림을 따라야만 한다.

끝으로, 우리는 두려워해서는 안 된다. 다섯 달란트와 두 달란트를 받은 종은 믿음을 **"모험"**(R-I-S-K)으로 정의한 반면, 한 달란트뿐인 종은 이와는 아주 다르게 믿음을 **"두려움"**(F-E-A-R)으로 해석했다. 교회는 하나님의 사랑을 표현하는데 용기가 있어야 한다. 우리가 모험하는 것이 우리 자신의 것이 아니라, 우리에게 맡겨진 달란트라는 것을 명심하고, 하나님 나라를 위해 위험을 감수해보자. 하나님은 우리에게 그분을 영화롭게 하는데 필요한 모든 것을 주신다. 성경은 말한다.

"그의 신기한 능력으로 생명과 경건에 속한 모든 것을 우리에게 주셨으니 이는 자기의 영광과 덕으로써 우리를 부르신 이를 앎으로 말미암음이라"(벧후 1:3).

희망을 가지라. 그것은 맹목적인 희망이 아니다. 이것은 하나님께서 계획을 세우시고, 하나님께서 자녀들의 신실함을 영광스럽게 하셔서 순종적인 사랑의 희생을 배가시켜주시는 확실한 소망이다. 이것이 바로 하나님의 방법, 즉 하나님 나라의 계산법이다.

나눔 질문

1. 하나님은 가난한 자라도 무엇을 드리기를 원하실까요?

2. 하나님 나라 계산법은 무엇인가요? 사무엘상 17장의 다윗과 골리앗의 이야기를 가지고, 하나님 나라 공식을 만들어 보세요.

3. 충성된 종과 불충성한 종의 행동을 표현하는 두 가지 단어는 무엇인가요?

4. 위험을 감수하지 않을 때 어떤 위험이 있나요?

5. "당신의 손안에 가진 것" 중에 하나님께 드리기 어려운 것이 있나요? 하나님은 내가 무엇을 드리길 원하실까요? 나의 순종과 희생을 통해 하나님은 무엇을 하기 원하실까요?

6. 우리가 붙들고 있으려고 하는 것이 무엇인지 보여주시도록 하나님께 기도합시다. 하나님은 내가 그것을 그분께 드려서 하나님의 나라를 위해 배가시키길 원하십니다.

12

사랑의 훈련
(The Discipline of Love)

하나님이 창조하신 모든 것들이 하나님의 영광을 드러내지만, 하나님은 그분을 가장 풍성하게 반영하신 자신의 형상을 바로 우리 안에 두셨다! 하나님은 말씀하셨다. "우리의 형상을 따라 우리의 모양대로 우리가 사람을 만들고 그들로 바다의 물고기와 하늘의 새와 가축과 온 땅과 땅에 기는 모든 것을 다스리게 하자"(창 1:26-27). 그래서 하나님은 그분의 형상대로 사람을 만드시되, 그분의 형상을 따라 남자와 여자를 창조하셨다.

하나님의 형상대로 창조됨

하나님의 형상을 가진다는 것은 놀라운 의미를 지닌다. 우리 안에 있는 하나님의 형상 때문에, 우리는 "만물"을 회복시키는 일에 참여하게 되고(골 1:20), 교회를 통해 세상에 하나님의 모든 지혜를 알게 하는 데에 참여하게 된다(엡 3:10).

또한 우리는 우리 안에 있는 하나님 형상의 특성들을 가지게 된다. 하나님의 창조성은 우리가 뭔가 새로운 것을 만드는 능력 속에 드러나고, 미래를 꾸며나가고, 무질서와 혼돈을 질서 잡히게 하며, 하나님이 일하셨거나 일하시는 대로 일할 수 있게 된다. 우리는 언어적 능력을 갖고 있어서 말을 통해 개념과 추상적인 것을 전달할 수 있다. 우리는 관계적 존재이므로, 사람들과 자연과 일과 의도적이고도 목적 있는 상호관계를 만들어나갈 줄도 안다. 우리는 동물과 사물들이 갖지 못한 도덕적 선택 능력도 있고, 건설적이고 파괴적인 것, 아름다움과 추함을 분별하여 선택할 능력도 있다. 그리고 타인의 유익을 위해 의도적으로 행동할 수 있는 능력도 있으며, 희생적인 섬김의 도를 실천할 수 있다.

섬김의 도는 하나님의 형상에서 가장 중요한 표지이다. 왜 그런가? 이것이 없다면 다른 속성들은 부패할 수 있기 때문이다. 세상에서 이런 예들은 얼마든지 있다. 즉, 창조적 능력은 원자폭탄을 만드는 데 사용되었다. 언어적 능력으로 포르노그래피를 만들었고, 관계는 독재적으로 변해버리기도 했다. 도덕적 선택 능력은 인종 청소와 부분적 낙태를 정당화하는데 사용되어져 왔다.

섬김의 도를 위해 창조됨

● 왜곡된 하나님의 형상

하나님은 사람들이 그분에게서 부여받은 속성들을 섬김의 현장에서 사용하도록 의도하셨다. 하지만 아담과 하와가 최초의 거짓말을 믿어왔던 때로부터 사람들은 하나님 형상의 속성들을 이기적 욕심으로 바꿔버렸고, 하나님의 형상을 왜곡시켜 버렸다.

로마서 1장 22-32절은 사람들이 영원한 하나님의 형상을 부패한 형상으로 바꿔버렸을 때, 어떤 일이 일어나는지를 회화적으로 묘사하고 있다. 즉, 우리 사회에 성적 불순결이 만연하고 창조주 대신에 피조물을 경배하게 된다. 사람들은 시기, 살인, 분쟁, 사기, 악독, 수군거림,

비방으로 빠지게 된다. 계속해서 하나님이 미워하시는 자들이 되고, 능욕, 교만, 자랑, 악을 도모함, 부모 거역을 하게 된다. 또한 우매하고 배약하고 무정하고 무자비하게 된다. 그리고 하나님의 의도하시는 대로 더 선한 삶을 살기 위해 서로 돕기보다 오히려 악을 행하는 자를 인정하기까지 한다. 사람들은 어리석게 되어버렸다.

● 예수님과 교회를 통해 드러난 하나님의 형상

구약에서는, 하나님의 형상을 가진다는 것이 무엇을 의미하는지 충분히 이해할 수 없었다. 특히 사랑의 희생적인 섬김의 속성에 대해서 그러했다. 그렇지만, 신약에서는 하나님께서 하나님의 형상을 두 가지 방법으로, 즉 예수님과 교회 안에서 분명하게 드러내 보이셨다.

약속의 때를 따라, 하나님은 하나님의 완전하고 온전한 형상이신 아들을 이 땅에 보내셨다. 사람들은 처음으로 하나님이 누구신지 제대로 볼(see) 수 있었다. 사람들은 신성(divinity)을 볼 수 있었을 뿐 아니라, 하나님이 의도하신 인성(humanity)도 볼 수 있었다. 이 인성은 하나님의 형상대로 지음받았다는 것이 무엇을 뜻하는지를 완전하게 보여주는 모범이다. 이제 우리가 예수님을 바라볼 때, 하나님 형상의 가장 중요한 속성을 보게 된다. 완전한 영성, 육체적 힘, 바리새인보다 뛰어난 지혜, 목적 있는 관계 맺는 기술 등 이 모든 것을 능가하는 무언가를 보게 된다. 이것은 바로 섬김의 도로서, 예수님 안에서 가장 중요한 하나님의 형상이다. 예수님 자신은 하나님의 목적인 섬김을 이렇게 묘사하셨다.

"인자가 온 것은 섬김을 받으려 함이 아니라, 도리어 섬기려 하고 자기 목숨을 많은 사람의 대속물로 주려 함이니라"(마 20:28).

그리고 바울이 예수님의 섬김의 도에 대해 가장 강조한 것을 생각해 보자.

"그(예수님)는 근본 하나님의 본체시나 하나님과 동등됨을 취할 것으로 여기지 아니하시고 오히려 자기를 비워 종의 형체를 가지사 사람들과 같이 되셨고 사람의 모양으로 나타나사 자기를 낮추시고 죽기까지 복종하셨으니 곧 십자가에 죽으심이라"(빌 2:6-8).

하나님은 종이시고, 예수님은 그러한 섬김의 도를 본받으신 것이다! 위의 구절 다음을 보면, 예수님이 하나님 형상의 최고의 표현, 즉 자발적이고 희생적인 섬김의 도를 온전히 드러내셨을 때, 하나님이 예수님을 높이신 것을 보게 된다.

"이러므로 하나님이 그를 지극히 높여 모든 이름 위에 뛰어난 이름을 주사 하늘에 있는 자들과 땅에 있는 자들과 땅 아래에 있는 자들로 모든 무릎을 예수의 이름에 꿇게 하시고 모든 입으로 예수 그리스도를 주라 시인하여 하나님 아버지께 영광을 돌리게 하셨느니라"(빌 2:9-11).

섬김의 도는 다른 구절들에서도 역시 볼 수 있다. 하나님은 이스라엘 백성들에게 말씀하시길 억눌린 자들을 희생적으로 섬기는 것을 기뻐하신다고 하셨다(사 58장). 예수님은 제자들에게 하나님 나라의 백성이 가진 뛰어난 표지는 섬김이라고 가르치셨다. 즉, 배고픈 자를 먹이고, 헐벗은 자를 입히고, 병든 자와 갇힌 자를 돌아보는 것이다(마 25장). 순수하고 온전한 경건은 보호가 필요한 고아와 과부를 돌보는 것으로 요약하여 정의할 수 있다(약 2:17). 또 다른 구절에서 예수님은 이웃을 내 몸같이 사랑하고 섬기는 것이 우선이라고 강조하셨다(막 12:31).

그래서 하나님은 그분의 자녀들이 섬김의 도를 포함하여 그분의 아들의 형상을 본받으라고 요청하신다(롬 8:29). 오직 종이 되어야만 하나님이 우리에게 주신 역할을 완수하게 된다. 하나님의 형상으로 지어진 우리는 또한 희생적으로 섬기기 위해 지음받았다. 예수님이 하신 대로 우리가 희생적으로 섬길 때, 우리는 하나님의 형상을 가장 충만하게 갖게 되는 것이다. 그리고 우리가 하나님의 형상과 영광스런 성품을 드러낼 때, 하나님이 영광스럽게 되신다.

하나님은 또한 교회 안에서 그분의 형상을 드러내셨다. 교회는 하나님의 충만함을 나타낸다.

"교회는 그의 몸이니 만물 안에서 만물을 충만하게 하시는 이의 충만함이니라"(엡 1:22-23).

● 섬김과 사랑

많은 기독교인들, 특히 경제적 및 정치적으로 불이익을 받는 사람들이나 역사적으로 착취당한 사람들은 종종 종이 되어야 한다는 개념에 대해 상처를 받는다. 그들의 처지에서 보면, 섬김의 도란 무시당하고 강압적인 것이다. 그것은 힘 있는 자들에 의해 억지로 당하게 된 노예 상태일 수도 있다. 그러나 이것은 성경이 말하는 자발적이고 희생적인 섬김이 아니다. 이것은 하나님의 자녀가 가진 천부적 권리인 하나님의 형상과도 맞지 않다.

하나님은 섬김 자체만을 위해 섬기라고 명령하시지 않는데, 이는 섬김이 하나님의 가장 위대한 속성인 사랑 때문에 행하는 것이며, 또한 하나님의 속성인 사랑을 드러내는 것이기 때문이다. 사실상 요한은 사랑한다고 말은 하면서 가난한 형제를 돕지 않는다면 그것이 어떻게 하나님의 사랑일 수 있느냐고 질문한다(요일 3:17). 하나님은 우리가 하나님의 사랑으로 충만해져서, 주위 사람들로 하여금 우리가 그들에게 행하는 사랑이 하나님의 사랑임을 알게 되기를 원하신다. 성경은 하나님에 대한 우리의 사랑을 입증하는 핵심적인 방법은 다른 사람을 사랑하는 것임을 보여준다(눅 10장, 사 58장, 약 1장 및 2장, 요일 3장). 우리는 그리스도의 몸인 우리를 삶을 변화시키는 하나님의 능력의 통로가 되는 일차적인 도구로 삼으신 하나님의 계획을 항상 인식해야 한다!

● 성령의 내주하심

사랑의 희생적인 섬김의 도는 아마 하나님의 형상 중에 표현하기가 가장 힘든 성품일 것이다. 왜 그럴까? 그리스도처럼 남을 섬기는 것은 우리의 권리와 지위를 포기하는 것이기 때문이다. 이것은 다른 사람을 위해 우리 자신을 부인하는 것을 뜻한다. 그래서 예수님이 섬기신 것처럼 섬기는 것은 성령의 내주하심이 없이는 불가능하다. 하지만, 그분이 섬기신 것처럼 섬기는 것은 가능하다. 가능할 뿐만 아니라, 섬김의 실천은 하나님이 우리를 하나님의 형상대로 지으셨을 때 의도하셨던 것을 성취하는 것이다.

교회는 성도들이 섬김의 도를 성경적으로 이해하도록 도와야 한다. 만약 우리가 성경이 뜻하는 대로 종이 되지 못했다면 무엇을 해야만 하겠는가? 우리가 우리의 유익만을 위해 섬겼다면, 이제 다른 길로 걸음을 바꿔야 한다. 즉, 다른 사람의 유익을 위해 섬기는 것으로. 성경이 말하는 섬김의 도는 내주하시는 그리스도가 없이는 불가능하다. 그러나 하나님의 영을 통해 가능하다. 바울은 그의 독자에게 하나님과 인간이 함께 동역하여 하나님의 목적을 성취한다는 것을 상기시킨다.

“항상 복종하여 두렵고 떨림으로 너희 구원을 이루라 너희 안에서 행하시는 이는 하나님이시니 자기의 기쁘신 뜻을 위하여 너희에게 소원을 두고 행하게 하시나니”(빌 2:12하-13).

훈련과 실천

만약 이 모든 것이 사실이라면, 이러한 하나님의 형상을 어떻게 비추어야 할까? 한 가지 방법은 하나님께서 우리 안에 두신 것을 개발하는 것이다. 그리스도와 같은 성품을 개발하는 것은 분명히 새로운 습관과 기술이 요구된다.

새로운 습관과 기술을 개발하기 위해 우리는 훈련을 받아야 한다. 왜 훈련을 받아야 하는가? 전문적인 운동선수가 되려면 엄격한 훈련 시간표와 끊임없는 연습 시간을 통해 자신을 단련해야 한다. 학급에서 최상위가 되고 싶거나 최고의 직업을 얻으려면 수년간 열심히 공부하면서 자신을 연단시켜야 한다. 궁극적으로, 사람들은 그들이 원하는 결과가 그들에게 매우 중요하기 때문에 새로운 훈련에 자신들을 복종시킨다.

이와 같이 단련과 훈련은 경건에서 자라는 데 필수적이다. 바울은 그의 젊은 생도인 디모데에게 영적 연습을 하라고 권면한다.

“육체의 연단은 약간의 유익이 있으나 경건은 범사에 유익하니 금생과 내생에 약속이 있느니라”(딤전 4:8).

단련은 희생과 노력이 요구되지만, 유익한 것이다! 그것은 섬기는 자들에게 유익하며, 동시에 하나님이 우리를 창조하신 본연의 모습에 더욱 다가가게 해준다.

사랑의 훈련

이제 하나님의 형상 중에 섬김의 도를 더욱 닮을 수 있도록 단련하는 것을 도와줄 연습에 대해 제시하고자 한다. 이 연습은 사랑의 훈련으로 영적인 단련이다. 이것은 그리스도의 제자들이 다른 사람을 도움으로 하나님의 사랑을 입증할 수 있게끔 고안된 것이다. 말하자면, 이것은 우리가 섬길 수 있도록 훈련시킨다! 다른 종류의 영적 훈련, 즉 기도, 성경 읽기, 묵상, 암송, 금식 같은 것은 수직적 관계를 강조하여 제자들과 주님과의 관계를 강화시킨다. 대신 사랑의 훈련은 수평적 관계를 강조하는 것으로 우리 안에 계신 그리스도로 인해 우리 안에 녹아 있는 하나님의 사랑을 다른 사람들에게 외부로 표현하는 것이다.

● 사랑의 훈련은 본질적으로 간단하다.

이 훈련을 사용하는 사람들은 기도하면서 섬길 기회를 찾는다. 그러다가 실제로 섬긴다! 이 훈련은 하나님에 대한 헌신과 긴밀한 관계를 필요로 하기 때문에, 하나님의 능력이 우리를 통해서 역사하게 된다. 개념은 간단하지만, 이 훈련을 실천하면 우리의 삶이 변화된다.

● 사랑의 훈련은 매우 실제적이다.

이것은 신자들이 개인적으로 그들이 사는 세계(가정, 교회, 지역사회) 안에서, 하나님의 4가지 관심 영역(지혜, 신체적, 영적, 사회적)에서 그리스도의 종된 성품을 드러낼 수 있도록 도와준다.

하나님의 사랑과 그분의 의도는 우리가 서로 다른 현장과 삶의 영역에서 다른 사람을 섬길 때 나타난다. 이 훈련을 통해 우리가 가장 자주 섬기는 사람들은 우리가 알고 있고 매일 생활 가운데 일상적으로 만나는 사람들이다. 즉 가정, 교회, 직장, 학교, 동네에서 만나는 이들이다. 그들에 대한 섬김은 매우 단순하다. 여기에는 큰돈이나 시간, 재능, 인격, 전문성 등이 별로 필요하지 않다. 단지 희생적으로 그들을 섬김으로 그리스도의 형상을 드러내는 것이다. 종된 신자들(servant-believers)이 하나씩 그들 주위의 현장에서 만들어 낼 수 있는 영향에 대해 생각해보라. 그런 다음, 순종적인 사랑을 베푸는 수많은 신자들이 그들이 삶의 여정 가운데서 하나님이 보내주신 사람들을 섬길 때 만들어 낼 수 있는 영향에 대해 상상해보라!

● 사랑의 훈련은 성장을 경험하게 한다.

사랑의 훈련을 실천하는 사람들은 다른 사람의 필요에 민감하다. 그들은 폭넓고 균형 잡힌 방법으로 다른 사람들의 필요에 순종적으로 반응하는 법을 배운다. 그들은 섬김에 있어서 매우 창조적이다. 그들은 우리의 사랑의 근원 되신 하나님께로 의도적으로 지향하게 하는 능력을 발휘한다. 그들은 사랑으로 섬기는 라이프스타일을 발전시킨다. 그리고 가장 중요한 것은 하나님과의 친밀감이 더욱더 커지는 것을 경험한다.

사랑의 훈련 연습

사랑의 훈련 연습은 도표를 사용하여 가정, 동료 신자, 비기독교인 '이웃'에 대한 작은 섬김의 표현을 기록한다. 이 도표는 섬김을 위한 광범위한 기회를 제공한다. 그 후에 각 섬김을 짤막한 일지에 기록하는데, 이렇게 하면 우리의 섬김을 기도하면서 성찰해 볼 수 있고 멘토나 소그룹에 대한 보고책임을 다 할 수 있다.

기도하기는 하나님께서 사랑의 훈련을 사용하시고 우리를 도우셔서 우리와 우리가 양육하는 사람들이 더욱 그리스도를 닮아가기를 바라며, 하나님의 사랑하시고 희생적이고 자발적인 섬김을 더욱더 드러내길 바란다. 또한 하나님께서 우리의 능력을 높이셔서 우리가 관계하는 세계 속에서 필요가 있는 사람들을 찾아서 도와주고, 하나님의 형상을 드러내는 섬김의 삶을 더욱더 개발하기를 바란다.

우리 안에 있는 하나님의 능력과 풍성한 사랑으로 다른 사람들을 사랑하고, 위대한 계명-우리의 모든 마음과 목숨을 다하여 하나님을 사랑하고 우리 이웃을 내 몸과 같이 사랑하라(마 22:36-38)-에 순종할 때, 하나님 아버지와 더욱 친밀해지기를 기도한다. 그리고 우리가 섬기는 사람들이 우리 안에 있는 하나님의 형상을 통해, 하나님과 그분의 사랑을 새롭게 이해하고 더 완전하게 이해할 수 있기를 기도한다.

<사랑의 훈련 도표 예>

필요 영역 → / 섬김의 현장 ↓	지 혜	신체적	영 적	사회적
가 정	1. 5월 2일 이번 가정예배 때 잠언 한 구절을 두고 어떻게 적용할지 의논한다.	2. 5월 10일 이 주간에 3번 저녁 식사 후 설거지한다.	3. 5월 16일 이 주간에 아이들이 돌아가며 가정 기도를 인도하게 한다.	4. 5월 27일 아이들 없이 부부끼리 데이트한다.
교 회	5. 6월 3일 지난 주간 설교를 이번 주간에 적용한다.	6. 6월 10일 이 주간에 교회 사무실 봉사를 자원해서 한다.	7. 6월 17일 이 주간 매일 15분씩 목사님과 장로님을 위해 기도한다.	8. 6월 24일 결손가정의 자녀 한 명을 데리고 소풍 간다.
지역사회	9. 7월 1일 지역사회 지도자 한 사람을 만나 지역사회의 필요와 도울 방법을 묻는다.	10. 7월 9일 이번 주간 매일 동네 거리를 지날 때 쓰레기를 줍는다.	11. 7월 16일 이웃에게 내가 기도해 줄 수 있는 필요가 무엇인지 묻고 기도한다.	12. 7월 25일 파출소에 빵과 감사 메모를 적어서 방문한다.

나눔 질문

1. 하나님은 하나님의 자녀들이 그리스도를 닮기를 원하십니다(롬 8:29 참조). 우리는 이러한 사실에 어떻게 응답하고 있나요?

2. 그리스도를 닮는 데 있어 우리의 역할은 무엇인가요? (빌 2:12하, 딤후 4:2, 요 15:4-5 참조)

3. 우리가 그리스도를 닮는 데 있어 하나님의 역할은 무엇인가요? (빌 2:13, 엡 3:20 참조)

4. 하나님께서는 우리가 하나님의 형상 중의 어떤 부분을 가장 닮기를 원하시나요? (빌 2:5-8, 마 20:28 참조)

나눔 질문

5. 사랑의 훈련 도표를 작성하여 매주 한 가지씩 실천해 보세요.

필요 영역 → 섬김의 현장 ↓	지 혜	신체적	영 적	사회적
가 정	1.	2.	3.	4.
교 회	5.	6.	7.	8.
지역사회	9.	10.	11.	12

13

겨자씨와 겨자씨 프로젝트
(Seeds and Seed Projects)

씨앗은 성경에서 예수님이 사용하신 회화적 단어 중의 하나로서, 섬김에 있어서 대단한 의미를 가지고 있다. 실제로 우리는 "겨자씨 프로젝트"라고 부르는 것을 고안했는데, 이것은 씨앗을 통해 배우는 중요한 두 가지 원리에 근거한 것이다.

겨자씨 프로젝트의 원리

- 원리 1: 겨자씨는 섬김에 있어서 대단한 의미를 가지고 있다. 특히 씨앗은 희생을 예시해준다. 첫째로 가장 중요한 원리는 예수님이 자신의 죽음을 예견하신 데에서 온다.

"내가 진실로 진실로 너희에게 이르노니 한 알의 밀이 땅에 떨어져 죽지 아니하면 한 알 그대로 있고 죽으면 많은 열매를 맺느니라"(요 12:24).

씨앗은 희생을 예시한다. 씨앗은 뭔가를 위해 창조된 그대로 이루기 위해, 즉 열매를 맺기 위해 죽는다. 이것은 작지만, 죽을 때, 크게 배가 된다.

이에 관해 좋은 예는 인도에서 있었던 일인데, 밥(Bob Moffitt)이 컨퍼런스에서 한 목회자 그룹에게 강의할 때였다. 참석자 중 한 사람은 매우 가난한 시골 지역에서 왔는데, 그와 교회 신자들은 억눌린 채 살아가는 소수민족이었다. 그는 그의 교회가 사람들을 위해 하나님의 사랑을 실천해야 한다는 것을 알았다. 컨퍼런스가 끝난 후, 그는 집으로 돌아가서 교회의 여성도들에게 그들의 힌두교인 이웃들이 어떤 필요가 있는지 알아보도록 했다. 다음 주일에, 여성도들은 몇몇 힌두교인 이웃들이 싸리(겉옷)가 한 벌밖에 없다고 보고했다. 그때가 여름이라 매우 덥고 습했기 때문에 여인들은 날마다 힘든 노동을 하고 나면 싸리를 빨아야 했다. 그런데 싸리가 한 벌밖에 없는 여인들은 옷을 밖에서 말리는 동안 집안에만 있어야 했다. 목사는 교인들 중에 싸리를 세 벌 가진 여성이 얼마나 있는지 묻고는, 한 벌을 이웃 힌두교 여성에게 기꺼이 줄 수 있는지 물었다. 그랬더니 여러 사람들이 손을 들었다. 다음 날 아침, 여성도들이 도움이 필요한 이웃을 방문해 싸리를 나눠주었다. 힌두교 여인들은 깊이 감동을 받았다. 어떤 여인들은 그들의 태아를 위해 하나님에게 기도해 달라고 부탁하기도 했다. 이런 희생이 힌두교 지역사회에 영향을 주었다. 그리고 교인들은 그들이 생각한 만큼 그들이 그다지 무력하지 않다는 것을 깨닫게 되었다.

그런데 만약 어떤 기독교 NGO가 그 마을에 찾아가서 싸리를 공짜로 모든 주민에게 나눠줬다면 어떤 영향을 미칠 수 있을까? 그들은 더 큰 선물을 줄 수도 있고 신체적 필요도 더 많이 채워줄 수 있을 것이다. 그러나 그렇게 NGO가 주는 영향이 과연 교회 여성도들이 희생적으로 내놓은 몇 벌의 싸리가 준 영향만큼 될까 하는 의문이 생긴다. 교회 성도들이 보여준 것은 진정한 희생이다. 작은 씨앗은 희생을 담을 때 대단한 영향을 발휘한다. 우리가 하나님의 사랑을 희생적으로 나타낼 때, 남는 것으로 섬기는 것보다 훨씬 더 큰 영향을 끼칠 것이라고 확신한다. "한 알의 밀(씨앗)이 땅에 떨어져 죽지 않으면…"에서 보듯이 실제로 섬김의 영향은 희생과 가장 자주 비례한다. 즉, 희생이 적을수록 영향도 적다. 반면 희생이 클수록 하나님 나라의 영향도 크다.

• **원리 2:** 추수를 가져다주시는 분은 하나님이시다. 우리가 순종함으로 씨앗을 심으면, 열매를 맺게 하시는 분은 하나님이시다. 예수님은 우리의 섬김이 주는 영향은, 우리의 공로로 돌릴 수 있는 것이 아님을 상기시켜 주신다.

"내가 너희로 노력하지 아니한 것을 거두러 보내었노니 다른 사람들은 노력하였고 너희는 그들이 노력한 것에 참여하였느니라"(요 4:38).

하나님은 우리가 사역하는 사람들의 마음속에서 이미 일하고 계신다. 하나님 나라의 영향이 끼쳐질 때마다, 그 공로는 우리가 아닌 하나님께 속해 있다.

사도 바울은 이렇게 썼다.

"그런즉 심는 이나 물주는 이는 아무것도 아니로되 오직 자라게 하시는 이는 하나님뿐이니라"(고전 3:6-8).

우리의 섬김의 목적은 그리스도의 통치가 확장되는 것이며, 이는 뜻이 하늘에서 이루어진 것같이 땅에서도 이루어지게 하는 것이다. 목표는 하나님 나라의 확장이며, 단지 수적인 교회 성장이 아니다.

이러한 원리에 의거하여, 우리는 지역사회에서 하나님의 사랑을 입증할 수 있는 한 가지 방법인 겨자씨 프로젝트를 구상했다. 겨자씨 프로젝트는 교회 내의 소그룹에 의해 행해진다. 즉, 가정, 구역예배 모임, 셀그룹, 성경공부그룹, 주일학교반 등이 여기 속한다(만약 개인별로 하나님의 사랑을 조그맣게 실천하는 경우, 우리는 이것을 "사랑의 훈련"이라고 부르는데 이것은 다른 강의에서 다룬다).

겨자씨 프로젝트의 정의와 목적

겨자씨 프로젝트란 성도들이 하는 작은, 단기적 사역이다. 이것은 지역의 자원을 가지고 신앙공동체 밖에 있는 사람들에게 하나님의 사랑을 보여주는 것이다.

겨자씨 프로젝트는 단순하고 효과적이며 증명된 도구로서 지역교회가 교회 밖의 사람들에게 하나님의 사랑을 표현하는 일을 시작할 수 있도록 돕는다. 또한 지역교회가 복음을 행동으로 선포할 수 있게 해준다.

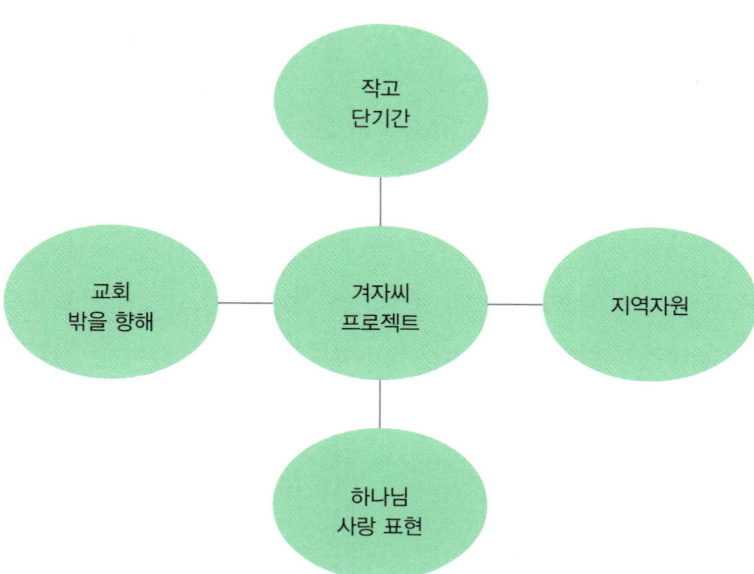

겨자씨 프로젝트의 유익

겨자씨 프로젝트의 이점은 매우 많다. 그러나 지난 20년간 겨자씨 프로젝트를 시행하면서 적어도 3가지가 가장 중요한 것으로 나타났다.

- **전인적 전도:** 겨자씨 프로젝트를 시행하는 교회는 이처럼 간단하고 일관된 하나님의 사랑의 표현이 사람들을 하나님 나라로 인도하는 능력이 있다는 것을 볼 수 있다. 많은 교회는 말씀 선포를 통한 전도의 경험이 많다. 그런데 이러한 전도가 가진 문제점 중의 하나는 종종 성육신으로 오신 하나님의 사랑과 분리되어 있다는 것이다. 성경적 모델은 우리와 관계가 있는 사람들이 하나님의 사랑을 보고 복음이 선포하는 내용을 받아들이는 방식으로 살아가는 것이다.

- **의존으로부터의 자유:** 우리와 동역해온 개발 도상 국가의 많은 교회는 대부분 물질적으로 가난했다. 그러기에 그들이 생각하던 신체적 및 사회적 필요를 채우는 사역은, 지역사회의 외부에서 들어오는 자금을 가지고 큰 규모의 프로젝트를 운영하는 것이었다. 겨자씨 프로젝트는 이런 교회들로 하여금 하나님이 지역 자원을 활용한, 작지만, 강력하고 지속적인 방식을 사용하시는 것을 볼 수 있도록 도와주었다. 그리하여 외부 자원에 의존하지 않고도 지역사회를 효과적으로 섬길 수 있게 되었다.

- **경험과 자신감:** 수천 개의 겨자씨 프로젝트가 시행된 후에, 우리는 이와 같은 작고, 지역 자원을 활용한 활동이 얼마나 더 크나큰 활동을 위한 경험과 자신감을 쌓게 했는지 놀라움을 금치 못했다.

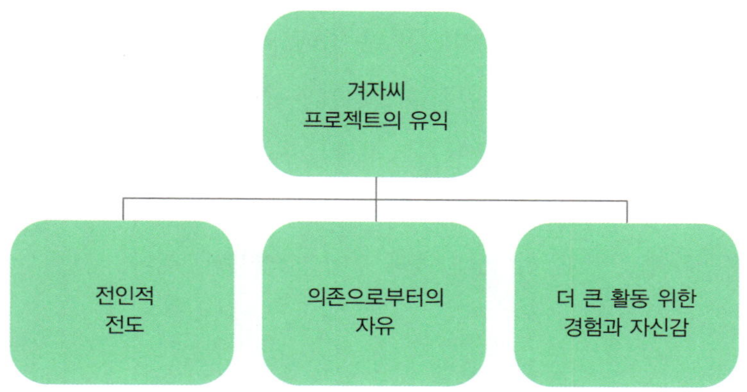

겨자씨 프로젝트 특징

수년간에 걸쳐 우리는 어떤 요소들이 겨자씨 프로젝트를 효과적으로 만들었는지를 평가해왔다. 10가지 정도의 특징이 지역사회에서 전인적 전도의 효과를 거두게 하는 것으로 드러났다. 이러한 특징은 겨자씨 프로젝트를 계획하고 실행하는 데 소중한 지침이 된다. 이것은 엄격한 규칙은 아니지만, 대부분의 겨자씨 프로젝트가 따라야 할 특징이다. 겨자씨 프로젝트를 훈련할 때, 우리가 제시한 지침대로 따르고 있는지 검토해 보라. 이러한 특징은 다음과 같다.

● 겨자씨 프로젝트는 하나님의 의도에 의해 동기가 부여되어야 한다.

기독교인들은 종종 인간적 긍휼에 의해 인간의 능력으로 선행을 실천하는 함정에 빠진다. 전통적인 프로젝트들은 종종 어떤 필요를 보고, 느끼고, 현지 주민의 말을 듣고, 조사하고, 그리고 이 필요를 채울 수 있는 외부의 가용한 자원이 있으면 사업을 실행한다. 그러나 기독교인의 사역은 이와는 달라야 한다. 물론 기독교인은 긍휼의 사람이 되어야 한다. 하지만 우리의 가장 강력한 동기는 사람을 위한 하나님의 의도를 드러내는 것이어야 한다. 겨자씨 프로젝트는 기도와 성경 연구와 지역사회와의 유대관계를 통해, 하나님의 뜻을 찾아 선택하는 것이다.

● 겨자씨 프로젝트는 기도로 진행해야 한다.

기도할 때 성령님의 도움으로 필요를 깨닫게 되고, 하나님의 인도를 받으며, 프로젝트를 실행할 동력이 생겨난다. 겨자씨 프로젝트는 예수님의 명령에 의식적으로 반응하며 실행한다. 이것은 그리스도의 영의 능력에 의해 진행되어야 한다. 그리고 그 능력은 오직 기도의 힘으로 우리가 섬김을 시작하고 수행할 때 임하게 된다.

● 겨자씨 프로젝트는 반드시 간단하고 단기적이며, 작고 복잡하지 않아야 한다.

겨자씨 프로젝트 자체는 하루 아니면 이틀 넘게 걸리지 않아야 한다. 반면 계획하고 준비하는 데에는 시간이 더 많이 걸릴 수 있다. 겨자씨 프로젝트는 다음과 같은 독특한 이점을 갖고 있다.

– 하나님이 작은 일에 충성한 것을 영광스럽게 하시고 배가시키신다.
– 작은 프로젝트를 시도하고 완수할 때 믿음과 능력이 자란다.
– 작은 프로젝트는 사람들이 실패하면서 배우게 하고 또다시 시행할 수 있게 해준다.
– 작은 프로젝트라도 여러 개를 함께 실행하면 지역사회에 큰 영향을 줄 수 있다.
– 작은 프로젝트는 더 큰 활동을 위한 경험을 쌓게 해준다.

● 겨자씨 프로젝트는 잘 계획해야 한다.

예수님은 망대를 쌓기 위해 "예산을 세우는 것"에 대해 말씀하셨는데, 이는 성공적인 프로젝트를 위한 정상적인 활동의 일환으로 계획하는 것에 대해 지적하신 것이었다. 계획 단계는 준비, 기도, 작성, 실행, 평가로 이뤄진다. 계획 도구는 다음 강의인 "겨자씨 프로젝트 계획 및 보고"에서 다루기로 하겠다.

● 겨자씨 프로젝트는 지역 자원으로 실행해야 한다.

많은 개발 계획들은 외부 자원이 있어야 완수할 수 있는 프로젝트들을 위한 것이다. 외부 자원은 도움이 되지만, 자원을 공급하는 적절한 시점과 조건이 관건이다. 만약 현지 교회가 외부 자원을 사용하기 전에, 그들 자신의 자원을 그들의 사역에 희생적으로 투자하는 것을 배우지 못한다면, 현지인의 무력감은 더욱 심해져서, 현지인이 주도권을 발휘하기는 더욱 어려워질 것이다. 외부 자원은 다음과 같은 조건이 마련될 경우 가장 잘 활용될 수 있다.

- 지역 사람들이 그들이 가진 자원을 희생적으로 사용하려는 자발적인 자세를 보여주었다.
- 외부 자원은 지역 자원을 위한 대체물이 아니다.
- 외부 자원은 지역 자원에 추가하는 정도가 아니라 지역 자원을 배가시키는 기능을 한다.
- 사람들은 궁극적으로 하나님이 자원을 제공하신다는 것을 알고 있다.

● 겨자씨 프로젝트는 조작적으로 하지 않는다.

겨자씨 프로젝트는 깨어진 세상에 대한 하나님의 긍휼의 마음을 반영하는 것이다. 이것은 회심이나 영혼을 얻기 위한 수단이 아니다. 겨자씨 프로젝트는 우리에게 사람들의 반응과는 관계없이, 우리 이웃을 조건 없이 사랑하는 예수님의 명령에 순종하는 기회를 준다. 물론 우리는 잃어버린 영혼들이 예수님에게 돌아오고 그 결과 우리 교회가 성장하는 것을 보고 싶은 간절한 소원을 갖고 있다. 그렇지만 회심과 교회 성장이 순종의 핵심적 동기라면, 우리의 섬기려는 노력은 조작적이 되어버린다. 예수님은 결코 사람들을 조작하지 않으셨다. 그분은 사람들의 신체적 필요를 다루는 것이 아버지의 마음을 표현하고 그분을 영광스럽게 하기 때문에 사람들을 고치셨다. 고침을 받은 어떤 사람들은 예수님을 주로 인정했고, 다른 사람들은 그렇게 하지 않았지만, 예수님은 어떤 영적 반응이 없을 것을 알고 계셨을 때에라도 치유 사역을 멈추지 않으셨다. 예수님은 열 명의 나환자 중 한 명밖에 돌아오지 않을 것을 아셨지만, 열 명 모두를 낫게 해주셨다.

● **겨자씨 프로젝트는 교회 밖의 사람들을 향해 실시한다.**

교인들의 필요를 채우는 일도 좋은 것이고 필수적이지만, 겨자씨 프로젝트는 교회가 교회 밖의 사람들에게 하나님의 사랑을 실천할 수 있도록 디자인되었다. 우리는 교회 안에서와 마찬가지로 세상에서도 빛과 소금이다. 우리는 우리 자신처럼 우리 이웃을 사랑하라는 예수님의 명령에 순종하려고 하기 때문에 지역사회 주민을 섬기는 것이다.

● **겨자씨 프로젝트를 통해 혜택을 받는 사람들도 겨자씨 프로젝트에 참여해야 한다.**

도움을 받는 사람들이 겨자씨 프로젝트의 계획과 실행 과정에 참여할 때, 그들도 그들의 치유에 참여한다는 긍지를 갖게 될 것이다. 참여할 능력이 있는 사람들을 참여시키지 않고 뭔가를 해주기만 한다는 것은 온정주의(paternalism)이다. 사실 사람들이 어떤 문제에 대해 갖고 있는 일차적 지식과 관심을 활용하지 않는 것은 그다지 지혜롭지 못하다. 혜택을 받을 사람들이 사역 프로젝트에 참여하게 되면, 강한 주인의식을 갖게 되고, 그들이 사역을 더욱더 활용하고 유지하고 개선해 나갈 수도 있을 것이다

● **모든 겨자씨 프로젝트가 일차적인 영향을 미치는 영역이 있지만, 겨자씨 프로젝트는 각 영역마다 영향을 주는 계획을 세움으로써 의도적으로 전인적이 되도록 한다.**

만약 겨자씨 프로젝트의 성격이 전인적이 아니라 사회적 혹은 신체적인 것인 경우, 활동이 너무 기계적으로 되어버려서 영적인 영역이나 다

른 영역은 놓쳐버리게 된다. 이건 무심코 하는 것이지, 의도적으로 하는 게 아니다. 그래서 각 겨자씨 프로젝트에서, 각 영역(전인적 영역)이 모두 포함되었는지를 확인하고 의도적으로 전체 계획 속에 포함시키는 것이 필수적이다.

● **겨자씨 프로젝트는 하나님께 영광을 돌려야 하며, 그렇게 함으로써 하나님께서 찬양을 받으신다.**

신중한 계획이 중요한 것과 똑같이 하나님 나라 기준에 의한 신중한 평가도 중요하다. 평가 도구는 다음 강의인 "겨자씨 프로젝트 계획 및 보고"에 나와 있다. 일차적 평가 기준은 누구에게 공로를 돌리는가 하는 것이다. 프로젝트를 실시하는 사람인가 아니면 하나님인가? 당연히 우리 이웃을 사랑하도록 우리를 부르신 분, 하나님이시다.

장기적 효과를 위한 3가지 원리

교회에서 처음으로 겨자씨 프로젝트를 실행할 때 한 가지 영역만 해보는 것은 깨어진 세상에서 하나님의 사랑을 보여줄 수 있는 좋은 방법이다. 그러나 아래 3가지 원리를 따르면 한 지역사회에서 가장 큰 영향을 끼칠 수 있다.

● 겨자씨 프로젝트는 균형적이어야 한다(balanced).

겨자씨 프로젝트는 인간의 모든 영역의 필요를 위한 하나님의 관심을 표현할 수 있도록 디자인해야 한다. 이러한 섬김에 있어 우리가 사용하는 패러다임은 누가복음 2장 52절이다. 이 구절에서 4가지 범주는 지혜, 신체적, 영적, 사회적이다. 4가지 범주의 예를 들면 다음과 같다.

지혜	교인들이 공립학교에서 마약 예방에 대한 강의를 담당했다. 그러자 같은 학교에서 다른 강의도 해달라는 초청을 받았다.
신체적	25명의 교인들이 지역 주민들과 함께 공립학교의 화장실, 전기 배선, 책상, 하수구 등을 수리했다.
영적	교회가 마을을 대상으로 다양한 방식으로 전도를 시행했다.
사회적	교회가 동네 농구장을 수리하고 농구 시합을 개최했다. 그 결과 서로 대립했던 두 청소년 그룹이 화해하게 되었다.

● 겨자씨 프로젝트는 집중적이어야 한다(focused).

동일한 사람이 전 영역에서 자기를 위한 하나님의 관심을 볼 수 있어야 한다. 한 교회가 다음과 같이 사역을 한다고 생각해 보자. 한 지역사회에서는 신체적 필요를 채워주고, 두 번째 지역사회에서는 영적 필요를, 세 번째 지역사회에서는 사회적 필요를, 네 번째 지역사회에 가서는 성경적 지혜의 필요를 채워주는 식이다. 이처럼 교회는 다양한 지역에서 균형적인 사역을 하고 있지만, 사역의 수혜자들은 단지 한 영역에서만 하나님의 관심이 나타나는 것을 볼 뿐이다. 그러나 집중적인 사역은 같은 사람들에게 모든 영역의 필요에 대한 하나님의 관심을 보여준다.

● 겨자씨 프로젝트는 지속적이어야 한다(ongoing).

일 년에 한두 번 정도 사랑을 표현하는 것으로는 부족하다. 하나님의 사랑은 기독교인 개개인과 교회에게 어떤 기간에 걸쳐서 계속되는 사역의 한 부분이자 삶의 방식이어야 한다.

지금까지 여러 가지 개념들과 효과적인 사역 사이에 중요한 관계가 있다는 것을 살펴보았다. 그런데 이 같은 모든 지침을 잘 따랐다고 해도, 성령의 인도와 능력이 없이는 하나님 나라가 확장될 수 없다. 하나님의 인도하심과 능력 주심이 있을 것으로 지레짐작하지 말고, 적극적이고 의도적으로 구하라! 여러분의 지역사회에 하나님의 나라가 임하고 그분의 뜻이 이뤄지길 바란다.

나눔 질문

1. 겨자씨 프로젝트를 어떻게 정의할 수 있을까요? 자신이 이해한 말로 설명해 보세요.

2. 겨자씨 프로젝트의 목적은 무엇인가요?

3. 겨자씨 프로젝트의 유익한 점은 무엇인가요?

4. 겨자씨 프로젝트의 10가지 특징 중 세 가지만 설명해 보세요.

5. 겨자씨 프로젝트의 장기적 효과를 위한 3가지 원리는 무엇인가요?

14

겨자씨 프로젝트 계획 및 보고
(Seed Projects Planning and Reporting)

계획의 중요성

망대를 세우거나 전쟁에서 이기기 위해 계획하는 것이 현명하다고 예수님께서도 지적하셨다.

"너희 중의 누가 망대를 세우고자 할진대 자기의 가진 것이 준공하기까지에 족할는지 먼저 앉아 그 비용을 계산하지 아니하겠느냐 그렇게 아니하여 그 기초만 쌓고 능히 이루지 못하면 보는 자가 다 비웃어 이르되 이 사람이 공사를 시작하고 능히 이루지 못하였다 하리라 또 어떤 임금이 다른 임금과 싸우러 갈 때에 먼저 앉아 일만 명으로써 저 이만 명을 거느리고 오는 자를 대적할 수 있을까 헤아리지 아니하겠느냐" (눅 14:28-31).

성경에는 계획에 대한 많은 사례들이 있다. 개미들은 양식을 모아서 겨울을 준비한다. 예루살렘 성벽은 세심한 계획에 의해 재건축되었다. 무릇 하나님도 계획을 가지고 계신다!

"너희를 위한 나의 생각을 내가 아나니 평안이요 재앙이 아니니라 너희에게 미래와 희망을 주는 것이니라"(렘 29:11).

겨자씨 프로젝트는 단순하고 작지만, 성공하려면 계획이 필수적이다. 신중하게 잘 준비된 계획은 겨자씨 프로젝트의 특징 중 하나이다. 겨자씨 프로젝트를 주의 깊게 계획하는 교회들은 겨자씨 프로젝트를 잘 실행할 수 있는 잠재력을 증가시키고, 주님을 영광스럽게 하며, 섬기는 능력과 은혜 안에서 성장한다.

어떤 지역교회는 계획하는 것의 유익에 대해 확신을 가질 필요가 있다. 어떤 사람들은 계획하는 것이 성령의 인도하심을 배제할까 봐 두려워한다. 어떤 사람들은 계획하고 싶어도 방법을 모른다. 또 많은 경우 계획하는 것이 단지 그들의 문화와 맞지 않는다. 어떤 이들은 계획하는 것은 단지 시작일 뿐이고, 최종 목표는 하나님 사랑의 표현이라는 것을 상기할 필요가 있다. 많은 교회들이 계획하는 것을 어려워하기 때문에, 우리는 겨자씨 프로젝트 계획 지침을 개발했는데, 지난 20년 이상 동안 다양한 문화권 안에서 사용되었다. 교회들은 이 지침을 감사하게 생각했는데, 하나님의 초점에 집중할 수 있게 도와주기 때문이다. 또한 단계별로 계획할 수 있는 형태로 되어있으므로 고마워했다. 이 지침은 세부적인 것들을 고려하게 하고, 일을 분담하고 책임 소재와 진행사항을 금방 확인할 수 있게 해준다. 계획하는 것을 통해 얻는 또 다른 유익을 한 아프리카 목회자가 다음과 같이 소개해주었다.

"계획하는 것은 아프리카 문화에 맞지 않아요. 우리 문화는 일이 생기면 그냥 그 일을 하는 것입니다. 그런데 계획은 우리 교회 셀 리더들에게 소중하게 되었습니다. 그들은 철저하게 계획한 겨자씨 프로젝트가 엄청난 결과를 얻게 되고 지역사회에 큰 영향을 미치는 것을 보았습니다. 계획하는 것은 우리한테 지극히 의미 있는 것이 되어버렸습니다. 계획은 겨자씨 프로젝트를 통해 좋은 열매를 가져다줄 뿐 아니라, 우리 리더들이 자기 자신의 삶을 계획할 수 있도록 도와주고 있습니다. 리더들은 계획하는 것이, 열매 맺는 사역과 생산적인 삶에 중요하다는 것을 깨닫게 되었습니다."

겨자씨 프로젝트의 단계

겨자씨 프로젝트는 소그룹에서 진행하는 것이 가장 좋다. 실제로 신자들의 어떤 소그룹이든지 지역사회 주민들을 위한 하나님의 사랑과 관심을 드러내는 프로젝트를 계획하고 실천할 수 있다. 아래에 교회의 소그룹들이 겨자씨 프로젝트를 계획하고 실천할 수 있는 방법을 단계별로 소개한다.

- **인도하심을 위해 기도하라.**

모두 함께 성령의 인도하심을 구하라.

- **필요를 선택하라.**

하나님께서 겨자씨 프로젝트를 통해 채우시기 원하시는 영역을 하나 선택하라.

- **프로젝트를 계획하라.**

다함께 겨자씨 프로젝트 계획 안내를 살펴보라.

기도하면서 전체를 계획하고 겨자씨 프로젝트를 실행하라.

– 문제 또는 필요를 서술하라.

– 문제 또는 필요에 관한 하나님의 의도를 요약하라(성경 구절과 함께).

– 지역의 자원으로 실행할 수 있는 프로젝트를 적으라.

– 프로젝트를 통해 채워줄 수 있는 필요 영역(1차적, 2차적 영향)을 적으라.

– 프로젝트 단계를 나열하라.
– 각 단계별로 자문을 구할 필요가 있는 사람들, 필요한 자원, 단계별 책임자, 완료일을 기입하라.
– 겨자씨 프로젝트의 특징이 모두 반영되었는지 확인하라.

● 계획을 발표하라.

다른 사람들을 만나 작성한 계획서를 나누고 그들의 의견, 조언, 개선책, 격려 등을 들으라.

● 실행하라.

다함께 기도하면서 겨자씨 프로젝트를 실행하라.

● 보고하라.

기본적인 보고서에는 프로젝트에 대한 중요 정보를 담는다. 이것은 보고서 양식이나 서술 형식으로 할 수 있다.

보고서 양식대로 하려면, 종이 안에 세 부분으로 나누어 다음과 같은 정보를 요약하라.

– **그룹에 대한 정보:** 그룹 혹은 교회의 명칭은 무엇인가? 어디에 있는가? 프로젝트에 대한 연락자는 누구인가?

– **프로젝트 정보:** 프로젝트명은 무엇인가? 어떤 지역에서 섬겼는가? 어떤 성경 구절을 통해 하나님의 의도를 발견했는가? 프로젝트 일자는 언제인가? 1차와 2차 영향 영역은 무엇인가?

– **중요한 정보:** 이 프로젝트에서 무슨 일을 했는가(요약)? 프로젝트에 대한

아이디어를 누가 냈는가? 프로젝트를 실행하는데 며칠이나 걸렸는가? 프로젝트에 누가 참여했는가? 프로젝트를 통해 우선 혜택을 받는 사람들은 누구인가? 수혜자들이 프로젝트에 참여했는가? 어떤 자원들이 필요했으며, 이것을 어디서 구했는가? 혜택을 받는 사람들이 어떤 자원을 제공했는가? 하나님의 축복이 함께 한 어떤 표지가 있는가?

이러한 정보는 서술문이나 이야기로 정리할 수 있다. 실제적인 예를 하나 들어보자.

한 중류층 교회가 가까운 빈민가에 사는 이웃들을 수년간 도우면서 모든 종류의 필요를 채워주었다. 그들은 빈민가에 있는 바깥의 조그만 화장실의 상태를 보고 빈민가 주민들의 생활상의 심각함을 깨달았다. 교인들은 "이 사람들이 겨울에는 어떻게 살까? 건강하게 지낼 수 있을까? 특히 아이들은 어떻게 될까?" 하고 염려했다. 그러다 히브리서 13장 3절 말씀이 그들의 마음을 움직였다. "너희도 함께 갇힌 것같이 갇힌 자를 생각하고 너희도 몸을 가졌은즉 학대 받는 자를 생각하라." 이들은 시간과 자원을 바쳐 화장실을 다시 지었다. 건설노동자들은 하루를 바쳐 일했다. 상인들은 자재 값을 깎아주었다. 열심 있는 빈민가 주민들이 일을 도왔다. 대략 열다섯 명의 어른들과 여섯 명의 어린이들이 혜택을 받았다. 또 다른 혜택은 교인들이 그들의 이웃이 환경과 조화를 이루도록 하나님께서 그들을 사용하고 계심을 깨달았다는 것이다. 이 모든 일을 통해 하나님께서 영광을 받으셨다.

소그룹이 보고서를 준비할 때, 보고서를 통해 사역한 것을 평가할 수 있고 차기 사역을 계획할 수 있다. 또한 소그룹이 한 일에 대해 교회 앞에 보고책임을 다하게 한다. 이는 교회 전체를 격려하는 데 사용할 수도 있다. 즉 서로 사랑과 선행을 격려하는 것이다.

끝으로, 보고서는 축하를 위해 사용할 수 있다! 이 축하는 사람의 선행을 축하하는 게 아니라, 하나님께서 성령의 능력으로 하나님의 원하시는 그런 대사의 역할을 하게 하신 것을 축하하는 것이다.

보고서는 예배 시간이나 소그룹 모임에서, 혹은 교회의 소통 도구로 나눌 수 있다. 교회에서는 이런 사역 활동의 기록을 전시할 수도 있다. 즉 하나님께서 우리의 노력을 통해 행하신 일을 교회가 기뻐하고 기억하게 하는 그 무엇이 되게 하는 것이다.

● 겨자씨 프로젝트 평가

아래에 겨자씨 프로젝트를 평가하는 데 도움이 되는 제안을 몇 가지 제시한다.

- 지역사회를 위한 하나님의 의도가 어떤 방식으로 진전되었는가?
- 하나님께서 참여자들의 삶 속에서 어떻게 역사하셨는가?
- 하나님은 지역사회에서 어떻게 일하셨는가?
- 겨자씨 프로젝트를 계획하고 실행하는 과정을 통해 배운 교훈은 무엇인가?
  (하나님에 대해, 자신에 대해, 지역사회에 대해, 하나님 나라에 대해)
- 겨자씨 프로젝트 실행 이후에 어떤 후속 조치가 필요한가?
- 참여자들에게 어떤 영역에서 추가 훈련이 필요한가?
- 다음에는 하나님께서 무엇을 하기를 원하신다고 생각하는가?

"하나님 나라의 기준으로 평가한다"는 것은 겨자씨 프로젝트의 또 다

른 특징 중의 하나이다. 이 특징은 겨자씨 프로젝트가 좋은 의도를 가진 인간의 노력을 넘어서기 위해서는 대단히 중요하다. 아래에 겨자씨 프로젝트를 실행한 이후에 고찰해야 할 "하나님 나라의 기준"에 준한 몇 가지 질문이 있다.

– 하나님께서 이 모든 섬김의 활동의 "주관자"이신가?
– 주위에서 바라보는 사람들에 의해 하나님께서 영광과 찬양을 받으셨는가?
– 프로젝트를 실행한 사람들보다 하나님께 더 많은 공로가 돌아갔는가?
– 하나님께서 자원을 배가시키셨는가? 하나님 나라의 계산법대로 되었는가?
– 소그룹 구성원 이외의 사람들이 프로젝트에 의해 축복을 받거나 영향을 받았는가?
– 하나님의 사랑이 증거되었는가? 하나님의 의도가 드러났는가?

평가 목적은 앞으로 어떻게 할 것인지, 어떻게 섬김을 계속할 수 있는지를 살피는 것이다. 필요 시 진행 과정을 바꾸는 것도 평가의 목적이다. 평가의 상당 부분은 우리의 충성과 순종의 정도를 평가하는 것이다. 우리는 사랑의 섬김에 대한 우리의 충성된 행동으로 나타나는 큰 결과를 볼 수도 있고, 못 볼 수도 있다. 그러나 하나님께서는 이처럼 인내하는 사람들을 명예롭게 하신다. 하나님은 우리의 시간표가 아니라 그분의 시간표를 따라 결과를 가져다주신다. 히브리서 11장에 나열된 믿음의 조상들처럼, 우리는 결과를 보든 못 보든 간에 충성을 다하도록 부르심을 받은 것이다.

보고 방법과 평가 방법은 매우 다양하다. 당신의 그룹에 맞는 보고 형식을 선택해서 함께 작성하라. 상황이 허락하면 교회 앞에 나누라. 기도하고 평가하고 또 하나님의 사랑을 손에 잡히게 표현할 수 있는 방법을 계속 계획하라.

● **마지막 질문**

다음 성경 구절이 여러분의 섬김 사역을 묘사하는 것인가?

"이 봉사의 직무가 성도들의 부족한 것을 보충할 뿐 아니라 사람들이 하나님께 드리는 많은 감사로 말미암아 넘쳤느니라 이 직무로 증거를 삼아 너희가 그리스도의 복음을 진실히 믿고 복종하는 것과 그들과 모든 사람들을 섬기는 너희의 후한 연보로 말미암아 하나님께 영광을 돌리고"(고후 9:12-13).

기억하자. 하나님의 거대한 계획과 사랑을 입증하는 것이 모든 지역교회가 해야 할 지속적인 삶의 형태 또는 사역 방식이라는 것을.

겨자씨 프로젝트 사례

- **문제:** 시장의 공중화장실
- **하나님의 의도:** 깨끗한 환경 가운데 사는 것
- **성경 구절:** 레위기 11:36
- **겨자씨 프로젝트 제목:** 공중화장실 건축
- **1차적 영향:** 신체적
- **2차적 영향:** 사회적 + 영적

• 계획

프로젝트 단계	자문을 구할 사람/기관	필요한 자원	담당자	완료일
1. 기도 및 결정	하나님	시간, 묵상	교회지도자	1일
2. 지역사회 지도자의 의견	시장 및/혹은 의회 의원	지정	프로젝트위원회	2-4일
3. 설문지 작성 및 배포	프로젝트위원회	아이디어	프로젝트위원회	5일
4. 기도	교회	시간	프로젝트위원회	5일
5. 관심도 조사	지역사회 및 의회 의원	설문지	프로젝트위원회	6일
6. 건축설계 및 계획	건축설계 기사 화장실 건축 장소 관련 의회 의원	전문가의 승인	프로젝트위원회 및 기사	8일
7. 교회와 지역사회로부터 모금	목사님과 의회의원	시간	프로젝트위원회	9-10일
8. 건축자재 확보	프로젝트위원회	벽돌, 모래, 자갈, 시멘트, 도구들	프로젝트위원회	11-12일
9. 건축 일정 발표	프로젝트위원회	포스터	프로젝트위원회	15일
10. 음식 준비	교회 및 지역사회 여성	메뉴 및 자원봉사자	프로젝트위원회	15일
11. 기도	교회	시간	목사님	15일
12. 건축	교회 및 지역사회	자유로운 주말	프로젝트위원회	16-17일
13. 축하 및 감사	목사님과 시장		프로젝트위원회	17일
14. 평가 및 보고	프로젝트위원회	묵상	프로젝트위원회	18일
15. 기도 및 차기 프로젝트 계획	프로젝트위원회	묵상	프로젝트위원회	25일

나눔 질문

1. 겨자씨 프로젝트에 있어서 계획이 왜 중요한가요?

2. 겨자씨 프로젝트에 있어서 평가의 목적은 무엇인가요?

3. 아래의 양식을 참고해 겨자씨 프로젝트를 적용하고 함께 나누어 보세요.

   1) 겨자씨 프로젝트 이름:

   2) 하나님의 의도:

   3) 성경구절 :

   4) 채워야 할 필요(혹은 해결되어야 할 문제):

   5) 1차적으로 열매(impact)를 보기 원하는 영역:

   6) 2차적으로 열매(impact)를 보기 원하는 영역:

   7) 시행 일시 :

   8) 시행 장소 :

   9) 사역 진행

조언을 구해야 할 사람들, 기관들	필요한 자원	책임자	완수날짜

15

변화시키는 이야기
(The Transforming Story)

창세기 1장 1절은 "태초에 하나님이…"라고 시작한다. 이것이 우리 이야기의 시작이다. 이 서술이 우리의 전체 이야기의 길을 정해준다. 인간이란 무엇인가? 여기에 대해 정령신앙, 성경적 유신론, 세속주의는 각각 다른 대답을 제시한다. 자연이란 무엇인가? 역사는 어디로 가는가? 이 질문들에 대해서도 정령신앙, 성경적 유신론, 세속주의는 제각기 다르게 대답한다. 이야기들은 매우 강력해서, 전 세계를 형성한다. 우리는 엄청나게 강력한 이야기를 가지고 있다. 그것은 개인들과 지역사회와 나라들을 변화시킬 수 있는 이야기이다.

우리 이야기를 하나의 책이라고 생각해보자. 이야기는 동산에서 시작해서 도시에서 끝난다.

책의 1장은 창조에 관한 것이다.

"태초에 하나님이 천지를 창조하시니라"

첫 장에서 하나님은 인간을 창조하신다. 그분은 인간을 동산의 중앙에 두시고 과제를 주신다. 즉 동산에서 하나님을 대신해서, 땅을 개발하라는 것이다.

우리 이야기의 제2장에는 타락이 기록되어 있다. 인간이 하늘의 왕에게 반역한다. 그래서 죽음이 시작된다. 굶주림이 시작된다. 죽음과 굶주림은 원래 정상이 아니다. 이는 인간의 하나님에 대한 반역의 산물이다.

3장부터 9장까지는 하나님께서 역사를 열어가시는 이야기가 나와 있다. 하나님은 선교적 하나님이시다. 그분의 일은 모든 민족이 복을 받는 것을 보시는 것이다(창 12:1-2). 그분은 역사 속에서 일하시면서 아브라함, 모세, 선지자들을 세우셨다. 이것이 우리 이야기의 모든 부분이다.

10장은 복음이다. 즉 예수 그리스도의 삶과 죽음과 부활이다. 이것이 바로 우리 이야기와 모든 인간 이야기의 초점이다. 이것이 중요한 장이지만, 유일한 장은 아니다.

11장에서 하나님은 교회를 세우신다. 지상명령은 하나님께서 아브라함과 맺은 언약을 예수님께서 재서술하신 것이다. 지상명령이 무엇인가? 제자를 삼는 것이다. 모든 민족으로 제자를 삼으라!

12장은 왕의 귀환을 묘사한다. 그분은 그분의 왕국을 가지고 돌아오시는데, 이것이 바로 우리 이야기의 "끝"이다! 왕은 돌아오시는데, 돌아오시기 위해 뭔가 준비되기를 바라신다. 그분은 그분의 신부가 예비하길 원하시고(계 19:7), 또한 열방의 임금들이 하늘의 도성으로 가지고 들어오게 될 열방의 영광이 준비되길 바라신다(계 21:24-26).

그러나 재림하신 그리스도를 위해 한국의 영광은 어떻게 준비해야 하는가? 다시 오실 그리스도를 위해 브라질의 영광은 어떻게 준비되어야 하는가? 이는 오직 그들이 제자가 되었을 때이다. 우리는 그동안 무엇을 해왔는가? 우리는 이 책의 내용 중 10개 장을 꺼내 가지고 기껏해야 세속주의 이야기와 정령신앙 이야기의 상황 속에다 끼워 넣어 왔던 것이다. 결국 그들의 이야기에다 우리 이야기를 한 장만 더한 것뿐이다. 복음은 기초의 모퉁이돌이지만, 기초 전체는 아니다. 모퉁잇돌 없이 기초를 세울 수는 없지만, 모퉁잇돌만으로 건물 전체를 지탱하기에는 충분치 않다.

지역사회를 파괴시키는 기초는 무엇인가? 무엇이 나라를 파괴시키는 기초가 되는가? 우리 개인들을 파괴시키는 기초는 무엇인가? 바로 거짓이다! 사탄은 거짓의 아버지이다. 사탄은 거짓을 믿게 함으로써 사람뿐 아니라, 지역사회와 국가를 파괴한다. 그러면 지역사회의 개발의 기초는 무엇인가? 그것은 진리, 즉 하나님의 지식이다. 우리는 기독교인으로서 강력한 이야기를 갖고 있다. 그러나 사실 우리 이야기는 다른 이야기들과 경쟁하고 있다. 정령신앙은 실재를 바라보는 데 있어 세속주의와 아주 다른 방식을 갖고 있다. 이 둘의 세계관은 성경적 유신론적 관점에서 실재를 이해하는 것과 아주 다르다.

우리는 나라를 변화시키는 이야기로 되돌아갈 필요가 있다. 여기서 이야기가 가진 일부를 살펴보자. 서로 다른 문화적 이야기는 인간을 서로 다르게 본다. 세속주의는 하나님이 없다고 말한다. 자연은 눈에 보이는 게 전부다. 인간은 진화에 의해 생겼다고 한다. 만약 세속주의자에게 인간이 무엇인가라고 물으면 답은 "인간은 동물"이다. 입이 있고 위장을 가진 자원의 소비자이다. 그러나 정령신앙은 인간에 대해 아주 다른 관점을 갖고 있다. 그들은 모든 것에 영이 존재한다고 믿는다. 바위에도 영이 있고, 강에도 영이 있고, 인간도 영이 있다. 그러면 인간이란 "영"이라고 한다.

인간이란 무엇인가?

성경은 인간에 대해 뭐라고 말하는가? 창세기 1장 27절을 보면 하나님의 경이로움에 직면하기 시작한다.

"하나님이 자기 형상 곧 하나님의 형상대로 사람을 창조하시되 남자와 여자를 창조하시고"

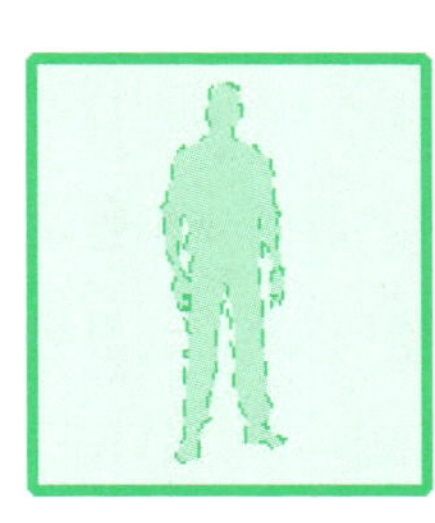

그러나 세상의 모든 종교들은 그들의 신들을 인간의 형상 혹은 인간보다 못한 것들, 즉 뱀, 소, 산 같은 것의 형상으로 만들었다. 이것을 상상해보라. 하나님이 우주와 동물을 만드는 일을 다 마치시고, 이제 인간 창조에 대해 생각하고 계신다.

"어디서 인간을 위한 형태를 찾지? 나와 같은 인간을 만들어야지!"

인간은 생각과 마음을 가진 하나님의 형상대로 지음 받은 것이다. 인간은 단지 자원의 소비자가 아니라, 하나님의 형상인 것이다! 어떤 신이 이처럼 자신을 닮은 인간을 만드는가? 우리가 예배하는 하나님, 인간을 자신과 같이 만드신 하나님을 어떻게 사람들에게 전할 수 있을까?

"하나님이 이르시되 우리의 형상을 따라 우리의 모양대로 우리가 사람을 만들고, 그들로 바다의 물고기와 하늘의 새와 가축과 온 땅과 땅에 기는 모든 것을 다스리게 하자…"(창 1:26)

하나님은 창조주 하나님이시다. 그분은 인간을 그분의 형상을 따라 지으셨고, 인간을 그분의 공동 창조자로 지으셨다. 힌두교와 불교의 이야기에는 창조 이야기가 별로 없는데, 왜냐하면 그들에게는 과거에 일어난 일이 창조의 해체(de-creation)이기 때문이다. 즉 과거에 모든 것이 하나였는데, 무슨 일이 생겨서 모든 것이 다 조각나버렸다는 것이다. 그러나 하나님은 창조주 하나님이시고, 우리는 그분의 형상대로 지음 받았다. 하나님은 최초의 창조주이시다. 우리는 두 번째 창조자이다. 창세기 1장 26절에 보면, 하나님은 인간이 이 땅을 관리만 하는 게 아니라, 개발하라는 의도를 갖고 계신다. 하나님은 인간을 동산에 두시고 창의적이 되라고 말씀하셨다. 교향곡을 지으라, 시를 쓰라, 그림을 그리라, 춤을 추라. 왜 그럴까? 우리가 하나님처럼 지음 받았기 때문이다.

우리 이야기에는 뭔가 다른 게 있는데 그것은 대단히 놀라운 것이다. 창세기 1장 27절을 다시 보자.

"하나님이 자기 형상 곧 하나님의 형상대로 사람을 창조하시되 남자와 여자를 창조하시고"

하나님은 자신과 같이 우리를 남자와 여자로 창조하셨다. 성경 이야기에서 남자와 여자는 하나님 앞에서 똑같은 존엄과 가치를 갖고 있다. 성경은 "남자와 여자를 창조하시고"라고 했다. 하나님은 인간을 창조하실 때 자신을 온전하게 표현하기 원하셨다. 남자만 창조되었다면 하나님의 모습 전부를 그대로 표현할 수 없었을 것이다. 남자 둘을 만들어서는 하나님이 가지신 어머니의 마음을 표현할 수 없다. 그분이 어떤 분인지를 온전하게 표현하는 이미지를 창조하기 위해, 그분은 인간을 남자와 여자로 지으셔야 했던 것이다. 남녀는 눈에 보이는 신체적 차이 외에도, 역할과 기능 또한 다르다. 이러한 차이들은 축하받아야 하고,

즐겨야 한다.

세계를 여행해 보면, 하나의 거짓이 다른 모든 거짓보다 확연히 드러나서 가난을 조장하는 것이 있다. 이 거짓이란 남자가 여자보다 낫다는 것이다. 남자가 여자보다 우월하다고 하는 문화적 이야기들이 있다. 이것을 남미에서는 마쵸주의(machismo)라고 부른다. 이 문화권에서 여자는 종이나 심지어 노예처럼 취급받는다. 또 다른 문화권에서 여자는 장난감이나 성적 대상처럼 취급받는다. 남자는 아이를 가진 여자를 내버리고 도와주지도 않고 혼자 아이를 돌보게 한다. 종종 여자는 생각이 없다고 하는 문화적 이야기 때문에 교육도 받지 못한다. 이런 거짓 때문에 생기는 가난은 믿을 수 없을 만큼 심각하다.

이와 같은 마쵸주의 문화에 대한 반발로 생긴 급진적인 여성해방운동이 있다. 여성해방운동은 남자와 여자는 동등하기(equal) 때문에, 동일하다(same)고 주장한다. 그리고 여성을 해방시켜야 한다고 말한다. 여성을 해방시켜서 무엇이 되게 하겠다는 것인가? 남자처럼 되겠다는 것이다. 이런 주장을 하는 데 있어서 그들은 옛 패러다임을 유지해왔다. 따라서 우리가 기도하고 주장해야 하는 것은, 남자가 단지 "수컷 동물"이 아니라, 남자 되게 하는 것이다. 그리스도는 그분과 그분의 신부(여자)인 교회와의 관계에서 남자가 된다는 것이 무엇을 의미하는지를 보여주셨다. 그분은 교회의 머리이다. 머리로서 교회를 어떻게 이끄시는가? 십자가를 통해서이다. 그리스도는 십자가를 통하여 교회의 머리가 되신다! 그분은 무엇을 하셨나? 그분 자신을 희생하여 그분의 신부를 위해 죽기까지 하셨다. 그리스도는 종된 지도자이시다. 이것이 우리의 이야기이다. 이것이야말로 급진적인 이야기이다.

여기 인간이 하나님의 형상대로 창조된 데 대한 또 다른 예가 있다. 창세기 2장 19절을 보자.

"여호와 하나님이 흙으로 각종 들짐승과 공중의 각종 새를 지으시고 아담이 무엇이라고 부르나 보시려고 그것들을 그에게로 이끌어 가시니 아담이 각 생물을 부르는 것이 곧 그 이름이 되었더라"

인간이 동산에 있는데, 하나님이 동물들을 이끌어 오신다. 왜 그렇게 하시나? 하나님은 동물들의 이름을 쉽게 지으실 수 있다. 그러나 하나님은 이렇게 말씀하신다.

"네가 동물들의 이름을 짓도록 하고 싶구나. 네가 지어준 이름으로 내가 그들을 부르고 싶다."

하나님이 아담에게 무슨 말씀을 하고 있는가? "내가 이 동물들을 만들었다. 그런데 네가 그들의 이름을 지을 수 있으니, 네가 지은 그 이름으로 내가 부르겠다"고 하시는 것이다.

오늘날 하나님은 우리에게 동일한 과제를 주셨다. 우리가 우리 아이들의 이름을 지을 때, 하나님은 우리가 지어준 그 이름을 부르시는 것이다. 어디에 이런 신이 있단 말인가? 이야말로 엄청난 이야기가 아닌가!

역사는
어디로 가고 있는가?

이야기들마다 역사에 대해 서로 다르게 이해한다. 정령신앙은 역사가 바퀴처럼 맴돈다고 한다. 끊임없이 순환적으로 돌고 돈다는 것이다. 세

속주의는 시간이란 소진된다고 말한다. 그러니 먹고, 마시고, 즐기자는 것이다. 소비해버리자는 거다. 그러나 성경의 메시지는 대단히 다르다. 역사는 어딘가를 향해 가고 있다. 왜냐하면 하나님은 역사에 대해 어떤 목적을 갖고 계시기 때문이다.

아프리카 역사가인 존 음비티(John Mbiti)는 《아프리카의 종교와 철학》(African Religions and Philosophy)이라는 깊이 있는 책을 썼다. 그는 이 책에서 시간에 대해 한 장을 할애했다. 음비티는 1천여 개의 아프리카 방언들 중에 240개를 연구했는데, 그중에 미래의 개념을 가진 단어가 없다고 했다. 삶이란 과거에 매여 살고 있는 것이다. 이런 이야기가 그 대륙에 어떤 영향을 줄 것이라고 생각하는가? 아프리카는 자원이 부족하지 않고, 대단히 풍부하다. 그러나 그들이 가진 이야기 때문에 미래가 없다. 우리는 그들에게 성경의 전체 이야기를 해 주어야 한다.

이제 성경을 보자. 창세기 1장 28절은 이렇게 시작한다.

"하나님이 그들에게 복을 주시며…"

이 절이 어떻게 시작하는가를 주목하라. 하나님은 인간을 축복하사 한 가지 과제를 주셨다. 그 과제의 일부는 사회적 과제로서 생육하고 번성하는 것이다. 그러나 하나님은 "입"의 숫자를 늘리는 것에 대해 말씀하시는 게 아니다. 이것을 세속주의적 관점에서 보지 말자. 우리는 하나님의 형상을 가진 사람들의 숫자를 늘려야 하는 것이다. 이 과제를 위해 하나님께서 축복하신 것에 주목하자.

"그들로 바다의 물고기와 하늘의 새와 가축과 온 땅과 땅에 기는 모든 것을 다스리게 하자"(창 1:26).

인간은 땅을 개발하라는 명령을 받았다. 하나님께서 세상을 창조하신 그대로 방치해서는 안 된다. 창세기 12장 1-4절에서 하나님은 아브라함을 부르시고, "내가…네게 복을 주어"라고 하셨다. 하나님이 아브라함을 부르셔서 왜 복을 주려고 하시는가? 그것은 어떤 과제가 있기 때문이다. 하나님은 아브라함을 축복하시고 그가 모든 민족에게 복이 되게 하셨다. 하나님이 원하시는 것은 무엇인가? 열방을 축복하시는 것이다. 하나님의 의도가 충만히 드러나는 것은 모든 열방이 제자가 되어 축복을 받는 것이다.

지상명령에서(마 28:19-20) 부활하신 그리스도는 교회에 명령을 주신다.

"모든 민족으로 제자를 삼으라"

사실상 이것은 새로운 것이 아니다. 이것은 단지 아브라함에게 주셨던 명령을 그리스도께서 재서술하신 것이다. 아브라함이 모든 열방(히브리어 미쉬파샤 MISHPACHAH: 부족/가족)의 축복의 근원이 되어야 했던 것처럼, 우리가 모든 민족(헬라어 에트네 ETHNE: 종족 그룹)을 제자로 삼아야 하는 것이다.

운명론적 문화권에서 역사란 당신에게 일어나는 그 무엇이다. 성경 이야기에서, 역사란 당신이 만들어내는 그 무엇이다. 왜 그런가? 우리는 하나님 형상을 갖고 있기 때문이다. 예를 들면, 수백만 사람들이 기아로부터 구원을 받았는데, 그 이유는 기아대책 설립자인 래리 워드(Larry Ward)가 기아로 인해 발생할 대량의 죽음에 맞섰기 때문이다. 당신은 당신의 나라에서 타인들을 위해 큰일을 한 누군가에 대해 알고 있을 것이다. 당신의 지역사회와 나라에서 하나님께서 역사의 과정을 어떻게 바꾸길 원하시는가? 바로 당신의 삶을 통해서이다! 힌두교는 한 사람은 돌과 같아서 물에 떨어질 때 물결조차 만들지 못한다고 말한다. 당신 자신이 그러하다면 어떤 생각이 드는가? 성경 이야기는 급진적으로 다르다. 한 남자나 여자가 물에 들어가면, 영원까지 계속될 물결을 일으키게 된다.

이스라엘 국가는 주로 사막 지역에 있다. 그런데 그 나라를 여행한다면 사막에 숲이 있음을 알게 될 것이다. 사막에는 오아시스가 있을 수 있는데, 숲은 아니다. 만약 사람이 숲으로 가꾸지 않았다면 말이다. 한 대학 교수가 이 현상을 이렇게 설명했다. 이 땅을 향한 두 가지 비전이 있었다. 여기 살았던 한 종족은 그들이 믿는 신이 이 땅을 저주했다고 믿었다. 이 땅이 저주를 받아서 저주 아래 살아야만 했다. 그래서 이 땅을 위해 할 수 있는 게 아무것도 없었다. 그런데 두 번째 종족은 이 땅이 "젖과 꿀이 흐르는" 땅이란 것을 알았다. 동일한 자원을 두 종류의 사람들이 다르게 바라보고 있다. 어떤 차이가 있나? 바로 비전이다. 이 차이는 그들이 알고 믿는 이야기가 다르다는 것이다. 우리가 어떻게 지역사회와 나라들이 하나님의 눈으로 보도록 도울 수 있을까? 지역사회와 나라들을 위한 하나님의 선한 의도는 무엇인가?

윌리암 캐리가 인도에 갔을 때, 나무를 다 베어버린 민둥산들을 보았다. 그는 "그냥 있는 그대로" 받아들일 수도 있었거나, 아니면 그 때문에 실망에 빠질 수도 있었다. 그러나 그는 기쁜 소식인 성경 이야기를 알고 있었다. 하나님의 선한 의도는 그 민둥산이 다시 푸르게 되는 것이고, 이것이 바로 인도를 위한 것임을 알고 있었다. 그의 삶 덕분에 인도는 나라를 위한 하나님의 선한 의도를 목도할 수 있었다. 캐리는 온 땅이 하나님을 아는 지식으로 가득 차게 되리라는 것을 알고 있었다.

우리 교회는 이 땅을 향한 하나님의 비전을 어떻게 지역사회 사람들과 함께 볼 수 있을까? 사실 우리의 비전은 지역사회 사람들의 비전과 다르다. 지역사회 주민들의 비전은 그들을 계속 가난 속에 묶어둘 수도 있고, 변화를 일으킬 수도 없다. 그렇다면 어떻게 지역사회 사람들이 하나님의 비전으로 자신들의 지역사회를 보고 변화가 일어나도록 도와줄 수 있을까?

이는 단순히 프로젝트를 실시하는 것 이상이다. 이것은 우주를 창조하신 하나님을 그들이 알게 하는 것이다. 단지 그들의 영혼만 구원받는 것이 아니라, 하나님의 전체적인 이야기를 듣고, 그들의 마음과 생각과 삶 전체가 변화를 받아야 한다. 따라서 진정한 변화는 하나님을 알고 하나님의 법과 원리를 이해하고 적용하는 데에서부터 시작된다. 변화는 비전을 갖는 데부터 시작한다. "비전(묵시)이 없으면 백성이 망하거니와."

계시록 21장을 아는 것이 중요하다. 왜냐하면 이것은 우리 이야기의 마지막이기 때문이다. 그리스도께서 다시 오실 때, 그분은 그분의 도시, 하나님의 도성(도시)을 가지고 오신다. 그리고 이 땅의 왕들이 그들 나라의 영광을 가지고 하나님의 도성으로 들어온다. 그리스도의 재림을 위해 나라들의 영광이 어떻게 준비될까? 오직 그 나라들이 제자가 되어야 하는 것이다. 그래서 예수님은 우리에게 모든 민족을 제자로 삼으라고 명령하신다. 예수님이 가지신 과업은 하나님 나라와 함께 다시 오시는 것이다. 그러나 우리에게 그분이 주신 과업은, 모든 민족을 제자로 삼는 것이다. 우리는 왕의 재림을 위해 열방들을 준비시켜서 열방들의 영광이 그분을 위해 준비되도록 해야 한다. 지상명령은 예수 그리스도의 목적이기 때문에 그분이 다시 오시기 전에 이뤄질 것이다.

우주의 본질은 무엇인가?

우주의 본질이란 무엇인가? 우주는 열린계(열린 시스템, 개방계)이다. 세속주의에서 자연은 닫힌계(닫힌 시스템)이다. 하나님은 없고, 자원은 한정되어 있을 뿐이다. 정령신앙에서 시스템인 이 세상은 별로 중요하지 않다. 그냥 지나갈 뿐이다. 세상은 지나가는 것이니, 우리는 거기서 빠져나오기 위해 기다려야 한다. 이와 달리, 성경적 유신론은 세상은 열린계이다. 세상은 세상을 창조하신 하나님께 열려있다. 천사에게도 열려있다. 그 외에 누구에게 열려 있는가? 바로 인간이다. 우리는 하나님의 형상대로 지어졌기 때문이다.

하나님이 어떻게 창조하셨는가? 말씀으로 창조세계가 존재하게 되었

다. 히브리서 11장 3절에 따르면, “믿음으로 모든 세계가 하나님의 말씀으로 지어진 줄은 우리가 아나니”라고 되어있다. 물리적 세계가 어디서 왔나? 보이지 않는 것으로부터 만들어졌다. 비물질이 물질을 생산한 것이다. 이게 무슨 뜻인가? 이는 자원의 원천이 땅에 있지 않다는 것이다. 세속주의는 주장하기를 자원의 원천은 땅에 있는데, 왜냐하면 존재하는 유일한 것은 물리적 실재뿐이기 때문이다. 그러나 우리 이야기는 다르다. 우주에는 하나님이 계시고, 우리는 하나님의 형상으로 지음을 받았다. 자원은 땅에서만 나오는 게 아니라 마음(생각), 즉 인간의 혁신과 창의성에서 나온다. 자원은 인간적 상상과 도덕적 청지기직에만 제한되어 있거나, 땅에 있는 것에 의해서만 제한받는 게 아니라, 인간의 마음과 생각에 의해 제한을 받는다. 가난한 사람들에게 어떤 물리적인 것들을 갖다 줄 필요가 없다. 대신 그들은 성경의 이야기를 들어야 한다. 왜냐하면 그들이 하나님의 형상으로 지어졌고, 그들의 지역사회에 있는 자원을 개발하고 창조할 수 있는 능력을 갖고 있기 때문이다. 우리는 그것을 깨닫도록 도와주어야 한다.

기름의 예를 들어보자. 기름이란 무엇인가? 그건 그냥 찌꺼기일 뿐이다. 가끔 땅에서 나오는 그냥 끈적끈적한 검은 액체이다. 그것 자체는 자원이 아니다. 2백 년 전만 해도 기름은 자원이 아니었다. 아무런 용도도 가치도 없는, 그냥 찌꺼기였다. 그런데 그 뒤에 어떻게 변화되었나? 어떤 사람이 한 가지 아이디어를 생각해 냈는데, 이 찌꺼기로부터 뭔가 만들어보려는 필요와 소원을 갖고서 이 무가치한 찌꺼기를 가지고 전 세계적으로 가치 있는 자원으로 변화시킨 것이다. 무엇이 이것을 자원으로 만들었나? 바로 인간의 창의성이다. 모래도 마찬가지이다. 모래는 쓸데없이 사방에 흩어져있었다. 누군가가 아이디어를 내어 모래에서 컴퓨터 칩을 만드는 핵심 재료인 실리콘을 추출해내었다. 가치 없는 모래를 컴퓨터의 "심장"으로 변모시킨 것은 바로 인간의 생각이다. 즉 사람들이 100달러씩이나 주고 사려고 하는 바로 그 칩이다. 인간은 하나님의 형상으로 창조된 창의적인 존재이다!

미켈란젤로가 만든 다윗상을 아는가? 이 예술가는 골리앗을 죽이던 순간의 다윗의 이미지를 포착해서 조각을 했다. 명작이며 값으로 따질 수 없는 작품이다. 세계적 보물이다. 그런데 이것이 미켈란젤로의 손에 의해 다듬어지기 전에는 무엇이었던가? 별로 가치 없는 어떤 산의 바위 덩어리였을 뿐이다. 당시 어떤 사람이 산에 가서 대리석을 채석하기 위해 열심히 일을 했다. 대리석 덩어리를 산에서 채석한 다음, 또 다른 사람이 늙은 말을 끌고 와서 마차에 옮겨 실었다. 그 늙은 말은 이 대리석 덩어리를 이태리의 플로렌스로 끌고 와서, 미켈란젤로의 작업실에다 갖다 놓았다. 미켈란젤로는 이 돌덩어리를 작업대 위에 올려놓고 연구했다. 그는 그 돌을 상당 시간 동안 응시하였다. 무엇을 보고 있었는가? 그는 그 돌 속에 무엇이 있는지를 보고 있었다. 어느 날 그는 그 속에서 다윗을 보았다. 그리고 끌과 망치를 가지고 다윗의 이미지를 만들기 시작했다. 마침내 작업이 끝났다. 쓸데없던 것이 이제 무한한 가치가 되었다. 누가 그렇게 했나? 하나님의 형상으로 창조된 한 예술가가 그렇게 했다. 그런데 이게 이야기의 끝이 아니다. 그 대리석 덩어리에는 큰 흠집이 있었다. 갈라진 틈이 있는데 돌부리까지 이어져 있었고, 미켈란젤로는 이 흠집을 처리해야 했다. 그는 그 흠집을 다루어야 한다는 것을 잘 알고 있었고, 흠집이 난 부분을 잘 다루어서 다윗의 영광스러운 모습을 표현해 냈다. 그는 흠집이 난 돌을 명작으로 변화시킨 것이다. 그는 하나님의 형상으로 지어졌기 때문에, 그 일을 할 수 있었다.

당신은 하나님께서 당신의 삶 속에서 무엇을 하고 계신지 깨닫고 있는가? 우리는 차갑고 흠집이 난 돌과 같다. 그런데 우주의 창조자이신 하나님이 이 차갑고 흠집 난 돌에게 오셔서 바라보신다. 무엇을 보시나? "속에" 있는 영광을 보신다! 하나님은 우리 속에 있는 경이로움과 아름다움을 보시고 이것을 세상 가운데 드러내길 원하신다. 그분은 그분의 끌과 망치를 가지고 우리 속의 영광을 드러내기 시작하신다. 이러한 날들은 당신의 삶 속에서 힘든 날들일 수 있다. 고통의 날들이고 당신이 죽어버렸으면 생각하는 날들일 수도 있다. 아마 당신이 깎음을 당하면서, '하나님, 그만 하세요. 그만 깎으세요. 더 이상 못 참겠어요'라고 말할 수도 있다. 당신은 우주의 조각가의 손에 놓여있다. 만약 그분이 더 이상 깎지 않으시면, 당신 안의 영광이 드러나지 않을 수도 있다.

우리는 경이로운 하나님을 모시고 있는데, 그분은 우리를 그분의 형상대로 지으셨다. 이것이 우리의 이야기이다. 바로 이 이야기가 열방을 변화시킬 것이다.

나눔 질문

1. 인간이란 무엇이라고 정의할 수 있나요?

2. 역사는 어디로 가고 있다고 생각하나요?

3. 우주의 본질은 무엇인가요?

4. 당신은 성경의 이야기 중 어떤 부분을 전하지 않고 있나요?

5. 변화시키는 이야기 중에 당신의 문화권이 절실하게 들어야 할 부분은 무엇인가요?

강의 보조 자료

1. DNA 운동 소개

손훈

DNA 운동이란, 위대한 계명(마 22:37-40)과 주님의 지상명령(마 28:18-20)에 근거하여, 성경적 세계관(Biblical Worldview)을 바탕으로, 전인적(영적, 육체적, 사회적, 지적) 사역(Wholistic Ministry)을 실천함으로써, 나라와 민족을 제자 삼는 운동이다.

DNA 운동이란?

성경적 세계관을 바탕으로
전인적(영적, 육체적, 사회적, 지적)
사역을 실천함으로써
나라와 민족을 제자삼는 운동이다.

Disciple **N**ations **A**lliance

사실 한국 교회는 그동안 복음의 한 측면만을 고집하였다. 교단에 따라 영혼 구원, 사회 정의, 사회봉사, 은사 운동, 성경 공부 등에 중점을 두었다. 물론 이러한 결과 한국 교회는 급성장하는 복을 누렸다. 그러나 복음 속에 담긴 하나님의 전인적인 사랑을 드러내는 것에는 부족했다고 생각한다. 최근의 기독교 신뢰도에 대한 각종 여론 조사가 바로 이것을 반영하고 있다.

복음은 전인적(Wholistic)이다. 복음 안에는 인간의 전(Whole) 삶을 향한 하나님의 관심이 담겨 있다. 하나님은 영적 구원뿐 아니라 지적, 사회적, 육체적인 부분의 회복도 원하신다(눅 2:52). 또한, 복음 안에는 인간의 지평을 넘어 피조 세계 전체의 회복에 대한 하나님의 의지와 능력이 담겨 있다(골 1:20).

세상을 변혁시킨 역사 속의 교회들과 한국 초대 교회는 이러한 전인적인 복음을 전했다. 영혼 구원을 위해 복음을 전했고, 가난한 자, 고아, 과부, 노예, 유아 등의 실제적 필요를 채우며 개인과 지역, 민족을 회복시켰고, 세상의 소망이 되었다. DNA 운동은 바로 이러한 전인적 복음 회복 운동이며, 교회 본질 회복 운동이다. 이를 통해 다시 한 번 한국 교회가 주님의 기쁨이요 민족의 소망이요 열방의 빛이 되기를 열망한다.

2. 하나님의 관점으로 보는 지역사회

밥 모피트(Bob Moffitt)

대도시, 매우 가난한 사람들이 모여 사는 도심의 빈민가 지역에 작은 교회가 있었다. 그 교회를 섬기는 목사는 후안(Juan)이었다. 하나님께서 자신을 이곳으로 부르셨다고 느꼈기에 그는 얼마 전에 이 지역으로 옮겨왔다. 교회는 40여 명이 모이는 조그마한 교회였는데 그들 중 대부분은 여자와 아이들이었다. 후안에게는 두 개의 직업이 있었다. 그는 작은 무리의 양 떼를 돌보는 일에 최선을 다하면서도 자신의 아내와 두 아이들의 생계를 위해 다른 직업을 가져야만 했다.

어느 날 후안은 늘 하던 대로 하나님과의 개인적인 시간을 가지기 위하여 동트기 한 시간 전에 일어났다. 그의 집은 방이 하나뿐이라 필요한 경우 커튼으로 방을 나눌 수 있었다. 옷을 입은 후 그는 슬그머니 아내와 아이들이 잠을 자고 있는 곳을 빠져나와 커튼으로 나누어진 방의 반대편으로 갔다. 그러고 나서 등불에 불을 켜고 성경을 읽기 시작하였다. 이 특별한 아침, 이사야 58장을 읽으면서 그는 하나님이 원하는 예배에 대한 하나님의 부르짖음을 들을 수 있었다.

"나의 기뻐하는 금식은 흉악의 결박을 풀어 주며 멍에의 줄을 끌러주며 압제 당하는 자를 자유케 하며 모든 멍에를 꺾는 것이 아니겠느냐. 또 주린 자에게 네 식물을 나눠 주며 유리하는 빈민을 네 집에 들이며 벗은 자를 보면 입히며 또 네 골육을 피하여 스스로 숨지 아니하는 것이 아니겠느냐"(사 58:6-7).

후안은 더 이상 성경을 읽어 내려갈 수 없었다. 그의 마음속에서 무엇인가 소용돌이치기 시작했다. 하나님께서 가난한 사람들을 이렇게 돌보신다는 것이 사실일까? 가난과 고통의 한가운데서 신음하는 사람들이 이토록 많은데…. 그는 도심 바리오지역의 사람들이 생존을 위해 어떻게 싸우고 있는지 잘 알고 있었다. 그들은 철저하게 억압받는 사람들이었다. 심지어 그 자신도 그의 가족의 먹을 양식을 걱정해야 하는 형편이었으며 더욱이 아이들이 필요로 하였던 약을 산다는 것은, 불가능한 일이었다. "하나님은 어디에 계시는가?" 그의 마음속에 이런 생각이 떠나지 않았다. 어떻게 성경 말씀처럼 이곳 라스파바스(Las Pavas)의 필요들이 해결될 수 있단 말인가?

그가 이런 생각들로 씨름하고 있을 때 문밖에서 조용한 노크 소리가 들려왔다. 후안은 '이렇게 이른 아침에 도대체 누구지?'하고 생각했다. 문으로 가서 "누구세요?"라고 물었다. 문을 사이에 두고 반대편에서 음성이 들려왔다.

"후안, 나는 예수란다."

"누구라고요?" 후안이 물었다.

"후안, 나는 예수란다."

동일한 음성이 다시 들려왔다.

"도대체 누구세요?"

후안은 다시 물었다. 문밖에서 낮고 부드러운 음성이 다시 들려왔다.

"후안, 나는 예수란다. 네 마음속에 있는 울부짖음을 듣고 네게 왔단다. 네 마음속에 있는 어려움들에 대해 내게 이야기하렴."

정말 예수님의 음성이었다. 후안은 조심스럽게 문고리를 벗기고 문을 열었다. 밖에는 여전히 어두움이 깔려 있었다. 후안은 문밖에서 들려왔던 음성의 주인을 희미하게 볼 수 있었다. 그러나 평소 예수님의 모습이라고 생각했던 모습 그대로였다.

"예수님, 안으로 들어오세요." 후안이 말했다.

"아니야, 후안! 네가 살고 있는 곳을 둘러보고 싶구나. 네 마음을 아프게 하는 게 무엇인지 나에게 보여주렴."

여전히 놀란 가슴이었지만, 후안은 예수님이 말씀하신 대로 따르기로 마음먹으면서도 예수님께 주의를 당부하는 것을 잊지 않았다.

"밖에 비가 너무 많이 왔어요. 길을 걸을 때 조심하셔야만 해요. 시궁창이 너무 많고 게다가 화장실도 별로 없답니다."

빈민가의 거리를 걸으면서 후안은 예수님께 그들이 지나가는 집들이 가진 다양한 사연들을 말해 주었다. 아이들을 먹이기 위해 자신의 몸을 파는 한 여인의 집을 지나갔다. 다음 판잣집에는 술에 취할 때마다, 그것도 빈번하게 아내와 아이들에게 폭력을 행사하는 술주정뱅이 남편이 살고 있었다. 저기 멀리 보이는 집은 파트로나토 의장의 집이었다. 그는 지역의 전기 공급을 위한 재정을 술 마시고 노름하느라 탕진한 부패한 관리였다.

이어 예수님과 후안은 도심, 바리오지역 한가운데의 공터를 지나쳤다. 원래 그곳은 주민광장이 되어야 하는 공간이었으나 지금은 불결한 악취를 풍기는 쓰레기더미로 가득 차 더러운 쥐들이 주인행세를 하고 있었다. 언덕 가장자리에 있는 허름한 판잣집을 손으로 가리키며 후안은 "예수님, 저 집 보이세요?"라고 물었다.

"저곳에는 한 여자가 네 명의 자녀들과 살고 있어요. 지붕이 심하게 새고 있답니다. 너무 가난하고 먹을 것과 입을 것도 없어서 가족 대부분이 병에 걸려 있답니다."

그때 라스파바스 도시가 세워진 언덕 가장자리에 두 사람이 멀리 보였다. 후안은 멀리서 그들을 가리키며 말했다.

"저쪽 끝을 보세요, 예수님! 여자와 아이가 물을 길으러 걸어가고 있나 봐요. 근데 이곳 라스파바스에는 물이 없답니다."

후안이 코너를 막 돌기 시작하였을 때 나직한 울음소리를 듣게 되었다. 소리나는 쪽을 향하여 고개를 돌렸다. 그 사람은 바로 예수님이었다. 예수님이 비탄에 빠져 울고 있었던 것이다. 후안은 자신의 마음을 부셔 놓았던 그것이 예수님의 마음 역시 부셔 놓고 있다는 것을 볼 수 있었다. 후안은 말하기 시작하였다. 그러나 예수님은 손을 뻗어 후안의 목을 끌어안았다. 그리고 그를 바라보며 "후안, 라스파바스에 대한 나의 관심이 어떤 것인지 네게 보여 주고 싶구나"라고 말씀하셨다.

갑자기 후안은 라스파바스를 내려다보고 있는 자신을 발견하였다. 예수님이 설명하기 시작하셨을 때 후안은 예수님이 말씀하시는 것들을 볼 수 있었다. 무엇인가 변화가 일어나고 있었다! 예수님은 후안의 교회에 있는 가난한 사람들이 그들 주변의 더 가난한 사람들에게 자신들이 가진 것들을 나누는 것에 대해 말씀하셨다. 매일 그들은 쌀 조금을 모아서 캔에 넣었다. 주말이 되었을 때 그들 각자는 쌀로 가득 채워진 캔을 가질 수 있었고 그것을 예수님의 이름으로 자신들보다 더 가난한 마을 사람들과 나누기 위해 교회로 가지고 왔다. 쌀뿐만 아니라 비누도 그렇게 하였다. 교회의 여자들은 도심 빈민가 지역의 과부들을 방문하였고, 또한 그들을 자기 가족으로 받아들여 그들이 빨래하고 요리하는 것을 도와주었고 아플 때는 그들의 자녀들을 돌보아주었다.

예수님이 고용에 대해서 말씀하셨을 때, 후안은 사람들이 일하는 것을 볼 수 있었다. 비록 높은 수준의 급여를 받는 것은 아니었지만, 일하는 사람들마다 기본적인 필요를 채울 수 있었고 자신의 존엄성을 느낄 수 있었다. 예수님이 주거 문제에 대해 말씀하셨을 때 후안은 비와 차가운 바람을 그대로 맞아야 하는 쓰러져 가는 판잣집이 집들로 바뀌는 것을 볼 수 있었다. 화려한 것은 아니었지만 안전하고 깨끗한 집들이었다. 예수님이 물에 대해 말씀하셨을 때 여자들과 아이들이 깨끗한 물을 얻기 위해 찾아왔던 지역에 급수탑이 세워졌다. 예수님이 오염물 처리에 대해 말씀하셨을 때 화장실이 생겨나는 것을 볼 수 있었다. 비록 각 사람이 한 개씩 가진 것은 아니었지만 지역 사람들이 쓰기에 충분한 숫자였다. 그리고 마을 중앙에 산더미처럼 쌓여있던 쓰레기 무더기는 사라져버렸다. 대신 그곳에는 작은 나무들이 생겨났고 아이들의 재잘거리는 웃음소리와 서로 어울려 노는 모습을 볼 수 있게 되었다. 또 예수님이 변화된 삶에 대해서 말씀하셨을 때 후안은 자신의 몸을 팔던 여인이 지금은 다른 사람들에게 존경받을 수 있는 직업을 가지고 아이들을 양육하는 모습을 볼 수 있었다. 술주정뱅이 남편이 이제 사랑 가득한 남편과 아빠로 변했다. 파트로나토 의장은 더 이상 재정을 부정직한 모습으로 사용하지 않았고 열심히 지역사회를 섬기게 되었다.

그리고 예수님이 말씀하셨다.

"후안, 교회를 한 번 보렴."

후안은 교회를 바라보았다. 교회가 사람들로 넘쳐났다. 여자와 아이들뿐 아니라 남자들도 있었다. 사람들은 행복했고 하나님의 선하심과 인자하심을 찬양하였다. 그리고 그곳에는 성령과 순종적인 사랑 안에서 사람들에게 말씀을 선포하고 가르치고 인도하는 후안이 있었다. 예수님은 그 모습에 대해 설명해 주셨다.

"후안, 내가 다시 돌아올 때라야 이 비전이 온전히 완성되겠지만, 이것이 바로 라스파바스를 향한 나의 관심이란다. 나는 네가 이 비전을 사람들과 함께 나누고 이 비전을 향해 라스파바스 사람들이 나아가도록 그들을 인도하기를 원한단다."

후안은 머뭇거리며 변명을 하기 시작하였다.

"그러나 주님! 우리는 너무 가난해요."

예수님께서 조용한 목소리로 후안에게 물었다.

"후안, 누가 이스라엘 백성들로 홍해를 건너게 하였니? 누가 다섯 개의 떡과 두 마리의 물고기로 오천 명의 남자들과 그들과 함께 있었던 여자들과 아이들을 먹였니? 누가 사르밧 과부의 기름과 밀가루가 떨어지지 않게 하여 3년의 기근에도 가족을 돌볼 수 있게 하였니? 누가 풍랑이 일던 갈릴리 바다를 잔잔케 하였니?"

후안이 대답하였다.

"예수님이 하셨잖아요."

"그래 후안, 그렇다면 내가 네게 지금 명한 대로 하려무나. 비록 작은 것이라고 할지라도 네게 있는 것으로 사람들과 함께 나누어라. 그리고 사람들에게 그들의 영적이고 육체적인 측면에 대한 나의 관심을 선포하여라. 그러면 내가 그들을 고치고 회복시킬 거란다."

후안은 새벽닭이 우는 소리를 들었다. 아내가 가볍게 기침을 하였고 커튼의 반대편을 흔들었다. 그는 책상에 앉아 있었는데 등불은 이미 꺼져 있었다. 날이 밝아오기 시작하였다. 후안은 예수님을 찾아보았으나 옆에 계시지 않았다.

"내가 꿈을 꾼 건가? 어떻게 된 거지?"

후안은 어떻게 된 건지 정확하게 알지 못 했지만 이것만은 분명하게 알게 되었다. 예수님이 자기를 찾아와 만나주셨다는 것…. 그리고 이제 가난한 사람들을 향한 하나님의 관심에 대해 새롭게 이해하게 되었다는 것…. 그리고 라스파바스에 하나님의 사랑을 나타내기 위하여 그가 어떻게 사람들을 인도해야 한다는 것을….

3. 지역 조사

밥 모피트(Bob Moffitt)

지역 조사는 내가 속한 지역을 걸으며 그 지역을 예수님의 시각으로 보며, 지역의 필요를 찾는 것이다. 지역 조사를 통해 발견된 '지역의 필요'는 겨자씨 프로젝트의 접촉점이 되기도 한다.

● 지역 조사의 성경적 근거

지역 조사는 '예수님과 사마리아 여인의 대화'(요 4:1-42)를 근거로 한다. 당시 예수님은 유대를 떠나 갈릴리로 가려 하셨다(요 4:3). 이때, 사마리아를 통과하게 된다. 당시 유대인들은 사마리아인들을 이방인과 피를 섞은 부정한 민족으로 낙인찍고 상종하지 않았다. 그러나 예수님은 사마리아의 한 여인을 향해 질문을 함으로 인격적 관계를 맺었고(요 4:7), 그녀에게 복음을 전했을 뿐 아니라(요 4:13-26) 사마리아 지역에서 이틀을 머물며(요 4:40), 많은 이들을 영생으로 인도했다(요 4:41).

당시 제자들은 예수님의 이런 행동을 이해하지 못하고 이상히 여겼다(요 4:27). 이것은 지역을 바라보는 제자들의 시각과 예수님의 시각의 차이 때문이다. 예수님께서는 사마리아 지역을 영적 필요가 있는 지역, 소외된 지역, 영적 추수가 임박한 지역으로 봤다(요 4:35). 반면 제자들은 사마리아를 지리적, 역사적, 혈통적 편견을 가지고 봤다. 이러한 편견은 사마리아 지역의 필요를 보지 못하게 했고, 그들을 향한 하나님의 뜻을 알지 못하게 했다.

이와 같이 대부분의 사람들은 한 지역에 오래 거주는 하지만 지역적, 종교적, 계층적 편견 때문에 지역의 필요를 보는 것이 아니라 본인이 보고 싶은 것만 보며, 그 지역을 향한 하나님의 전인적인 관심에는 무지한 상태로 수십 년을 살아간다.

지역 조사는 이러한 무지를 깨닫게 하며, 지역을 향한 하나님의 마음과 의도를 알게 한다.

● 지역 조사의 진행

지역 조사는 다음과 같이 진행된다.

첫째, 그룹을 정한다. 개인적으로 해도 되지만 3-6명 사이의 그룹으로 하는 것이 객관적이고 다양한 정보를 얻을 수 있다.

둘째, 이 지역의 필요를 보게 해 달라고 기도하며 지역을 걷는다.

셋째, 이야기를 듣는다. 지역의 유지나 전문가를 찾아 지역의 역사와 특성에 대한 이야기를 들으며, 사람들에게 물어본다.

넷째, 지역의 필요를 찾아라. 대부분의 지역은 가정 문제(맞벌이 부부의 증대, 내연의 처, 남성의 술, 과도한 업무, 도덕적 타락 등), 청소년 문제(낙태율의 증가, 입시에 대한 스트레스, 청소년 문화 부족 등), 노인 문제(실버 인구의 증가, 취업 문제, 여가 생활 등), 타 인종의 처우 등에 관한 문제를 가지고 있다. 지역 조사를 통해 내가 거주하고 있는 지역의 문제를 찾아내고, 문제들에 대한 정보를 얻는다.

다섯째, 지역 조사를 통해 얻은 정보를 누가복음 2장 52절의 네 가지 필요 영역에 따라 분류한다. 이러한 분류는 지역의 정보를 구체화시키고, 교회가 지역의 어느 영역을 섬겨야 할지 알게 하며, 지역을 향한 하나님의 의도를 보게 한다.

여섯째, 기도하며 지역의 필요를 채우기 위한 교회의 자원을 찾아낸다. 발견된 자원은 지역의 필요를 채우는 중요한 수단이 된다.

4. 예수 그리스도의 성장 및 적절함(Adequacy)의 개념

밥 모피트(Bob Moffitt)

이 땅에서의 예수 그리스도의 삶은 현대적이고 세속적인 관점과는 전혀 다른 인간개발에 대한 모델을 보여준다. 예수 그리스도의 성장은 우리 자신의 삶을 위한 성경적인 모델 또는 본보기의 역할을 한다. 그러나 현대 그리스도인들은 인간개발에 대한 이러한 성경적인 관점을 무시하고 간과하는 치명적인 실수를 종종 범하곤 한다.

개발에 대한 현대적인 관점은 무엇인가? 현대 세속사회는 개발을 주로 경제적, 물질적인 분야의 것으로 정의한다. 교육, 과학 그리고 기술이 빈곤의 문제를 해결하고 인간의 필요를 충족시킬 것이라 생각하며 평화와 행복을 발견할 수 있는 주요한 수단으로 이러한 것들을 받아들인다. 높은 교육 수준, 발전된 기술, 공업생산, 국가 경제의 성장 그리고 높은 GDP는 개발과 동의어로 취급된다. 교육과 기술 그리고 서구 사회의 다른 유익들이 삶의 물질적이고 지적인 영역의 수준을 높이는 데 긍정적인 기여를 하는 것은 사실이다. 이러한 것들이 좋고 유익한 것들이 될 수 있지만, 하나님의 의도를 향한 성장을 위해 기본적으로 요구되는 것들과는 거리가 있다.

불행하게도 제3세계의 많은 그리스도인들은 세속적인 개발 모델을 신봉한다. 사실, 그들은 물질주의의 장신구들에 의해 속임을 당해 온 것이다. 그들의 행동은 곧 그들의 믿음을 반영한다. 다시 말해, 그들은 서구적 가치를 추구하고 물질을 소유함으로써 '개발'을 측정할 수 있다고 믿고 있다. 그들은 서구의 교육과 기술이 행복이라는 이름의 항구로 자신들을 인도하는 배와 같다는 거짓말을 믿어 왔다.

제3세계의 그리스도인들이 이러한 관점을 가지게 된 것은 그들의 잘못이 아니다. 그들의 서구세계 형제자매들이 먼저 속임을 당했다. 그리고 서구의 선교사들은 기독교 신앙을 제3세계에 전했다. 기독교 메시지와 마찬가지로 이러한 잘못된 견해는 서구의 교육과 기술이라는 우산 아래에서 매혹적으로 포장되어 그들에게 전달되었다. 마치 바이러스가 다른 사람에게 전염되는 것과 같이 제3세계 그리스도인들도 물질적인 개발관을 가지게 된 것이다.

선교사, 기독교 구호 개발 사역자들은 물질적인 개발관을 조장할 수 있는 용어들을 사용하지 않아야 한다. 의도한 것이 아닐지라도 그들의 삶의 방식은 이러한 잘못된 메시지를 전달할 수 있다. 만약 '부자'(시계, 카메라, 컴퓨터, 자동차 그리고 좋은 옷들을 가진 사람)에 의해 가난한 사람이 그리스도께 나아오게 되었다면 그 가난한 사람은 그리스도인이 되는 것과 물질적인 소유의 관계에 대하여 어떤 시각을 갖게 될 것이라고 생각하는가? 만약 기독교 구호 개발 기관이 모든 마을 사람들의 일 년 수입을 합한 것보다 더 많은 비용을 들여 가난한 지역사회의 필요를 해결하려고 한다면 지역사회의 구성원들이 기독교 신앙, 기술 그리고 개발 사이의 관계에 대해 어떤 느낌을 가지게 될까?

성경은 대조적으로 인간개발을 위한 목표, 과정 그리고 물질적인 요구사항에 대하여 세속적인 시각과는 전혀 다른 관점을 제시하고 있다. 현대 그리스도인들은 개발에 대하여 자신들이 가진 물질적인 시각과 성경에서 말하고 있는 것을 비교해 볼 필요가 있다. 누가복음 2장 52절과 그 아래의 구절에서 인간개발에 대한 성경적인 관점을 발견할 수 있다. 이 구절을 통해 우리는 개발이 일어나는 상황(Context)에 대한 것뿐 아니라 개발의 목표와 과정들에 대해서도 알 수 있다.

"예수는 그 지혜와 그 키가 자라가며 하나님과 사람에게 더 사랑스러워 가시더라."

이 구절은 예수 그리스도의 성장에 대해 말하고 있다. 예수 그리스도는 지혜(지식)의 측면에서 자라셨다. 또한 그는 육체적으로, 영적으로 그리고 사회적으로 자라셨다. 그리스도인들은 예수 그리스도가 '완벽한'사람이었다는 것을 믿는다. 예수 그리스도가 우리의 모범이 되시는 것과 같이 예수 그리스도가 자라며 성장하는 모습은 우리에게 또한 성장(개발)에 대한 모델이 된다.

예수 그리스도는 상대적으로 가난한 환경에서 자랐다. 하지만, 동시에 그가 삶의 이러한 네 가지 영역에서 개발되었고 성장하였다는 것을 보는 것이 중요하다. 그는 안정된 환경에서 출생하였다. 그러나 태어난 첫해에 그는 이집트에서 정치적 망명자의 시절을 보냈다. 그는 노동자의 가정에서 성장하였고 로마의 군대가 주둔하였던 평판이 나쁜 마을에서 성장하였다. 그리고 그 역시 노동자였다. 그는 높은 수준의 공적인 교육을 받지 않았지만, 지역사회의 기준에 비추어 보았을 때는 적절한 수준의 교육을 받았다. 그는 읽을 수 있었고 성경에 대해서도 알았다. 예수 그리스도의 가정에는 현대 기술의 부산물들이라고는 없어 보인다. 수돗물도 없었고 수세식 화장실도 없었다. 전기도, TV도 없었고 시계, 자동차, 컴퓨터도 없었다. 만약 예수 그리스도가 오늘날의 시대에 태어났다면 위에 언급한 것 중에 전부 또는 일부를 가지고 있었을 것이라고 생각할 수도 있다. 그러나 그는 이러한 현대 기술의 부산물들이 부재한 상황 속에서도 하나님이 의도하신 대로 성장하였다.

예수 그리스도가 절대적인 빈곤에서 생활한 것은 아니라는 사실 또한 분명히 할 필요가 있다. 그는 가난했지만, 절망적인 빈곤은 아니었다. 빈곤은 분명히 하나님의 의도가 아니다. 하나님은 예수 그리스도에게 하나님이 의도하신 것에 이르기 위해 필수적인 사랑, 공동체의 지원, 교육의 기회 그리고 물질적인 소유를 공급하셨다. 하나님이 예수의 성장(개발)을 위해 공급하신 물질적인 상황(context)은 풍요 또는 빈곤의 수준이 아니라 충분함(적절함)의 수준이었다. 우리가 한쪽 끝에는 풍요의 상황을 놓고 다른 한쪽 끝에는 빈곤의 상황을 놓는 스펙트럼을 통해 본다면 예수 그리스도의 개발은 어느 한쪽의 환경에서 이루어진 것이 아니라 양 끝의 중간지점인 충분함의 수준에서 이루어진 것을 알 수 있다. '충분함(adequacy)'은 필요를 만족시키기에 충분한 자원이 있다는 것을 의미한다. 충분함의 개념은 잠언 30장 8-9절, 고린도후서 8장 13-15절, 그리고 히브리서 13장 5-6절 말씀에 명확히 설명되어 있다.

예수 그리스도가 처해 있던 물질적인 상황은 전 세계의 많은 사람들에게 개발과 관련하여 소망의 메시지를 전해준다. 이것은 수도, 전기, 높은 보수의 직업, 고등교육을 포함한 공업사회의 물질적인 부산물이 풍족하지 않다고 하더라도 육체적, 영적, 사회적 그리고 지적인 부문에서 하나님이 의도하신 것까지 성장할 수 있다는 것을 보여준다.

또한 예수 그리스도의 성장의 모델은 다른 사람의 개발과 관련하여 일하는 사람들도 충분함의 원리-인간의 기본적인 필요를 만족시킬 수 있는 충분한 자원이 있다는 사실-에 대해 알아야 함을 가르쳐 준다. 물질적인 빈곤은 분명히 하나님의 의도가 아니고 그리스도인들은 이것을 없애기 위해 노력해야만 한다.

그러나 서구 물질주의 관점이 개발을 위해 필요한 것이라고 믿는 것은, 서구 그리스도인들의 영성을 절름발이가 되게 했던 우상숭배를 믿는 것과 마찬가지이다. 개발을 위한 요구 조건으로 서구 물질주의를 믿는 것은 충만의 근원으로서 하나님이 아니라 물질에 초점을 맞추는 것과 다름없다.

개발에 대한 성경적인 관점은 믿기 어려울 만큼 자유롭다. 만약 사람들이 충분한 자원을 가지고 있는 데에 반해 다만 서구 사회의 물질적인 것들을 소유하지 않았다면 그들은 하나님이 그들에게 의도하신 방향으로 나아갈 수 있다. 성경적인 개발은 사람들로 하여금 삶의 모든 영역에서 하나님의 의도하신 충만으로 나아가도록 돕는다. 그리고 물질을 소유하기 위해 허우적거리기보다는 하나님이 의도하신 사람이 되는 것에 자신의 에너지를 사용할 수 있게 한다.

서구 세계관은 종종 행복과 충만을 위해 '물질'에 대한 의존을 말해왔지만, 성경적인 세계관은 하나님에 대한 의존을 강조한다. 물질이 반드시 나쁜 것은 아니다. 사실 개발을 위한 주요한 수단이 될 수 있다. 그러나 그것들을 개발을 위한 유일한 방법이라고 생각할 때 우리의 초점과 기대는 잘못된 것으로 나타나게 된다. 예수 그리스도에게 하나님이 그러하셨듯이 하나님은 우리의 근원이시고 공급자이시다. 가난하다고 하더라도 물질적으로 충분한 자원을 가진 사람들은 예수 그리스도처럼 삶의 모든 영역에서 하나님이 의도하신 충만에 이를 수 있다.

5. 이웃을 사랑할 때 무슨 일이 일어나는가?

밥 모피트(Bob Moffitt)

누군가가 사랑이 세상을 움직인다고 말했다. 아마 그럴 것이다. 그런데 내가 이해하기로는, 사람들은 희생적 사랑으로 인해 하나님 나라에 이끌리게 된다. 사랑이 사람을 얻는 것이다. 가끔 사랑 외에는 다른 어떤 것도 효과가 없다면 말이다.

하나님의 계명 중에 생략할 수 없는 최소한의 계명은 네 이웃을 네 몸과 같이 사랑하라는 것이라고 나는 자주 가르쳐왔다. 그런데 우리가 우리 이웃을 사랑할 때 어떤 일이 생길까?

꽤 오래전 한 이웃이 사랑에 대해 반응했던 적이 있다. 그의 이름을 '데일'이라 부르겠다. 그는 바로 옆집에 살았는데 기독교인도 하나님도 교회도 좋아하지 않았다. 그는 술을 좋아했고, 직업도 없이, 세금 체납에다 우울증까지 안고 살았다. 대부분의 시간을 커튼이 쳐진 집안에서 지냈다. 마당 잔디도 돌보지 않아 제멋대로 자라고 있었다.

이와 달리, 나는 마당 일을 즐겁게 했다. 주말이면 마당을 가꾸면서 내 자신이 "밥(Bob)"이라기 보다는, 하나님이 에덴동산을 돌보라고 이끌어주신 "아담"이 아닌가라고 상상하면서 이 일을 즐겼다. 그래서 대단한 관심과 자부심을 가지고, 나뭇가지를 치며 꽃을 심고 조심스레 잔디를 깎으며 물을 주었다.

하루는 옆집 잔디를 쳐다보며 '데일'이 적어도 자기 잔디 정도는 깎도록 권면해 주십사고 속으로 불평 섞인 기도를 했다. 순간 성령님께서 나에게 그 일을 하라고 말씀하시는 것을 깨달았다. 한편으로는 이웃이 돌보지 않는 잔디를 보고 불편한 마음이 들기도 했지만, 나는 성령님의 지시대로 했다. 데일의 허락도 구하지 않은 채, 그냥 그 집 잔디를 깎아버렸다.

그다음 주간에 내가 마당 일을 막 마쳤는데, 성령님께서 "아직도 안 끝났잖아"라고 말씀하시는 듯했다. 나는 "아니, 다 끝났는데…. 뭐가 안 끝났나요?"라고 주님께 물었다.

"데일집 마당은 안 끝났잖아."

주님과 나의 대화는 대충 이런 내용이었다.

"지난주에 데일 마당 일을 했는데요."

"그건 지난주잖아. 지금 그 집 마당 일을 해야지."

그래서 나는 또 데일의 마당을 정리했다. 사실 그 후로 나는 매 주간 이 일을 하면서 1년 반 동안 그렇게 했다. 가끔 '데일'은 집 밖으로 나오더니 내게 음료수도 주면서 대화도 나누었다. 그의 화젯거리는 정치나 개인사, 혹은 고장 난 잔디깍이 기계 등이었다.

이웃을 사랑할 때 무슨 일이 생기는가?

어느 날 저녁에 누군가가 내 집 문을 두드렸다. 나가보니 '데일'이었다. 집안으로 그를 들어오게 하면서 내가 도울 일이 있냐고 물었다. 그랬더니 그는 "그동안 왜 우리 집 마당 일을 했죠?"라고 묻는 게 아닌가.

"당신이 그런 질문을 해주기를 지난 1년 이상이나 기다려왔습니다"라는 말이 목구멍까지 올라왔지만, 나는 그렇게 대답하지 않았다. 대신 나는 예수님이 내게 그렇게 하라고 해서 했다라고 답했다. 그리고 계속해서 함께 커피를 마시는 동안, 나는 주님에 대해 얘기했다. 얼마 지나지 않아 '데일'과 그의 가족은 다른 곳으로 이사를 갔다. 어디로 갔는지 몰랐고, 연락도 끊겼다.

그렇게 15년이 지난 어느 날이었다. '데일'에게서 연락이 왔고, 그는 나와 내 아내를 그의 새집으로 초청했다. 그래서 그의 집에 갔는데, 집 마당이 아주 깨끗하다는 걸 알았다. 우리는 함께 멋진 만찬을 나누며 신나게 대화를 나누었다. 식사가 끝날 즈음, '데일'은 자기가 왜 우리를 초대했는지 말해주었다.

"난 이제 더 이상 술을 안 마십니다. 밀린 세금도 다 냈고, 좋은 직업도 갖고 있죠. 예수님을 만났고 교회에서 직분도 맡고 있습니다. 이렇게 된 이유는, 바로 당신이 내 집 마당 일을 해줬기 때문입니다."

나는 너무 놀라고 말았다! 게다가 데일은 한 번 더 나를 놀라게 했다. 주말마다 자기 옆집 마당 일을 해주고 있다는 것이었다.

순종으로 하는 희생적인 사랑은 기적을 만들어 낼 수 있다. 이웃을 사랑하십시오. 그리고 무슨 일이 일어나는지 지켜보십시오!

6. 현재를 향한 하나님의 의도 – 창문으로서의 교회

GOD'S PRESENT INTENTIONS – THE CHURCH AS A WINDOW

밥 모피트(Bob Moffitt)

하나님은 바로 지금(현재)을 위한 어떤 기쁜 소식을 갖고 계시는가? 그렇다! 하나님의 기쁜 소식은 단지 미래만을 위한 것이 아니다. 예수님께서 제자들에게 어떻게 기도하라고 하셨는지 생각해보라.

"하늘에 계신 우리 아버지 이름이 거룩히 여김을 받으시오며 나라가 임하옵시며 뜻이 하늘에서 이루어진 것같이 땅에서도 이루어지이다"(마 6:9–10).

뜻이 하늘에서 이루어진 것처럼 땅에서도 이루어지게 하옵소서! 우리는 이 기도를 아무 의미도 없이 수없이 인용해왔다. 그러나 의미 없는 것이 아니다. 매우 강력한 것이다!

하나님의 뜻은 어디에 있는가? 주기도문에 따르면, 먼저 하늘에서 이뤄졌다. 그러나 예수님은 하나님의 뜻이 하늘에서 이뤄진 것과 같이 땅에서도 이뤄지도록 기도하라고 가르치셨다. 하나님은 자신의 뜻을 땅에서 현재 이루시려는 의도를 갖고 계신다. 만약 하나님의 뜻이 하늘에서 이뤄진 것처럼 땅에서도 이뤄진다면 어떤 일이 일어나겠는가? 만약 하나님의 뜻이 하늘에서 이뤄진 것같이 당신의 지역사회와 나라에 이뤄진다면 어떤 일이 벌어지겠는가? 이 땅이 바로 하늘처럼 되지 않겠는가! 물론 하나님의 뜻이 하늘에서는 완전하게 이뤄지는 반면, 땅에서는 불완전하게 이뤄지겠지만 말이다.

● 하나님의 의도와 뜻을 아는 것

현재를 향한 하나님의 의도는 일반적으로 무엇을 의미할까? 요한복음 14장 13절을 보면, 우리가 하나님을 사랑한다면 하나님께 순종해야 한다. 하나님의 뜻은 우리가 하나님의 뜻을 행하는 것이다! 마태복음 28장 18-20절에서는 물론 다른 사람들이 하나님의 뜻에 순종하도록 제자로 훈련하는 것도 하나님의 뜻을 행하는 것에 포함한다. 사람들은 종종 '온 세상에 가서 복음을 전하라'는 예수님의 지상명령을 통해 교회에 주신 책임 중 일부분만을 기억한다. 그러나 그것만이 과제의 전부는 아니다. 그것은 단지 과제의 시작일 뿐이다. 사람들이 그리스도에게 돌아온 후, 우리는 그들을 제자로 훈련하여 하나님의 뜻을 행하도록 해야 한다. 만일 우리가 그 일을 하지 않으면, 지상명령의 과제를 다 마치지 못한 것이다. 우리는 다른 사람들을 훈련하여 하나님께서 명령하신 모든 것을 순종하도록 해야 한다.

하나님의 의도, 하나님의 뜻을 어떻게 알 수 있는가? 우리는 직관적으로 하나님의 뜻을 알 수 없지만, 종종 하나님의 뜻을 아는 것을 지나치게 복잡하게 만들어버렸다. 하나님의 뜻을 행하는 것이 무엇을 의미하는지 알려면 말씀과 성령의 계시가 필요하다. 시편 119편 99-100절은 하나님의 말씀을 묵상하고 순종하라고 상기시켜준다. 잠언 2장 1-5절에서는 하나님의 말씀을 받아들여 하나님의 뜻을 이해하라고 권면한다. 요한복음 16장 13절은 우리를 모든 진리 가운데로 인도하시는 이는 성령이라고 확증해준다.

아브라함의 하인은 훌륭한 모범을 보여준다. 그는 아브라함에게 맹세하기를 이삭을 위해 아내를 구해서 아브라함의 땅으로 돌아오겠다고 했다. 그는 여행을 떠났고, 가는 길을 주님께서 인도하셨다. 그는 무엇을 해야 할지, 어떻게 이

삭의 아내를 구하여 다시 낯선 땅으로 돌아올 수 있을지에 대해 전혀 몰랐다. 그래서 그는 가는 길에, 계속해서 매 걸음마다 주님을 찾았다. 주님은 신실하게 인도하셨고, 그는 따라갔다(창 24:48). 이 사례로부터 배울 수 있는 간단한 진리가 있다. 여행을 떠나고, 가는 길에 주님을 찾고, 그분께 듣고 보여주시는 대로 순종하라는 것이다. 만약 우리가 하나님의 의도에 대해 알고 있는 것을 따르는 여행길이 아니라면, 하나님의 뜻을 알려고 하는 것은 별로 소용이 없을 것이다.

우리 지역사회의 모든 기독교인들이 이런 방법, 즉 성경을 찾고 성령에 인도하심을 받고, 하나님이 보여주시는 대로 알고 있는 것을 순종함으로 행하고 있는가? 만약 우리 지역사회에서 기독교인이라고 고백하는 모든 사람이 하나님의 뜻을 알기를 구하고, 어떻게 살아야 할지에 대해 결단하고, 하나님께서 원하시는 대로 순종한다면, 무슨 일이 일어날까?

● 현재를 향한 하나님의 의도

하나님께서 우리의 현재 삶에서 무엇을 하시기 원하는지 하나님의 말씀은 어떻게 가르치고 있는가? 매우 많은 것을 가르치고 있다! 사도행전 14장 22절은 고난을 견디라고 권면한다. 에베소서 5장 17-20절에서는 주의 뜻을 이해하고, 성령 충만하고, 찬송하고 감사하라고 격려한다. 데살로니가전서 4장 3절은 거룩하고 순결하고 자기 손으로 일하라고 말한다. 우리 지역사회의 모든 기독교인들이 고난을 견디는가? 우리 모두가 주의 뜻을 이해하고, 성령 충만하고 찬송하고 감사하는가? 모두 거룩하고 순결하게 살고 자기 손으로 일하는가? 우리 가정을 위한 하나님의 의도는 무엇인가? 에베소서 5장 21절에서, 우리는 서로 순종하고 존경해야 한다고 말한다. 에베소서 6장 4절은, 우리 자녀들이 거룩한 삶을 살도록 훈련하라고 한다. 우리의 형제와 자매들과의 관계에 대한 하나님의 의도는 무엇인가? 요한복음 13장 34절에서는 서로 사랑하라고 하며, 요한복음 17장 20-23절은 연합하여 살라고 가르친다. 우리 지역사회의 모든 기독교인들이 하나님의 뜻을 알기를 구하고 명령하시는 대로 산다면 무슨 일이 일어나겠는가? 만일 우리 모두가 개인과 가정의 삶에서 거룩하고, 순결하고, 존경받는 삶을 산다면 어떻게 되겠는가? 만약 다른 신자들과의 관계에서 함께 연합한다면 어떤 일이 일어날까? 가히 혁명적인 일이 벌어질 것이다!

세상의 가난한 사람들과 우리와의 관계에 대한 하나님의 의도는 무엇인가? 로마서 13장 9절은 우리에게 이웃을 사랑하라고 명령한다. 야고보서 1장 27절에서 하나님은 고아와 과부를 돌보라고 가르친다. 예레미야 22장 3절, 15절, 16절에서 하나님은 우리더러 가난한 자를 위해 신원(변호)하라고 하신다. 고용주, 하인, 정부, 원수와 우리와의 관계에 대한 하나님의 의도는 어떤가? 골로새서 4장 1절에서 우리의 권위 아래 있는 자들에게 공정히 대하라고 말씀한다. 베드로전서 2장 13-15절은 우리보다 위에 있는 권위를 존경하라고 명령한다. 로마서 13장 1절은 권위를 가진 자들에게 순종하라고 가르친다. 누가복음 6장 27절, 35절, 36절은 우리의 원수를 사랑하고 축복하라고 교훈한다. 우리 지역사회의 모든 기독교인들이 이처럼 하나님의 뜻을 따라 사는가? 만약 월요일 오전 9시 정각부터 모든 기독교인들이 이런 방식으로 살기 시작한다면 어떤 일이 벌어질까? 그것은 혁명적인 일 이상이 될 것이다. 부흥이 일어날 것이다! 사람들은 하나님께로 나오게 될 것이다.

우리가 순종하면 그 영향은 주님과 우리와의 관계 이상으로 퍼지게 된다. 우리가 현재와 미래를 위한 하나님의 의도를 알고 그분의 뜻에 순종하는 것은 대단히 중요한데, 이를 설명하기 위해 다음 그림을 사용해보자.

우리는 지금 시선을 받고 있다. 하나님께 뿐만 아니라, 세상의 깨어진 사람들로부터도 시선을 받고 있다. 우리가 하나님께 순종할 때, 우리는 미래와 현재에 있어서 세상 사람들을 위한 하나님의 사랑과 관심을 드러내 보여주게 된다. 이것은 당연히 일어나야 하는 일이다! 이럴 경우, 지역사회의 깨어진 사람들이 우리를 볼 때, 그들은 현재와 미래 양쪽을 위한 하나님의 선한 의도를 볼 수 있게

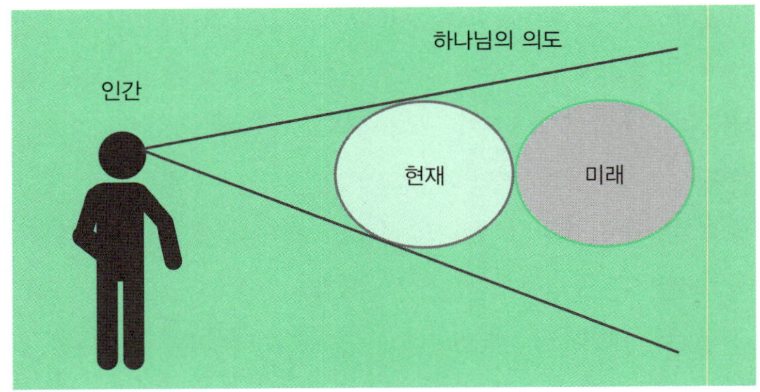

될 것이다.

그들은 미래를 위한 하나님의 선한 의도, 즉 하나님의 구원의 은혜와 영원한 죽음으로부터의 구원을 볼 수 있게 된다. 또한 그들은 바로 지금 그들을 위한 하나님의 놀라운 기쁜 소식을 알게 될 것이다. 그들은 당연히 이런 것들을 볼 수 있어야 하는데, 종종 그러지 못한다. 왜 그럴까? 그들의 시야를 가로막는 하나의 벽이 있기 때문이다. 이 벽은 죄의 벽이다. 우리는 이 벽이 지역사회의 깨어진 사람들로 하여금 하나님의 목적을 보지 못하게 하는 세상의 죄라고 믿고 싶어 한다. 그러나 그건 단지 세상의 죄만이 아니라 우리의 죄와 불순종이다. 우리 주위의 깨어진 사람들이 지금 하나님의 목적을 볼 수 있도록 살아가야 하는데 그렇게 하지 않는 것이다. 이는 곧 "하나님께서 그리스도 안에 계시사 세상을 자기와 화목하게 하시며 그들의 죄를 그들에게 돌리지 아니하시고 화목하게 하는 말씀을 우리에게 부탁하셨느니라. 그러므로 우리가 그리스도를 대신하여 사신이 되어 하나님이 우리를 통하여 너희를 권면하시는 것 같이 그리스도를 대신하여 간청하노니 너희는 하나님과 화목하라"(고후 5:19-20)고 하신 하나님의 명령을 따르지 않는 죄와 불순종이다.

당신이 하나님이라면, 그 벽을 어떻게 하겠는가? 사람들은 종종 "그들이 그

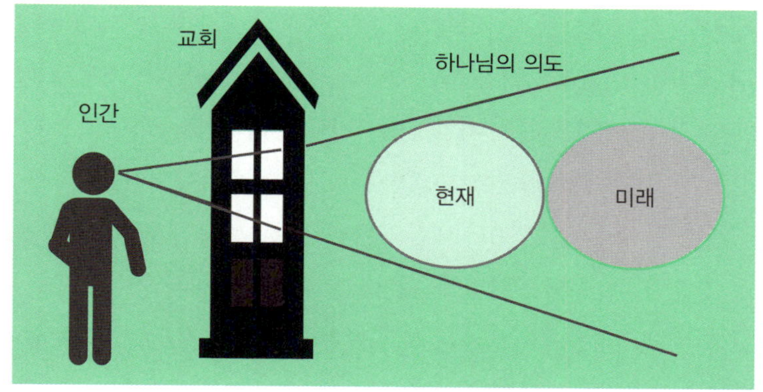

벽을 부셔서 무너뜨려 버리겠지!"라고 말하곤 한다. 이렇게 말할 때 조심해야 한다. 왜냐하면 우리 자신에게도 역시 해당될 수 있는 말이기 때문이다. 게다가 성경을 보면, 예수님께서 다시 오실 때까지는 세상의 죄가 완전히 제거되지 않기 때문이다. 그 대신 하나님께서는 다른 길을 준비하셨다. 하나님의 선한 의도를 보지 못하도록 막는 벽에 창문을 만드신 것이다!

그 창문은 바로 교회, 즉 예수 그리스도의 교회이다. 우리 지역사회의 깨어진 사람들이 하나님의 교회의 창문을 통해, 현재와 미래에 그들을 위한 하나님의 기쁜 소식을 보게 될 것이다. 이것이 하나님의 뜻이다.

● 창문으로서의 교회

이 강의 내용을 표현하기 위해 4개의 창이 있는 창문을 예시로 들어보자. 각 창은 예수님이 성장하셨던 4가지 영역을 하나씩 대표한다. 즉, "지혜", "신체적", "영적", "사회적" 영역이다. 예수님은 이 4가지의 모든 영역에서 자라나셨기 때문에, 이 4개 영역을 인간의 치유와 성장을 위한 하나님의 관심 영역으로 간주하자. 교회는 창문으로서, 이 창문을 통해 깨어진 사람들이 4가지 영역에 대한 하나님의 선한 의도를 보게 된다. 이런 창문으로서의 교회가 어떤 일을 할 수 있을까?

어떤 교회는 "신체적"이라고 쓰인 창을 바라보고는, "우리는 신체적 사역은 안 합니다. 그건 정부나 복지 기관에 맡겨버리죠"라고 말할 것이다. 이렇게 되면, 그 창은 어둡게 되어버린다. 그러면 우리 지역사회의 깨어진 사람들은 교회라는 창문을 통해 신체적 필요에 대한 하나님의 관심은 보지 못하게 될 것이다.

다른 창은 모든 종류의 "사회적" 깨어짐에 대한 하나님의 관심을 표현한다. 어떤 교회는 말하기를, "이건 우리 교회의 과제가 아냐. 우리는 사회사업에 참여하지 않아!"라고 한다. 이때 그 창은 어둡게 되어버리고, 깨어진 사람들은 교회를 통해 사회적 영역을 치유하기 원하시는 하나님의 관심을 보지 못하게 된다.

또 다른 창은 "지혜"를 표시한다. 교회는 이렇게 말할 수도 있다. "우리는 지혜는 다루지요. 다만 교인들만을 위해서지요." 사람들은 하나님의 지혜를 배우기 전에 먼저 교회 안으로(into) 들어와야만 한다. 이렇게 되면, 그 창은 닫혀버리게 된다. 그러면 교회 밖의 사람들은 지혜 영역의 성장을 위한 하나님의 의도를 볼 수 없다.

마지막 창은 "영적" 창이다. 교회는 이렇게 말할 것이다. "그렇죠! 우리는 영적인 기쁜 소식을 선포하라고 부르심을 받았거든요!"라고 말이다. 그러면, 지

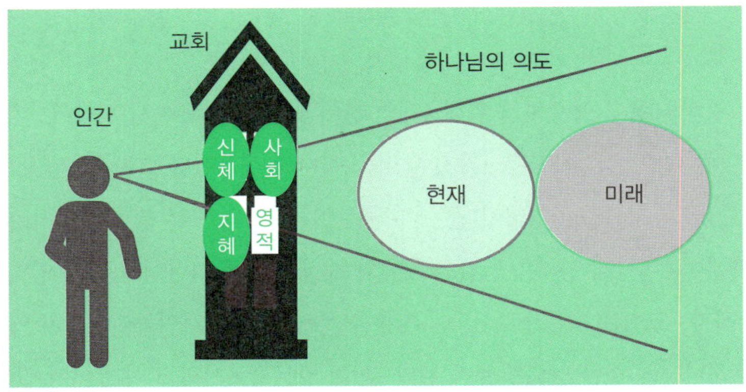

역사회의 깨어진 사람들이 교회라는 창문을 통해 들여다볼 때, 신체적, 사회적, 지혜의 창이 어두워져 있으면 무엇을 보게 될까? 단지 하나님의 영적 의도만을 볼 것이다. 영적 영역은 현재와 미래에서 엄청나게 중요하지만, 깨어진 사람들은 이것을 모를 것이다. 그 사람들은 후안과 같은 사람들, 즉 청년 루디가 페루의 리마에 있는 빈민가에서 만났던 이와 같은 이들이다. 후안은 루디가 요점을 설명하려고 건넸던 전도지를 찢어서 삼켜버렸다. 후안이 말하려고 한 것은, "나는 미래를 위한 영적인 기쁜 소식에는 관심이 없어. 난 지금 배가 고프단 말이야! 너의 하나님은 나처럼 배고프고 일자리가 없는 사람에게 지금 아무 관심도 없는 거야?"란 의미이다.

우리 교회는 모든 창을 깨끗이 닦을 필요가 있다! 그래서 깨어진 사람들이 모든 창을 통해 들여다볼 수 있어야 한다. 하나님은 후안을 포함하여 모든 깨어진 형제와 자매들이 교회의 창문을 들여다보고, 하나님의 모든 관심 영역(신체적, 영적, 사회적, 지혜)에서 그들을 위한 하나님의 선한 의도를 볼 수 있기를 원하신다.

7. 그리스도와 그분의 왕국

Christ and the Kingdom

대로우 밀러(Darrow L. Miller)

우리는 예수님과의 교제 안에서 하나님 나라의 삶에 대한 비전을 사람들에게 권면함으로써 그들이 예수님의 제자가 되도록 인도한다. 그리고 이 일은 예수님 자신의 하신 방식을 따라 사람들에게 하나님 나라를 선포하고, 보여주고, 가르치는 방식으로 한다. 그리하여 사람들의 삶을 다스리는 신념 체계를 변화시키는 것이다.

- 달라스 윌라드 (Dallas Willard)

서사적 영화인 반지의 제왕: 두 개의 탑(The Lord of the Rings: The Two Towers)에서, 로한 왕국은 찬란했던 시절을 잃고 말았다. 데오덴 왕은 어둠의 세력이 한때 자랑스러웠던 그의 도시로 몰려 들어오는 것을 보면서, 이렇게 탄식한다. "서구에서 한때 영광스러웠던 시대는 언덕 뒤의 어둠으로 사라졌구나. 어떻게 일이 이렇게 되고 말았단 말인가?"

이 질문은 오늘날의 서구에도 그대로 해당된다. "선교에 대한 목회 서신"이란 글에서, 개혁 성공회 소속의 일단의 목회자들은 바로 이 질문에 대해 다음과 같이 대답했다.

"이렇게 된 이유는 북미와 서구에 이교주의가 다시 복귀하여 예수 그리스도의 지상명령이 무효화 되고 말았기 때문이다."

나의 목표는 지상명령을 "유효화"시키는 것으로서, 지상명령을 회복시키고, 재확인시키며, 재활성화시키는 것이다. 내가 바라는 것은 교회의 선교가 다시 지상명령으로 되돌아가는 것이다.

지상명령을 공부하기 시작할 때, 먼저 예수 그리스도 그분 자신에게 반드시 주목해야 한다. 즉 하늘과 땅의 모든 권세를 가지고 있다는 그분의 선언이 그분의 백성에게 위임한 과제의 기초가 되기 때문이다.

● 승리자이신 그리스도 (Christus Victor)

지상명령은 두 가지 배경을 가지고 있다. 하나는 지상의 배경이며, 또 하나는 우주적인 배경이다. 지상의 배경은, 갈릴리 호수가 내려다보이는 하나의 물리적인 산에서였다. 부활 후에 예수님은 제자들더러 이스라엘의 북쪽 지방에서 만나자고 명했다.

"열한 제자가 갈릴리에 가서 예수께서 지시하신 산에 이르러 예수를 뵈옵고 경배하나 아직도 의심하는 사람들이 있더라"(마 28:16-17).

제자들은 예루살렘 인근에서 부활하신 예수님을 다양한 방법으로 만났는데, 그들의 반응은 제각각이었다. 혹은 경배하는 자세로 예수님 앞에 엎드렸고, 혹은 머뭇거리며 어떻게 판단하고 반응해야 할지 몰라 했다.

누가 이들을 나무랄 수 있겠는가? 이들은 모든 것을 버리고 예수님을 따르지 않았던가? 그들은 예수님이 예루살렘으로 승리의 행진을 할 때, 이제 메시아가 로마 군대를 몰아내고 정치적인 왕국을 건설할 것으로 기대했다. 하지만, 3년 간이나 쌓아온 기대에도 불구하고, 일어날 수 없는 일이 그들의 눈앞에 벌어지고 말았다. 예수님은 체포되어 처형당하고 만 것이다. 제자들의 꿈은 좌절되었고, 그들의 생애는 끝난 것 같았다.

그런데 기적적인 사건이 일어났다. 예수님이 죽은 자 가운데서 일어나서 제자들 앞에 나타나신 것이다. 그리고 예수님은 그들에게 갈릴리에 가서 만나자고 하셨다. 제자들은 순종하여, 의심하지 않고, 경이로움에 빠진 채 갈릴리로 갔다. 이제 아름다운 갈릴리 언덕에서, 그리스도는 의미심장한 선언, 즉 위대한 선언을 하신다.

"예수께서 나아와 말씀하여 이르시되 '하늘과 땅의 모든 권세를 내게 주셨으니"(마 28:18).

그러고 나서 제자들에게 지상명령이라 일컫는 과업을 주셨다.

"그러므로 너희는 가서 모든 민족을 제자로 삼아 아버지와 아들과 성령의 이름으로 세례를 베풀고 내가 너희에게 분부한 모든 것을 가르쳐 지키게 하라 볼지어다 내가 세상 끝날까지 너희와 항상 함께 있으리라"(마 28:19-20).

지상명령의 우주적 배경은 바로 하늘인데, 이곳은 하나님과 사단 간의 전쟁터이자, 사망의 구질서와 생명의 새 질서 간의 충돌이 일어나는 곳이다. 이 서사적 전쟁터에서 승리하는 자가 세상을 다스리며 역사의 운명을 결정하게 될 것이다.

두 개의 전투가 있었는데, 첫 번째는 겟세마네 동산에서 일어났고, 거기서 예수님은 사망의 공포를 극복해야만 하셨다. 예수님은 기도하셨다.

"아버지여 할만하시옵거든 이 잔을 피하게 해주옵소서 그러나 내 뜻대로 마옵시고 아버지의 뜻대로 하옵소서"(눅 22:42).

십자가를 앞에 두고, 예수님은 내적 자아의 심각한 갈등을 겪으셨다. 하나님께 잔을 피하게 해달라고 세 번이나 기도하셨다. 그러나 예수님은 잔을 피하는 것보다 아버지의 뜻을 더욱더 원하셨다. 그래서 아버지의 뜻이 아들의 뜻이 되었고, 인류를 위한 구속의 길은 보장되었다. 그리스도는 자신의 일이 사단을 결박하는 것이라 표현하셨고, 바울은 십자가의 승리의 성격을 이렇게 묘사했다.

"통치자들과 권세들을 무력화하여 드러내어 구경거리로 삼으시고 십자가로 그들을 이기셨느니라"(골 2:15).

두 번째 전투는 아리마대 요셉의 무덤에서 벌어졌다. 이것은 사망 자체(death

itself)를 극복하기 위한 전투였다. 그리스도가 오시기 전까지는 사망이 항상 승리했다. 사망한 사람이 무덤에서 다시 살아난 예외적인 경우도 결국에는 사망이 승리했다. 예를 들면, 다시 살아났던 나사로도 나중에는 두 번째로 다시 죽었다. 그러나 사망은 죽은 자 가운데서 비가역적으로 다시 일어나신 그리스도를 붙잡아 둘 수 없었다. 그분은 죽음을 정복하셨고, 악의 세력을 극복하셨고, 만물을 자신과 화해시키는 과정을 시작하셔서, 인류 역사에 새로운 시대를 여셨다. 이제 우리는 더 이상 사망의 공포 가운데 살지 않는다. 창조의 질서가 회복되고, 하나님의 나라가 오고 있는 것이다.

모든 전쟁에는 전환점이 있는데, 우주적인 영적 전쟁에서는 십자가가 전환점이다. 십자가에서 그리스도가 승리하셨다. 그분은 승리자 그리스도이시다.

사단은 패배한 적이다. 사단은 왕좌에서 쫓겨났고, 그의 가짜 통치와 질서는 끝이 나고 있다. 그리스도께서는 이제 창조 질서를 회복시키시고 사망을 이기는 생명을 회복시키신다. 우주적 전쟁에서 소탕 작전은 계속되겠지만, 결과는 분명하다. 그리스도를 위한 가수였던 고 키이스 그린(Keith Green)은 그의 노래 "승리자"에서 그리스도의 승리에 대해 다음과 같이 노래했다.

땅의 어두운 구덩이 속으로 집어 삼키운 채
사망이 승리했다고
사람들은 말했지
그러나 사망이 그분을 무덤 속에 가두려 했지만
생명이신 그 아들은
사흘째에 일어나셨네.

다 이루었다.
그분이 완성했네.
생명이 사망을 정복했지.

예수 그리스도께서
승리하셨네.

악령들의 비명소리를 들으라.
그분이 뱀의 머리를 밟으시는 걸 보라.
지옥의 죄수들을
그분이 구속하시네.
모든 사망의 권세는 죽고 말았네.

영국의 작가이며 저널리스트이자 문화비평가였던 체스터톤(G. K. Chesterton, 1874-1936)은 부활이 가져다준 새로운 시대의 경이로움을 이렇게 표현했다.

사흘째 되던 날, 그리스도의 친구들은 먼동이 틀 때, 무덤은 비어있고 돌문이 굴려 열려져 있는 것을 보았다. 그들은 이 새로운 이적을 서로 달리 이해했지만, 그들조차도 거의 깨닫지 못한 것이 있었으니, 바로 세상이 그 밤에 죽었다는 것이다. 이제 그들이 보고 있는 건, 새 하늘과 새 땅이 함께 하는 새로운 창조의 첫날이었다. 그리고 저녁이 아닌 서늘한 새벽에 정원사이신 하나님이 동산에서 다시 거니시는 것과 흡사한 모습을 보고 있었던 것이다.

부활과 함께 밝아온 새 시대에, 그리스도는 이 땅 위에 그분의 왕국을 세우고 계신다. 승리자 그리스도는 우리를 부르셔서 그의 질서 체계 속에 살게 하시며, 그분의 통치를 하늘에서 땅으로 확장하고 계신다. 우리는 사단적인 것에 너무 많이 양보한 나머지, 우리의 세상과 지역사회에서 수세적으로 살고 있다.

교회는 너무나 자주 사단이 승리자이고, 그리스도는 패배자인 것처럼 움직이고 있다. 물론 성경은 사단을 "이 세상의 임금"(요 12:31), "온 세상을 미혹하는 자"(계 12:9)로 묘사하고 있지만, 사단은 오직 사람들이 자의적으로 어둠 속에 거하며 악한 일을 저지르는 곳에서만 자신의 권세를 행사할 뿐이다. 요한일서 3장 8절은 처음에 "죄를 짓는 자는 마귀에게 속하나니 마귀는 처음부터 범죄함이라"라고 말하지만, 곧이어, "하나님의 아들이 나타나신 것은 마귀의 일을 멸하려 하심이라"고 말한다. 성경은 사단이 궁극적으로 그리스도의 죽음과 부활로 인해 패배했다고 분명하게 밝힌다.

바울은 이에 대해 일관되게 언급한다.

"통치자들과 권세들을 무력화하여 드러내어 구경거리로 삼으시고 십자가로 그들을 이기셨느니라"

이 구절에서, 전쟁 용어가 나오는데, 한쪽이 결정적 전투에서 이기면, 다른 한쪽은 패배한다. 그리스도의 십자가 죽음은 하나님과 사단의 대 영적 전쟁에서 전환점을 가져왔다. 사단은 패배한 적으로서, 뒤로 물러나 마지막 심판만 남은 게 확실하다. 무적이신 그리스도는 우리를 부르셔서 그분을 따라 지옥의 문을 파쇄하게 하시고, 음부의 권세가 우리를 해하지 못할 것이라고 확신시켜 주신다. 지상의 모든 사람들 가운데, 기독교인은 가장 낙관적인 사람들이어야 한다. 왜냐하면, 그리스도는 우주적 대전이라는 결정적 전투에서 승리하셨기 때문이고, 이제 우리는 역사의 종말이 어떻게 될지를 알고 있기 때문이다!

● 세상에서의 하나님의 통치

세계 각지를 여행하면서, 나는 목회자들과 교회 지도자들에게 이런 질문을 했다.

"오늘날 예수님은 왕으로서 어떻게 다스리시고 계십니까?"

그들은 대부분 같은 대답을 내놓았다.

"그분은 오늘날 하늘의 왕으로서 계시고, 다시 오시면 땅의 왕이 되실 것입니다."

그런데 성경은 어떻게 말하는가?

바울은 그리스도의 우월성을 논할 때, 단지 하늘의 영역에 대해서만 아니라, 만물에 대한 그분의 우월성을 묘사한다. 바울이 얼마나 자주 "모든 피조물"과 "만물"이란 단어들을 쓰고 있는지 주목하라.

그는 보이지 아니하시는 하나님의 형상이시요 모든 피조물보다 먼저 나신 이시니 만물이 그에게서 창조되되 하늘과 땅에서 보이는 것들과 보이지 않는 것들과 혹은 왕권들이나 주권들이나 통치자들이나 권세들이나 만물이 다 그로 말미암고 그를 위하여 창조되었고 또한 그가 만물보다 먼저 계시고 만물이 그 안에 함께 섰느니라 그는 몸인 교회의 머리시라 그가 근본이시요 죽은 자들 가운데서 먼저 나신 이시니 이는 친히 만물의 으뜸이 되려 하심이요 아버지께서는 모든 충만으로 예수 안에 거하게 하시고 그의 십자가의 피로 화평을 이루사 만물 곧 땅에 있는 것들이나 하늘에 있는 것들이 그로 말미암아 자기와 화목하게 되기를 기뻐하심이라

예수님은 로마 총독 본디오 빌라도와의 대화에서, 땅에 대한 통치를 확인해 주신다.

이에 빌라도가 다시 관정에 들어가 예수를 불러 이르되 네가 유대인의 왕이냐 예수께서 대답하시되 이는 네가 스스로 하는 말이냐 다른 사람들이 나에 대하여 네게 한 말이냐 빌라도가 대답하되 내가 유대인이냐 네 나라 사람과 대제사장들이 너를 내게 넘겼으니 네가 무엇을 하였느냐 예수께서 대답하시되 내 나라는 이 세상에 속한 것이 아니니라 만일 내 나라가 이 세상에 속한 것이었더라면 내 종들이 싸워 나로 유대인들에게 넘겨지지 않게 하였으리라 이제 내 나라는 여기에 속한 것이 아니니라 빌라도가 이르되 그러면 네가 왕이 아니냐 예수께서 대답하시되 네 말과 같이 내가 왕이니라 내가 이를 위하여 태어났으며 이를 위하여 세상에 왔나니 곧 진리에 대하여 증언하려 함이로라 무릇 진리에 속한 자는 내 음성을 듣느니라 하신대(요 18:33-37)

N. T. 라이트(N. T. Wright)는 영국의 성경학자이자 전 더함 주교로서, 그리스도의 왕국에 대한 그리스도의 말씀의 의미를 이렇게 설명한다.

본문에서 보면 예수님의 왕국이 이 세상에서부터 시작하는 것이 아님이 분명하다. 그것은 세상적 왕국이 아니지만, 이 세상을 위한 왕국이다. 그것은 어딘가 다른 곳에서 오지만, 이 세상을 위한 것이다. 그리스도의 왕국은 이 세상에 속하지 않는다. 즉 그것은 이방의 세계관, 혹은 인본주의나 정령숭배 사상의 가치관에 기초하지 않는다는 것이다. 그분의 왕국은 하늘에서 오는 것으로, 하늘에서는 이미 포괄적이고도 완전하게 확립된 왕국이다. 그리스도께서 성육신하셨을 때, 이 땅 위에 그분의 왕국을 세우기 시작하셨다.

이것은 주님이 그의 제자들에게 가르치신 주기도문에 잘 반영되어있다.

"그러므로 너희는 이렇게 기도하라 하늘에 계신 우리 아버지여 이름이 거룩히 여김을 받으시오며 나라가 임하시오며 뜻이 하늘에서 이루어진 것 같이 땅에서도 이루어지이다"(마 6:9-10).

너무나 자주 우리는 주기도를 드릴 때, 하나님의 의도를 알지 못한 채 드리곤 한다. 주님은 그분의 왕국을 이 땅에 주시길 원하시며, 그분의 뜻이 하늘에서와 같이 땅에서도 이뤄지길 원하신다.

하나님은 세상을 향한 원대한 계획을 갖고 계신다. 그 계획은 창조에 대한 보살핌, 만국에 대한 축복, 열방을 제자로 삼는 것, 그리고 만물과 그리스도의 화해를 모두 포함한다. 그분은 또한 수많은 나라들로부터 하나의 왕국을 세우려고 하신다—'에 플루리부스 우눔'('E pluribus unum, 수많은 데서 왔으나 하나이다'라는 뜻).

모든 왕국은, 하나님의 왕국을 포함하여, 5가지 요소로 이뤄져 있다.

- 통치하는 왕: 예수님은 왕이시다.

- 왕의 신하들: 그리스도를 믿는 모든 사람은 그분의 신하이다. 마지막 날에는 모든 무릎이 그분 앞에 엎드리고, 모든 입술이 예수 그리스도를 주로 고백할 것이다.
- 왕의 영토: 왕이신 예수님이 하늘과 땅을 모두 통치하신다.
- 법과 제도: 왕국의 질서를 구성한다. 이것들은 창조 세계의 법 안에 포함되는데, 이에 대해서는 뒤에 가서 좀 더 살펴볼 것이다.
- 왕의 대사관: 왕국을 대표하는 일군의 호위대이다. 이처럼 교회는 대사관에 해당하며, 기독교인들은 왕의 호위들이거나 대사들이다.

교회는 어떻게 하나님의 대사관으로서 활동하는가? 일례로, 1990년대 페루에서 빛나는 길(The Shining Path)이라는 모택동주의 게릴라 운동 조직이 활동하던 당시, 아야쿠초 지역에서 있었던 일을 들 수 있다. 사무엘 알카라즈(Samuel Alcarraz) 목사는 당시에 있었던 일을 이렇게 회상한다.

> 게릴라들이 페루에서 활발하던 때, 그들은 죽음에 대해 설교하고 있었던 반면, 나는 생명에 대해 설교하고 있었다. 우리는 사람을 사랑하는 교회라는 평판을 얻는 한편, 게릴라들은 죽든지 죽이라는 명령을 받고 있었다. 결과적으로, 우리 교회는 크게 성장했는데, 그 이유는 우리가 건강, 안전, 영양, 의복, 사랑과 평화라는 실제적인 하나님의 나라를 드러냈기 때문이다.

하나님 나라의 질서는 자유롭고 번영하는 사회를 건설한다. 반면 사단의 가짜 질서는 결박과 가난을 초래한다.

● 병행적으로 성장하는 왕국

많은 기독교인이 이 땅에 일어나는 일들은 점점 더 나빠질 것이라고 믿고 있다. 그래서 세상이 더할 나위 없이 나빠지게 되면, 예수님이 다시 오실 것으로 믿는다. 몇 년 전, 볼리비아에서 활동하는 국제기아대책기구의 총책임자는 내게 이런 말을 했다. 그의 단체의 모든 직원들은 대부분 복음주의자나 오순절주의자들인데, 당시 상황이 더 악화되고 있어서 예수님이 곧 오실 것으로 믿고 있었다는 것이다. 모순적인 것은, 그들 모두 볼리비아 지역사회에서 삶의 개선과 빈곤 퇴치를 위해 봉사하는 개발단체에서 일하고 있었는데, 그들이 하는 지역사회개발 때문에 그리스도의 재림을 지연시키고 있는 게 아닌가 하는 갈등을 겪고 있었다.

우리가 알아야 할 것은, 어둠의 왕국도 성장한다는 것이다. 만약 연속적 방식으로 생각한다면(마치 힌두사상이 말하는 탄생-삶-죽음-재탄생이라는 삶의 윤회처럼), 세상일들은 실제로 절망적이 될 것이다. 그러나 만약 병행적 방식으로 생각해 본다면, 우리는 더욱더 커져가는 도덕적, 자연적, 제도적 악에 마땅히 대항하여 활동하기에 충분한 이유를 찾을 수 있고, 또한 보다 희망찬 미래를 바라볼 수 있다.

성경에서도 병행적으로 성장하는 왕국에 대해 언급한다. 즉, 어둠의 왕국과 빛의 왕국은 함께 확장된다. 예수님의 비유를 보자.

예수께서 그들 앞에 또 비유를 들어 이르시되 천국은 좋은 씨를 제 밭에 뿌린 사람과 같으니 사람들이 잘 때에 그 원수가 와서 곡식 가운데 가라지를 덧뿌리고 갔더니 싹이 나고 결실할 때 가라지도 보이거늘 둘 다 추수 때까지 함께 자라게 두라 추수 때에 내가 추수꾼들에게 말하기를 가라지는 먼저 거두어 불사르게 단으로 묶고 곡식은 모아 내 곳간에 넣으라 하리라(마 13:24-26, 30).

이와 동일한 내용을, 연단하는 자의 불과 표백하는 자의 잿물이라는 상징에서도 볼 수 있고, 영원한 것과 일시적인 것을 분리하기 위해 하늘과 땅을 진동시키는 상징에서도 볼 수 있다. 하나님이 세우신 도성은 견디게 될 것이나, 사탄이 세운 것은 파괴될 것이다. 성 어거스틴은 서기 410년에 로마의 함락을 회상하며 다음과 같이 말했다.

"땅의 모든 도시들은 무너지기 쉽다. 인간은 도시를 세우고, 또 도시를 무너뜨린다. 동시에, 인간이 세우거나 무너뜨릴 수도 없이, 영원히 서 있을 하나님의 도성이 존재한다."

그리스도의 왕국은 정지해 있지 않다. 오히려 확장한다. 그분의 왕국은 정복하고, 전진하고, 성장한다. 구질서는 지나가고, 새 질서가 온다. 그리스도께서는 "내가 만물을 새롭게 하노라!"고 선언하신다(계 21:5). 그분은 문화를 내면에서부터 변화시키고, 우리를 불러서 이 땅에서의 그분의 왕국을 확장하시는 일에 동참하게 하신다.

8. 인간성 – 서구 문명이 포기한 영혼

Humanity – The Forsaken Soul of Western Civilization

비샬 맹갈와디(Vishal Mangalwadi)

내가 아프리카를 방문했을 때, 이런 질문이 떠올랐다. 피라미드와 타지마할을 건설한 문화권에서, 왜 여성들, 아이들, 노예들, 노동자들을 위한 손수레는 만들지 않았을까? 나는 서구가 노예제도를 폐기하고 여성들에게 모계 중심 사회보다도 더 큰 자유를 부여하게 만든 이유가 바로 어떤 특정한 신념 때문이었다는 것을 알게 되었다. 그 신념이란 모든 인간은 지위, 교육 수준, 빈부, 건강, 성별, 인종의 차이를 막론하고, 모두 동등하다는 것이다. 그리고 무엇이 강자와 약자를 동등하게 만들었는가? 그 이유는 모든 이가 동등하게 진화했기 때문이 아니라, 모든 인간은 하나님의 형상으로 지어졌기 때문에 존엄성을 보장받게 되었다는 사실 때문이다.

인간의 존엄성이라는 이 특출난 가르침 때문에, 서구를 여타 다른 세계와 다르게 만들었지만, 이제 이런 교훈은 미국 아이비리그 대학에서는 더 이상 통용되지 않는다. 현대 세계의 여명 시대에, 미켈란젤로는 이런 가르침을 시스틴 성당의 천장 벽화에 그림으로 묘사했다. 그는 하나님이 한 팔을 뻗어 아담을 하나님 형상으로 창조하는 동시에, 하와는 하나님의 다른 팔에 안긴 채 경이로운 표정으로 아담을 쳐다보면서 자신의 창조를 기다리는 모습으로 그려내었다. 하와의 창조는 아담에게 또다시 경이로움을 불러일으켰다. 하지만 현대 서구는 이런 미켈란젤로의 세계관을 조롱하며, 인간의 생명을 단순한 동물의 생명 수준으로 격하시켰다. 나는 실제 일어났던 비극적인 이야기를 통해 진리가 가진 변화의 능력이 어떤 것인지를 예시해 보려고 한다.

아내 룻과 내가 가난한 농부들을 돕고자 도시를 떠날 당시, 나는 《구루들의 세계》(The World of Gurus)라는 첫 번째 책을 쓰고 있었다. 이 책은 나중에 캠브리지 대학과 같은 대학교들 사이에 추천 도서가 되었다. 우린 탁자도 의자도 없었다. 나는 앉은뱅이 의자에 앉아서 침실의 한쪽 벽에서 뜯어낸 나무판자 위에 손으로 글을 썼다. 아내 룻은 침대의 반대편에 앉아서 내 원고를 편집해주며 타자기를 두드렸다. 내가 글쓰기를 중단하고 있을 때면, 룻은 자전거로 가가호호 방문하면서 이웃들이 어떻게 사는지 알아보곤 했다. 아내는 몇 명의 아이들이 학교에 가고 있는지, 그리고 학교에 안 가는 아이들은 어떻게 도와야 할지를 알아보려고 했다. 한번은 아내가 열 살쯤 되는 여자아이에게 물었다. "너는 형제자매가 몇이니?"

"셋인가, 넷인가 그래요."

그 소녀가 이렇게 대답했다.

"셋이니, 넷이니?"

룻은 정확하게 확인하려고 했다.

"셋이에요. 넷째는 거의 죽어가거든요."

그 소녀가 대답했다.

"내가 가서 그 아이를 좀 봐도 되니?"라며 룻이 물었다.

룻은 그 아이의 집에 갔다. 그리고 창문도 없고 빛도 들어오지 않는 진흙 움막의 작은 문을 열고 머리를 숙이고 들어갔다. 방 중간에 덮개가 없는 간이침대에, 머리와 전신에서 고름이 스며나오는 뼈가 앙상한 18개월짜리 여자아이가 놓여있었다. 그 아이의 이름은 쉴라였다. 얼굴에는 온통 파리들이 들끓었는데, 손을 들어 파리를 쫓을 힘조차 없었기 때문이다.

그 여자아이는 너무 허약해진 나머지 울지도 못했다. 울고 싶어도 그냥 한숨만 내쉴 뿐이었다. 허벅지는 어른의 엄지손가락 굵기 정도였다. 룻이 아이를 보자마자, "오 이런 불쌍한 실라" 하며 울기 시작했다.

"아이가 어디가 잘못됐나요?"라고 룻이 아이의 어머니에게 물었다.

어머니는 헛웃음을 지으면서 말했다.

"아이가 아무것도 먹지 못해요. 먹는 대로 다 토해버려요."

"의사한테 데려가 봤어요?"

"무슨 소용이 있겠어요? 애가 아무것도 안 먹는데 의사가 뭘 하겠어요?

"의사가 뭘 할 수 있는지 없는지 우리가 어떻게 알겠어요? 데려가서 치료를 받을 수 있는지 알아봐야 되잖아요?"

그 어머니는 약간 당황했다.

"우리가 의사한테 어떻게 데려갈 수 있겠어요?"

룻은 이들이 너무 가난해서 무료 진료소에조차 데려갈 수 없을 정도구나 하는 딱한 생각이 들었다. 그래서 이렇게 말했다.

"제가 돈을 드릴 테니 이 아이를 병원으로 데리고 가보세요."

어머니는 말했다.

"도시에 나가기가 겁나요. 그래서 가지 못하겠어요."

"그러면, 남편하고 같이 가시죠."

"남편이 어떻게 가겠어요? 그러면 밭일은 누가 하고 가축은 누가 돌봐요?"

"그러면 제가 하루 정도 밭일을 해줄 사람에게 품삯을 줄 테니, 당신과 남편이 함께 가면 어때요? 저도 함께 따라가서 가는 데까지 도와줄게요."

"남편한테 말해볼게요."

그날 우리 대화는 그렇게 끝났다.

룻은 자전거로 다시 집으로 돌아와서 내게 모든 걸 말해주면서, "당신이 그 남편한테 가서 말해보세요"라고 했다. 난 카드놀이나 TV를 보며 소일하고 있는 것도 아니라서 아내 말을 따라야 했다. 그 부부가 내가 찾아오는 걸 바라지도 않았지만, 나는 그들을 찾아갔다.

그 부부는 아이를 병원에 데리고 가지 않기로 마음을 먹었다.

"왜요?"라고 내가 물었다.

"돈이 없어서요."

"그렇지만 내 아내가 당신들한테 병원비를 주겠다고 했잖아요."

"우리는 빚지기 싫어요."

"그럼 제가 그 돈이 빌려주는 게 아니라 선물로 주는 거라고 종이에 써서 줄게요. 그 돈을 돌려달라고 하지 않을게요."

"그래도 우리는 갈 시간이 없어요."

"내 아내가 당신들이 병원에 가는 시간에 대신 일해 줄 일꾼의 삯을 주겠다고 했잖아요."

이 말에 그들은 난처해하더니 이렇게 말했다.

"왜 당신들이 그런 일에 신경을 써요? 걔는 우리 딸인데요."

이 말에 나는 뭐라 해야 할지 몰랐다. 왜 내가 신경을 쓰는가? 무슨 말인가 하면 그들은 딸 쉴라가 죽었으면 한다는 뜻이었다. 어떤 부모가 그렇게 하려고 하겠는가마는 그들의 행동을 보니 그렇게밖에는 이해할 수 없었다. 그래서 나는 목소리를 높이며 내가 짐짓 화를 내는 것처럼 보이려고 했다.

"당신은 이 아이를 죽이려는 거죠? 만약 아이를 죽이려면, 왜 그렇게 비참하게 죽여요? 그냥 칼로 베어 죽이고 말지, 그토록 아이가 고통을 겪으며 죽게 내버려 둔단 말이에요?"

이 말에 그들은 깜짝 놀랐다. 그래도 나는 계속 말했다.

"이보세요. 당신들이 이 아이를 병원에 안 데려가면, 내가 경찰을 불러서 당신들이 이 아이를 죽이고 있다고 고발할 거요."

그때 어느샌가 우리 주위에는 마을 사람들이 몰려들어 있었다. 나는 군중들의 여론을 등에 업고 그 부모에게 압력을 가해보려고 했다. 나는 주위를 둘러보며 사람들이 내 편을 들어주길 기다렸다. 그런데 오히려 그들은 내가 바보인 것처럼 쳐다보고 있는 게 아닌가. 그 후 몇 달이 지나서야 실제로 내가 지독히도 무지했다는 것을 알게 되었다. 그 부모는 그 마을의 관습을 따라 행동하고 있었던 것이다. 그 부모는 이미 딸 하나를 가지고 있었다. 그런데 뭣 하러 또 다른 딸을 둔단 말인가? 첫 번째 딸은 이미 청소도 하고 요리도 하고 다른 아이들을 돌볼 수 있었다. 그런데 왜 둘째 딸을 또다시 키워서 나중에 결혼시킬 때 지참금을 물어야 하는 부담을 져야 하는가?

마을의 한 노인이 그 부모에게 이렇게 말했다.

"이봐, 이 양반이 정신이 나갔나 봐. 이 사람이 경찰을 데려올지도 몰라. 경찰이 와서 당신 딸을 병원에 데려가면, 당신이 병원비를 물어야 돼. 그렇지만 저 양반이 돈을 주겠다는데 그냥 가지 그래?"

그다음 날, 룻은 여자아이 쉴라와 어머니를 데리고 병원으로 갔다. 무료는 아니지만, 치료는 잘하는 곳이었다. 쉴라는 너무 의식이 없어서 의료진은 어떤 약도 먹일 수 없었고, 코에다가 묽은 음식을 부어 넣을 수도 없었다. 그래서 정맥주사를 맞아야만 했다. 일주일이 지나, 쉴라가 기력이 좀 회복되자, 의료진은 치료를 시작할 수 있었고 튜브로 음식을 먹일 수 있게 되었다. 또 한 주간이 더 지나자, 의사가 말했다.

"치료비가 너무 많이 나오겠는데요, 그냥 집에 데려가서 돌보는 게 좋겠어요. 내가 일주일 후에 집으로 찾아가서 차도가 어떤지 볼게요."

아내와 나는 쉴라를 우리 집으로 데려와 한 달간 데리고 있었다. 당시 인도에는 일회용 기저귀가 없었고, 우리는 세탁기도 없었다. 더러워진 기저귀는 손으로 빨아야했다. 특히 인도 남성들은 빨래는 고사하고 아이들 기저귀조차 갈아주지도 않았다. 우리는 어떤 수고가 들더라도 쉴라를 돌보기로 마음먹은 터라,

쉴라를 정녕 사랑하는 마음으로 챙겨주었다. 그러자 쉴라도 우리의 사랑에 보답을 해주기 시작했다. 먼저 처음으로 쉴라는 웃음을 지었다. 그 미소를 보니 모든 고생을 한 보람이 있었다. 이런 경험만큼 한 가족에게 만족을 주는 경우는 많지 않을 것이다. 그런데, 한 달쯤 지나자, 쉴라의 어머니가 찾아왔다. 그리고 다시 싸움이 시작되었다.

"모든 마을 사람이 그러는데, 우리 딸이 당신의 밥을 먹고 있는 바람에, 우리 카스트를 더럽히고 있대요. 이러면 우리는 마을에서 쫓겨나게 될 거예요. 그래서 딸을 데려가야겠어요."

아내 룻이 말했다.

"우리가 당신 손에서 당신 딸을 뺏으려는 게 아니에요. 그냥 당신이 당신 딸을 돌보았으면 해요. 내가 우유 값을 댈게요. 당신이 딸을 데려가서 돌봐주세요. 그러면 우리가 가끔 가서 한번 살펴보도록 하죠."

아내는 우유 배달부에게 우유 값을 내기 시작했지만, 불과 몇 주가 지나지 않아 쉴라는 다시 이전처럼 되고 말았다. 우유를 쉴라에겐 주지 않고, 다른 형제자매들에게 먹였던 것이다.

다시 모든 과정을 처음부터 반복하기 시작했다. 아내는 쉴라의 어머니와 싸워야 했고, 나는 그녀의 아버지와 싸워야 했다. 그리고 아내는 쉴라와 어머니를 다시 병원으로 데리고 갔다. 쉴라는 다시 정맥주사를 맞고, 튜브로 음식을 투여하다가, 결국 우리 집으로 왔다. 다시 그 어머니는 우리를 찾아왔고 싸움이 시작되었다. 우리는 쉴라의 어머니가 이런 일을 통해 뭔가를 좀 배웠을 거라 짐작하고, 부모로서의 책임감에 대해 훈계를 좀 한 후에, 쉴라가 입을 옷가지를 챙겨서 보내주었다. 이번에는 좀 나아지겠지 하는 소원을 품고서 말이다.

며칠도 되지 않아, 쉴라는 결국 죽고 말았다. 나는 그녀의 부모가 그녀를 죽인 게 분명하다고 생각했다. 아내 룻은 어떤 부모가 그런 짓을 저지를 수 있겠는가 하며 믿지 않았다. 나중에 비슷한 일을 세 번 이상 더 겪고 나자, 아내는 우리가 활동하던 지역에서 영아살해가 관습적으로 행해지고 있음을 알게 되었고, 이제는 이전처럼 그렇게 대처하지 말아야 하겠구나 하고 마음먹게 되었다. 만약 부모가 어떤 아이를 원치 않는다면, 그 아이를 다른 가정으로 보내주어야 한다. 우리는 한 가지 방침을 정했다. 더 이상 묻지도 싸우지도 말자. 아이를 키우기 싫어하면, 아이를 대신 돌봐줄 가정을 찾아주자.

이런 이야기는 일단 여기까지만 해야겠다. 요점을 말하자면, 쉴라 부모와의 일을 통해 겪은 것은, 두 가지 세계관의 충돌이었다. 둘 다 모두 옳다고 할 수 없다. 우리는 부모가 그 아이를 보는 것과는 다르게 본 것일 뿐이다. 우리에겐 그 아이가 소중한 한 개인이지만, 그들 부모에겐 두 번째 딸이란 부담스런 짐이었다. 즉 쉴라의 부모는 그녀를 십 년 내지, 십이 년간 길러서, 공부시키고, 빚을 내서 결혼을 시켜야 한다.

이게 끝이 아니다. 시가 식구들이 친정 부모들에게 더 많은 지참금을 받아내려고 그녀를 괴롭힐지도 모른다. 그녀는 평생 고통을 받게 되는 것이다. 그렇다면 이런 고통을 얼른, 그리고 자연스럽게 끝내버리고, 그들과 아이가 지게 될 짐을 피해버리는 게 낫지 않은가? 뭐가 진리인가? 쉴라는 짐인가? 아니면, 형제자매들이나 세상의 다른 사람들처럼 소중한 존재인가?

만약 어떤 미국인이 쉴라의 부모와 논쟁을 하게 된다면, 그 부모는 이럴지도 모른다.

"이보세요. 만약 우리가 초음파진단 시설이 있어서, 그 아이가 둘째 딸이란 걸 알았다면, 낙태시켜 버렸을 거요. 우린 그 애가 원치 않는 딸로 태어날 걸 몰랐기 때문에, 나중에 딸인 걸 알고 죽게 내버려 두려고 했던 거요. 당신들은 아기에게 좋은 삶을 보장해주지 못한다는 걸 알게 되었을 때, 아기에게 어떤 조치를 취하는데 나는 그것과 다를 뿐이잖아요. 당신들 역시 그 애를 죽이잖아요. 다만 죽이는 것을 보지 않을 뿐이죠. 왜냐하면 당신들은 의사에게 돈을 주고 아기를 지워버리니까요. 대신 우리는 아이를 18개월간이나 오래 키운 다음에 죽이려고 하니까, 그게 얼마나 힘들겠어요. 우리가 걔를 얼마나 사랑했는데요."

"원치 않는 아기를 죽이는 게 뭐가 잘못이에요?"라고 그 부모는 당신들에게 물어볼지도 모른다.

"우리는 소가 신성하다고 믿지만, 당신들을 소를 죽이죠. 당신의 선조들은 희랍과 로마 시대에 우리처럼 영아살해를 했죠. 그런데 지금 당신들은 인간의 생명이 거룩하다고 믿고 있어요. 우리가 당신들의 도덕적 가치를 왜 따라야 하죠? 오늘날에 와서 당신네들의 대학에서는, 소가 동물의 한 종류이고, 인간도 역시 단지 동물의 한 종류에 지나지 않는다고 가르치고 있죠. 어떤 사회가 소나 인간에게 매기는 가치는 그 사회가 임의로 정하는 관습이잖아요? 만약 당신들의 대학이 옳고, 그래서 "살인하지 말라"고 명령하는 신이 없다면, 살인이 왜 나쁜 건가요? 사회가 어떤 사람이든지 자신의 생명이나 재산이나 양심에 대한 기본 권리를 주지 않는다면, 어디에서 그걸 얻나요? 어떤 사회가 생명의 권리를 주는데—혹은 적어도 일반 규칙에 대한 예외를 두기도 하는데—그걸 다시 가져가면 왜 안 되지요? 우리 사회에서는 원치 않는 아기는 죽여도 괜찮아요. 그런데 누가 당신에게 당신들의 도덕적 가치를 우리더러 지키라고 요구할 권리를 주었던가요?"

쉴라의 부모는 쉴라의 생명의 긍정적인 가치를 인정하는 어떤 철학적 기초를 갖고 있지 않다. 실제로 그들은 그들 자신의 인간적 존엄성조차 알지 못했다. 그들은 가난이나 고통이란 피할 수 없거나 불가피한 것이 아니라는 것도 몰랐다. 그들은 힌두교인으로서 대부분의 힌두교인들처럼, 인생은 고해(苦海)라는 부처의 첫 번째 가르침을 믿고 있다. 삶이 고통이 아니라는 것을 그들은 몰랐다. 고통이란 것이 우리의 별자리나, 카르마(업보)나 운명이나 숙명에 달려 있지 않다.

쉴라의 어머니와 할머니와 증조할머니는 고통스런 삶을 살았을지도 모른다. 그렇지만, 부모는 쉴라에게 좀 다른, 보다 나은 삶을 보장해 줄 수 없었을까?

가난한 가정에서는 쉴라를 장차 전체 가족이 더 나은 삶을 살 수 있게 해주는 근원이 되는 방법으로 기를 수 없단 말인가? 쉴라의 부모는 가난했지만, 그들의 가난은 물질적인 것, 그 이상이었다. 그들은 우리가 쉴라에게 새로운 삶을 줄 수 있다는 것을 알았지만, 그런 믿음이 그들에겐 없었던 것이다. 그들에게 둘째 딸이란, 남이 주는 음식을 먹는 것보다는 죽는 게 더 낫다는 그런 문화가 주는 압력을 견딜 수 있을 만큼의 가치를 갖지 못했던 것이다.

이상의 얘기를 헬렌 켈러의 예와 비교해보자. 헬렌은 난지, 19개월 되었을 때, 귀와 눈의 기능을 다 잃었다. 그때까지 그녀는 말도 하지 않았기 때문에, 말도 못하게 되었다. 신체적으로 말을 할 수는 있었지만, 심리적으로는 할 수 없었다. 그녀는 자아 속에 갇혀서, 세상의 누구와도 소통할 수 없게 되자, 좌절하고, 분노하고, 비이성적이 되고 말았다.

우리 시대의 세속적인 관점에서 보면, 헬렌의 삶은 별로 가치가 없다. 여자아이인데다, 청각, 언어, 시각에 모두 장애가 있었기 때문이다. 이런 경우, 오늘날의 네델란드에서는 법적으로 안락사를 시킬 수 있다. 중혼이 합법화되어 있는 네델란드는, 어떤 조건하에서는 영아살해를 법적으로 허용하는 서구의 첫 번째 국가다. 미국도 네델란드, 중국, 인도를 따를 것이고, 점점 더 많은 사람들이 인간이란 하나의 동물에 지나지 않는다고 믿게 될 것이다. 그래서 헬렌 같은 아이는 태생적으로 하나님이 부여하는 가치도 없고, 가치가 있다 해도 다른 사람들이 임의적으로 부여하는 상대적 가치밖에 갖고 있지 않다는 것이다.

다행스럽게도 헬렌 켈러는 지금과는 다른 시대에 태어났다. 즉 서구가 여전히 귀와 눈에 장애를 가진 소녀라도 여전히 하나의 인간이며 성경의 권위에 기초하여 하나님의 형상을 가진 존재라는 사실을 믿었던 때였다.

앤 설리번은 헬렌의 간호사이자 교사이며 돌봄이로서, 헬렌을 사랑으로 돌보았다. 어느 날 앤은 헬렌을 향기로운 인동덩굴이 우거진 우물가로 데리고 갔다. 누군가가 우물에서 물을 긷고 있었는데, 앤은 물을 가져다 헬렌의 손에 부어 주었다. 헬렌이 자기 손에 흘러내리는 물을 느끼고 놀라는 순간, 앤은 그녀의 손에다 처음엔 천천히 그리고 빠르게 물이라는 글자를 써주었다. 헬렌은 마치 최면에 빠진 듯했다. 갑자기 그녀는 한쪽 손에 쏟아지는 게 무엇인지, 이 시원하게 흘러내리는 것의 이름이 무엇인지 깨달았다. 그러자 헬렌의 세계가 바뀌었다. 언어의 마술이 실제로 다가오기 시작한 것이다. 헬렌은 흥분한 나머지, 집으로 돌아와 언어를 배우기 시작했다. 아직 말은 못하는 상태였지만, 글로 쓰면서 바로 첫째 날에 아버지, 어머니, 선생님, 형제, 자매 같은 단어를 배웠다. 몇 주 후에는 말을 하기 시작했다. 그리고 특수한 브레일 타자기를 사용하는 법을 배웠고, 후에는 마침내 전 세계의 장애를 가진 어린이들을 위한 영향력 있는 대변인이 되었다.

무엇이 헬렌을 다르게 만들었는가? 헬렌의 부모의 부 때문인가, 아니면 귀먹고, 말 못하고, 눈이 먼 소녀라도 가치 있는 존재라고 믿었던 부모의 믿음 때문인가? 인도 서쪽에 사는 어떤 귀족 집안은, 가문에 14세대에 걸쳐 단 한 명의 딸도 없다는 것을 자랑한다! 그들은 딸아이를 모두 낙태시켜버린 일에 대해선 쉬쉬할 것이다.

헬렌의 삶은 주위의 도움으로 꽃이 핀 것이다. 왜냐하면 당시의 문화는 귀 멀고 눈먼 소녀라도 가치가 없거나 소용이 없는 게 아니라는 사실을 믿었기 때문이다. 헬렌은 너무나 소중해서 하나님 자신이 이 땅에 오셔서 그녀에게 영생을 주신 것이다. 그래서 그녀가 풍성한 삶을 살 수 있도록, 사람들은 그녀를 돕기 위해 할 수 있는 모든 일을 했다.

인간의 유일한 존엄성에 대한 믿음으로 서구 문명이 태어나게 되었고, 그래서 시민들이 국가를 위해 존재하는 게 아니라, 국가가 개인들을 위해 존재하게 된 것이다. 왕, 대통령, 수상, 군 장성 등 어느 누구라도 한 개인의 권리를 짓밟을 수 없다. 인간 존엄 사상은 영국에서 산업혁명으로 인한 암흑 속의 악마적인 공업시설로부터 어린이들을 해방시켜 주었다. 이 영향으로 미국의 식민 지배를 끝나게 만든 미국 독립전쟁이 발발했고, 노예제도를 폐지하게 한 미국 남북전쟁이 벌어졌다. 그리고 그 영향은 여전히 정의와 평등을 위한 모든 종류의 운동에 미치고 있다.

서구는 결코 완전하진 않지만, 하나의 문명을 창조할 만큼 대단한 성취를 이루었다. 그 사회에서는 영국의 왕이나 미국의 대통령이 옳은 일을 할 수 있는 모든 권력을 갖고 있지만, 귀와 눈이 먼 한 소녀의 생명을 앗아가는 잘못을 저지를 수 있는 권력은 전혀 없다. 서구 사회는 인간의 가치를 인정하는데, 그 이유는 성경이 이렇게 말하기 때문이다.

"사람이 무엇이관대 그를 생각하시며 인자가 무엇이기에 주께서 그를 돌보시나이까 그를 하나님보다 조금 못하게 하시고 영화(dignitas)와 존귀로 관을 씌우셨나이다 주의 손으로 만드신 것을 다스리게 하시고 만물을 그의 발아래 두셨으니"(시 8:4-6).

현대 서구, 특히 유럽은 요즈음 그 자신의 영혼을 잘라내기에 여념이 없다. 서구는 그 자신의 위대함의 원천인 하나님의 말씀이 보여주는 진리, 즉 모든 개인의 가치를 설정해주고, 국가의 목적과 기능을 재설정해주는 원리를 거부하고 있다. 서구는 자신의 도덕성과 합리성과 가정의 근원, 그리고 인권, 정의, 긍휼, 돌봄, 교육의 지성적 기초가 되는 인간성의 원천을 포기하고 있다. 이처럼 실망스러운 환경 가운데, 인도인인 나를 위로해주는 한 가지 요인은 지구의 별들(Stars on Earth)이라는 발리우드 영화(Bollywood movies, 인도에서 만드는 영화)에서, 우리 문화권 내에 성경적 가치인 모든 어린이의 존엄성에 대한 가르침을 도입하여 인도를 변화시키려고 시도하고 있다는 점이다.

원치 않는 가녀린 소녀를 돌보는 일은 그녀를 죽이는 것보다 더 마음에 와 닿을 수 있다. 하지만, 단지 마음에 와 닿는다고 해서 쉴라의 부모가 그런 일을 하기 위해 대가를 치러야만 하는가? 그보다는 더 쉽고, 더 편리하고, 돈이 덜 드는 방식으로 딸을 죽이는 것을 택하는 게 더 낫지 않겠는가? 헬렌 켈러의 부모는 돈이 더 들고 정서적 부담도 더 큰 과정을 선택했다. 왜냐하면 헬렌의 부모는 인간이 영혼을 부여받은 존재여서, 무한한 가치를 가지고 있다는 것을 믿었기 때문이다. 이것이 바로 변화를 가져오는 진리이다.

그러나 이 세상에서 변화라는 게 과연 가능한가? 구약의 선지자 이사야는, 영혼을 팔아버린 사회에서 진리에 대한 헌신이 얼마나 값비싼 대가를 치러야 하는지를 알고 있었다. 궁극적인 치유와 변화를 위한 대가가 어떤 것인지를 숙고하며, 그는 이렇게 기록했다.

"그가 찔림은 우리의 허물 때문이요 그가 상함은 우리의 죄악 때문이라"(사 53:5)

메시아가 열방에 치유를 가져다주는 것은 바로 그의 상처를 통해서이다.

9. 사고와 삶의 분리에 대한 요약사

A Brief History of the Divided Mind and Life

스캇 알렌(Scott D. Allen)

북아일랜드의 한 부유한 장로교 집안에서 태어난 아미 카마이클(Amy Carmichael, 1867-1951)은 20세기 전반기에 가장 널리 알려졌던 선교사 중 한 사람이다. 그녀는 처음에 일본에서, 다음엔 스리랑카로, 마지막엔 인도의 도나부르(Dohnavur) 지역에서 선교 활동을 했다. 카마이클이 인도에 도착했던 시기에 영국의 선교사인 윌리암 캐리의 끈질긴 노력으로 과부의 순장 관습이 법적으로 금지되어 있었다. 그렇지만 그녀는 종교의식으로 낙태와 여아 살해가 공공연히 행해지는 것을 보았다. 게다가 수많은 젊은 여성들이 조직적으로 주위의 이교 사원에 노예로 팔려 가서 성전 매춘부로 양성되는 것을 목격했다.

인도에 도착한 지 몇 년이 안 되어, 카마이클은 그러한 소녀들을 보호하고 피난처를 제공하는 사역을 시작했다. 물론 그녀는 여러 힌두 종파들의 핍박과 당시 영국 식민정부의 관료주의적인 반대를 당해야 했다. 하지만 그녀는 용기 있고 열정적인 자세로 효과적이면서도 역동적으로 활동했다. 그런데, 놀랍게도 그녀의 수많은 동료 선교사들은 고아원과 학교를 세우는 그녀의 노력에 대해, 그것은 "세상적인 활동"으로서 "영혼 구원"에서 빗나갔다고 힐난했다. 그런 비난에 대해 그녀는 "영혼은 결국 몸에 견고하게 붙어 있는 거죠"라고 대답할 뿐이었다.

아미 카마이클이 인도 여성들을 돌보려는 사역에 대해 동료들이 부정적으로 반응했다는 사실은, 지난 한 세기에 걸쳐 교회를 분열시킨 논쟁의 심각성을 보여준다. 카마이클의 선교 활동은 모든 대륙에 걸쳐 수백 명의 유럽 및 미국 선교사들을 퍼져나가게 한 역사적 선교 운동의 일부였다. 이들 선교사들은 수백만 개의 신생 교회를 성공적으로 개척했다. 그러나 위의 논쟁에서 보듯이, 이 선교사들 중 수많은 이들이 "복음주의"와 영혼 구원만이 선교의 유일한 목적이어야 한다고 믿었다. 반면 가난한 사람들을 돕거나 성경적 진리에 따라 사회개혁을 일으키는 데에는 회의적이었다. 그런 활동은 세속적이거나 세상적인 것으로 인식하고, 차선책으로 여기거나 피해야 할 것이라고 생각했다.

이들과 같은 19세기 및 20세기 선교사들은 19세기에 일어났던 또 다른 운동에 대해 반발하고 있었다. 그 운동은 "사회복음"으로 불렸는데, 이는 인간의 죄성과 영적 구속의 필요성에 대한 성경적 가르침을 포기한 운동이었다. 사회복음 신봉자들은 하나님의 나라를 인간의 노력으로 세울 수 있다고 믿었는데, 우선적으로는 정부 지원 프로그램과 진보적 사회개혁의 형태로 세울 수 있다고 믿었던 것이다. 이들은 전도를 "개종시키는 것"이라고 하며 부정적으로 여겼고, 전도란 공격적이고, 무례한 것으로서, 궁극적으로는 불필요한 것으로 간주했다.

아미 카마이클은 성경적으로 균형 잡힌 사역을 실행해보려 노력했지만, 그로 인해 오히려 치열한 논쟁에 말려들게 되었다. 한쪽은 그녀의 동료들처럼 오직 전도만이 교회의 사명이라고 믿는 사람들이었다. 또 다른 쪽은 전도는 더 이상 필요가 없으며, 인간은 자신의 운명의 주인이기 때문에 사회의 재구성만이 하나님 나라 건설의 핵심이라고 믿는 사람들이었다. 이 논쟁의 패자는 결국 아미 카마이클이 이해하고 실천했던 성경적인 전인 사역이었고, 나아가 교회의 사역은 심각하게 약화되고 말았다. 복음은 분리되고, 이원화되어, 결국 비성경적 사역이 오늘날까지 여전히 만연하게 되었다. 교회 사역은 많은 경우, 사람들과 나라들을 지속적으로 변혁시킬 수 없게 되었다.

● 고대의 이단

성과 속의 분리는 오늘날 수많은 기독교인들의 사고 속에 자리 잡고 있는데, 이는 거의 교회 역사만큼이나 오래된 현상이다. 그 기원은 고대 헬라 철학, 특히 플라톤의 사상까지 거슬러 올라간다. 플라톤은 창조 세계를 두 개의 자존하며 영속하는 부분들, 즉 영적 영역과 물질적 영역으로 나누었다. 여기서 영적인 것은 우월하고, 물질적인 것은 열등하다는 것이다.

플라톤의 세계관은, 하나님 외에는 영원 전부터 존재하는 것이 일절 없다고 하는 히브리적 세계관과는 직접적으로 반대되는 것이다. 물질은 영원하지 않다. 물질이란 영이신 하나님이 창조한 것이다. 그리고 선하시고, 의로우시고, 완전하신 하나님은 그가 창조한 세계도 역시 선하다고 선포하신다(창 3:1). 성경은 실재의 물질적 영역과 영적 영역은 분명히 구별된다고 말한다. 하지만 하나는 선하고 다른 하나는 악하다는 식으로 말하지 않는다. 성경적 세계관은 하나님이 물질적인 것과 영적인 것으로 이뤄진 모든 창조 세계의 주님이라고 확언한다.

초대 교회에서는 히브리적 세계관과 플라톤적(헬라적) 세계관을 혼합한 사상

▲ 플라톤의 세계관 ▲ 성경적 세계관

이 영지주의 이단으로 알려졌다. 이 함정에 빠진 기독교인들은 성육신 교리를 두고 갈등했다. 어떻게 완전하시고 의로우신 하나님이 무질서하고 부패한 물질적인 몸을 취하실 수가 있는가 하는 고민이었다. 영지주의 세계관은 이와 같이 가장 중요한 기독교의 성육신 교리를 포기하라고 압력을 가했다. 그래서 영지주의는 이단에 지나지 않는 것이다.

그런데 안타깝게도 이와 같은 영지주의적 가르침이 수 세기 동안이나 계속해서 교회를 오염시켜 왔다. 게다가 지난 1백 년에 걸쳐 엄청나게 부흥하기까지 했다. 오늘날 우리가 "전인적"(wholistic) 사역에 대해 목소리를 높이지 않으면 안 될 정도로 영지주의는 여전히 살아서 활발하게 움직이고 있다. 이 고대 이단이 어떻게 부흥하게 되었으며, 그로 인한 결과는 무엇인가?

● 이성의 시대(The Age of Reason)

현대 영지주의의 기원은 18세기의 유럽으로 거슬러 올라가는데, 그 시대는 이성의 시대 혹은 계몽주의 시대로 불린다. 현대의 과학적 방법은 이 시기에 완성되어 놀랄만한 업적을 이루었다. 물리적 우주에 관한 비밀은 엄청난 속도로 풀려져 나갔다. 현대 과학은 원래 창조 세계가 하나님의 작품이기 때문에 탐구와 연구의 가치가 있다고 하는 성경적 관점으로 인해 탄생했다. 프란시스 베이컨(Francis Bacon), 요하네스 케플러(Johannes Kepler), 이삭 뉴턴 경(Sir Isaac Newton)과 같은 초기의 과학자들은 독실한 기독교인들이다. 그들은 그들의 연구 활동이 성경적 신앙을 확인하고 강화시키는 것으로 간주했다.

그러나 계몽주의 시대에 과학적 성취의 매력에 젖게 되자, 인간 이성만으로 전체 물리적 우주의 운행에 대해 이해할 수 있다고 믿게 되었다. 아담과 하와가 에덴동산에서 저지른 원죄와 같이, 인간 자신을 믿는 교만이 생겨났다. 인간은 과학과 이성만으로도 하나님과 같이 될 수 있고 모든 실재를 이해할 수 있다는 것이었다.

성경적 세계관은 중세 시대에 서구 문화를 형성하는 데 심오한 영향을 미쳤다. 그러나 계몽주의의 발흥으로 성경적 세계관은 약화되기 시작하여, 마침내 주도적 위치에서 밀려나고 말았다. 물론 하나님은 여전히 우주의 창조자이며 당연한 "제일 원인"(First Cause)으로 간주되고 있었지만, 더 이상 우주에 개입도 관여도 하지 않는다고 여겨졌다. 그 시기에 탄생한 새로운 세계관인 이신론(Deism)은, 하나님이 물리적 우주를 창조하긴 했지만, 더 이상 매일의 일상생활에 아무런 역할도 하지 않는 분으로 인식되었다. 이신론에서 말하는 하나님은 더 이상 주님도 구속자도 아니다. 왜냐하면 사람들은 하나님이 기적을 일으키거나 영적 개입을 하지 않는다고 이해했기 때문이다. 기도는 불필요하게 되었는데, 왜냐하면 하나님은 인간사에 간섭할 수도, 간섭하지도 않기 때문이라는 것이다. 볼테르(Voltaire), 데이빗 흄(David Hume), 토마스 제퍼슨(Thomas Jefferson) 같은 계몽주의의 지도적 인물들은 우주를 하나의 거대한 시계와 같은 광대하고 복잡한 기계로 보았고, 하나님은 시계공 같은 역할을 하는 정도로 이해했다. 즉 하나님은 우주를 만들어서, 태엽을 감아 스스로 돌아가게 해놓고 떠나버렸다는 것이다.

프랑스 혁명(1789 - 1799)은 이와 같은 세계관 전환의 대표적 예이다. 혁명가들은 정치적 자유뿐 아니라 그 이상의 것을 추구했다. 그들은 하나님으로부터의 자유와 공식적 국가 교회의 협소함과 권위로부터의 자유를 원했다.

계몽주의 시대가 막을 내렸을 때, 유럽적 사고의 시대가 도래했다. 하나님은 서서히 암흑시대를 지배하던 미신 정도로 치부되었다. "계몽된" 사람들은 이성과 과학을 통해 자연 세계에 대한 충분한 지식을 갖게 되었다. 하나님이나 천사나 귀신같은 영적 실재는 더 이상 필요치 않았다. 그런데 한 가지 중요한 문제가 남아있었다. 만약 하나님이 존재하지 않는다면, 물리적 우주의 존재는 어떤 의미가 있는가? 어떤 세계관이든지 포괄적인 것이 되려면, 창조에 대한 어떤 이야기가 있어야 하는데 말이다.

● 다윈과 자연주의의 발흥(Darwin and the Rise of Naturalism)

영국의 유명한 식물학자 찰스 다윈은 바로 이 질문에 대한 대답을 1859년에 내놓았다. 그의 고전인 《종의 기원》(The Origin of Species)에서, 그는 창조주 하나님을 배제한 채, 궁극적 기원에 대한 이론을 제시했다. 살아있는 유기체는 우연에 의해 생성된 다음, 돌연변이와 "선택"(selection)과 시간이라는 비유도적 과정을 통해, 오늘날 존재하는 다양한 생명체로 진화했다는 것이다. 다윈의 생명 기원 이론은 유럽과 미주의 학술계에 용인되어 오늘날에 이르고 있으며 전 세계의 학교에서 가르쳐지고 있다.

세계적으로 저명한 영국의 과학자인 리챠드 도킨스(Richard Dawkins)는, 다윈 덕분에 "지적으로 완성된 무신론자가 되는 일이 가능하게 되었다"라고 했다. 말하자면, 다윈의 이론이 이신론이 가진 중간적 창조신의 존재에 대한 믿음까지도 제거해 버린 것이다.

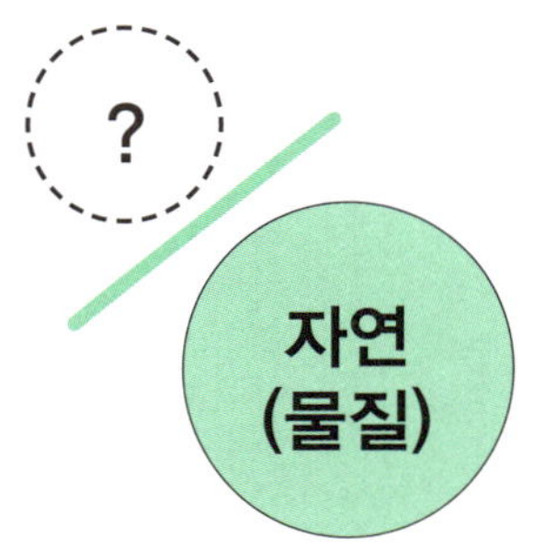

다윈의 이론이 가져다준 결과로 새로운 세계관이 시작되었다. 이신론은 자연주의로 대체되었는데, 이 자연주의가 오늘날 산업화된 서구와 학술계와 전 세계의 중심 도시들을 지배하고 있다. 자연주의(때로는 세속주의, 물질주의 혹은 과학주의로 간주되고 있다)는 우주가 하나의 요소, 즉 오직 물질로만 이뤄져 있다는 믿음에 기초한다. 영적이거나 초자연적 영역은 존재하지 않거나 불가지적인 것이다. 물리적 우주는 하나의 "폐쇄계"(혹은 닫힌계, closed system)이다. 모든 결과는 반드시 어떤 자연적 원인이 있다. 실제로 모든 것은 물질의 비인격적 작용과 우연적 조합과 상호작용으로 설명할 수 있고, 또 설명해야만 한다는 것이다.

19세기 후반에서 20세기에 걸쳐, 자연주의는 유럽과 미주와 전 세계에 걸쳐 들불처럼 번져나갔다. 또한 대학들과 신학교들을 휩쓸고, 자연과학, 법률, 비즈니스, 경제의 영역에도 만연하게 되었다. 곧 알게 되겠지만, 교회 안에까지 심대하고도 치명적인 영향을 미쳤다.

자연주의는 사실(facts)과 가치(values)를 엄격하게 구분한다. 사실은 객관적이고 공적으로 증명이 가능하다. 한편, 가치는 주관적이며, 개인적으로 구축하는 의미이다. 과학은 사실의 영역에 존재하며, 오감의 실제 세계(시각, 청각, 후각, 촉각, 미각) 속에 있다. 여기가 바로 남녀가 살고, 숨 쉬고, 존재하는 곳이다. 종교, 영적 영역, 신앙은 개인적, 주관적, 감정적 영역 안에 있다. 인간은 인간 이성과 과학적 추론을 통해 무엇이 진리인지를 배운다. 영적 세계는 비실제적이고 불가지한 것으로, 환상과 상상의 영역이다. 어떤 이는 "종교란, 기껏해야, 과학이 밝힌 어떤 무가치한 '사실'위에 '가치'라는 옷을 걸쳐주는 것이다"라고 말한다. 자연주의가 현대 서구의 지배적 세계관이다 보니, 이런 의식이 현대인의 삶과 사고의 거의 모든 영역 안에 퍼져 있다.

● 교회에 영향을 끼치는 자연주의(Naturalism Impacts the Church)

이신론과 다윈주의, 결국에는 자연주의가 문화적으로 우월해지게 되자, 서구의 교회는 서서히 사회의 주변으로 밀려났다. 사회적, 문화적 영향을 회복하기 위해, 많은 주류 기독교단은 이런 새로운 신앙체계와 타협하기 시작했는데, 결국에는 재앙을 가져왔다. 그들은 성경적 세계관이 가진 뚜렷한 초자연적, 영적 요소를 배제하기 시작했다. 새로운 신학 사조들은 기독교 신앙을 소위 현대화하였으며, 따라서 교회는 변하는 시대에 보조를 맞출 수 있었다. 어떤 이는 이를 두고, "현대 신학자들은 기독교 신앙의 관점에서 계몽주의를 이해하기보다 계몽주의 도그마의 관점에서 기독교 신앙을 이해하고자 하는 유혹에 빠져버리고 말았다"고 평가했다.

프리드리히 슐라이마허(Friedrich Schleiermacher, 1768-1834)는 현대 신학자들 중의 하나였다. 그는 하나님은 알 수 없거나 비실제적인 존재라고 하는 자연주의 신앙의 영향을 받고서, 기독교 신앙을 예수님의 탄생, 죽음, 부활이라고 하는 역사적으로 입증 가능한 실재 위에 두지 않았다. 그 대신 그리스도에 대한 믿음을 감정적 필요에 뿌리를 두는 개인적 경험으로 만들었다. 이것은 성경에서 하나님이 객관적이며 실제적으로 존재하시며 인간과 소통하시는 분이라는 주장에 부합되지 않는다. 슐라이마허가 말하는 "기독교"란, 과학만이 실재를 설명하는 유일한 권위를 가졌다고 주장하는 자연주의를 다소 영적인 것으로 만든 것에 지나지 않는다. 이런 세계관에서, 영적 신앙이란 주관적인 것으로 간주되고, 오직 한 개인이 사실이라고 믿어야만 "실제적"이 되는 것이다. 슐라이마허와 그의 동료 신학자들은 하나의 운동을 일으켜 서구의 신학교들에게 극적인 영향을 끼쳤다. 한 때, 이런 학교를 졸업한 학생들이 유럽과 미주에서 교회 강단을 통해 그 같은 새로운 신학적 가르침을 전파하기도 했다.

● 사회복음(The Social Gospel)

하나님을 주관적 신앙이라는 영역에 안전하게 가둬버린 채, 현대인은 자기 자신의 운명의 주인이 되었다. 이것은 기독교인이 보면, 이제 하나님 나라를 인간의 노력과 지식만으로 땅위에 세울 수 있다는 뜻이다. 새로운 신학들은 타락과 인간의 죄성과 부패에 대한 성경적 가르침을 거부했다. 결국, 그 신학들은 전도와 회개와 구원의 필요를 외면해 버렸다.

잘 알려진 19세기의 언론인이었던 호레이스 그릴리 (Horace Greeley)는 이렇게 말했다.

"인간의 마음은 타락하지 않았다…. 인간의 열정은 잘못된 일을 하도록 촉구하지 않으며, 따라서 인간은 악한 행동을 저지르지 않는다."

여기에 더하여 그는 이렇게 주장한다.

“악은 단지 사회적 퇴보나 전복에 의해 생겨난다. 사람들에게 전적으로 눈을 열어주고, 자유로운 활동을 하게 하고, 전적으로 완성된 개발에 이르게 해주라. 그러면 결과적으로 보편적 행복이 반드시 이뤄질 것이다…. 새로운 형태의 사회를 창조하라. 이 일은 가능하다…. 그러면 완전한 사회가 이뤄질 것이다. 즉 ‘하나님 나라’가 이뤄질 것이다.”

이런 신념으로 생겨난 운동이 바로 “사회복음”(social gospel)이다. 그릴리가 주장했듯이, 이 운동의 핵심 내용은, 악은 사회의 구조 방식에 따라 생겨나는 것이지, 인간 내부의 어떤 내재적 악에 의한 것이 아니라는 것이다.

● 근본주의자의 반발(The Reaction of the Fundamentalists)

정통 신자들은 이런 믿음을 성경에 직접 반대되는 신학적 자유주의라고 간주하고 그들을 이단으로 여겼다. 이에 대한 대항 운동으로 근본주의가 태동되었다. 이 사상은 성경의 영적인 기본 토대들을 강조하여 교회를 지키고자 했다. 이들은 하나님의 초자연적 계시로서의 성경의 권위, 예수님 안에 성육신하신 하나님, 예수님의 십자가 대속에 대한 믿음을 견지했다.

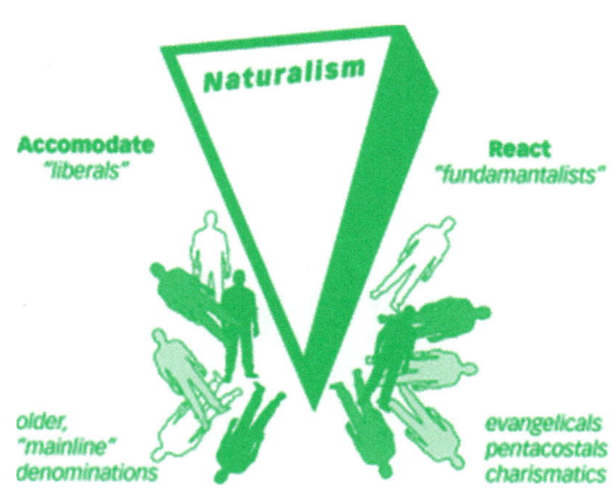

자연주의는 근본주의의 적으로서, 실재를 두 가지 범주인 사실과 가치로 나누고, 과학과 이성이 진리를 결정하는 유일한 도구라고 주장했다. 이에 대항하여, 근본주의자들은 별 의식 없이 고대 영지주의 이단의 사상을 빌려왔다. 과학과 이성은 세상적이고 세속적이라고 여겨, 기독교인들이 피해야만 할 것으로 이해했다. 신앙은 이성과 충돌하고, 영적인 것은 세속적인 것에 반대된다. 영적 영역, 즉 하나님, 성경, 전도, 교회 출석, 전임 기독교 사역, 기도는 선한 것으로 여겼다. 반면 물리적이고 물질적 영역은 저급하고 "세상적"인 것으로 간주된다. 과학, 인간 이성, 정치, 경제, 사회적 행동은 모두 자연주의에 지배되고 있으므로, 회피해야만 할 세속적인 것으로 치부되었다.

● 세계선교 운동에 끼친 영향(Impact on the World Missions Movement)

근본주의 운동은 세계선교에 놀라울 정도의 영향을 미쳤다. 근본주의가 자연주의에 대항할 당시, 수십만 명의 선교사들이 유럽과 미주에서 전 세계 모든 지역까지 파송되었다. 선교사들은 그리스도를 위한 강력한 열정을 가지고 엄청난 희생을 치렀다. 하지만 그들은 영지주의적 사고의 영향을 받았기 때문에, 그들이 개척한 교회를 통해 현지 신자들에게도 동일한 영향을 끼쳤다. 전도와 교회 개척 외의 선교 활동은 모두 사회복음 운동과 연관된 것으로 이해했다. 자유주의 신학자들은 하나님 나라는 사회적 행동과 계몽된 정부 프로그램을 통해 지금 여기서 이뤄질 수 있다고 가르쳤다. 여기에 대항하여, 근본주의와 복음주의 선교사들은 하나님 나라는 순전히 영적 실재로서, 오직 내세에서만 중요한 것이라고 가르쳤다.

● 복음 선포를 외면한 사회적 행동(Separating Social Action from Gospel Proclamation)

자유주의 교회는 인간이 자신의 운명의 주인이라고 믿는다. 그들은 현대 과학, 기술, 계몽된 정부 정책에서 드러나는 인간의 지혜로, 세계가 직면한 사회적, 정치적, 경제적 문제들을 충분히 해결할 수 있다고 믿는다. 반면 인간사에 대한 하나님의 역할이란 주변적이고, 제한되고, 대체로 부적절하다는 여긴다. 인간이 사회에 영향을 미쳐서 그리스도의 가르침을 따라 사회 질서를 확립할 책임을 하나님으로부터 부여받았다는 것이다.

미국에서는 신학적 자유주의와 사회적 보편주의의 결합으로 인해 제2차 세계대전 이후 대대적인 정부 주도 프로그램이 시행되었다. 이런 프로그램을 통해 국내와 해외에서 가난 퇴치 사업이 시작되었다. 새로운 사회 정책과 대규모 정부 관료 제도가 가난한 자들에게 원조를 제공하기 위해 수립되었다. 그러나 이는 오래가지 않아 성공적이지 못한 것으로 증명되었다.

조그만 섬나라인 하이티가 대표적인 경우이다. 1970년 이래 수천 가지의 정부 및 비정부 원조 프로그램과 수억 불의 재정 원조가 하이티의 천만 명 거주민들의 경제적, 사회적, 영적 문제를 해결하기 위해 시행되었다. 그러나 이러한 대단위 투자와 지속적 노력에도 불구하고, 하이티는 여전히 서구에서 가장 가난하고 퇴보한 국가로 남아있다.

미국 내의 "가난과의 전쟁"(war on poverty)은 끔찍하게 실패하고 말았다. 1960년과 1990년 사이에 수십억 불의 돈이 가난한 사람들을 위한 복지 프로그램에 뿌려졌다. 이 기간 동안 정부의 빈곤 기준선 아래에 있는 사람들의 숫자는 오히려 더 증가했다. 이로 인해, 미국의 복지시스템은 1990년대에 와서 완전히 새로 바뀌었다.

왜 이처럼 좋은 의도를 가진 노력이 그토록 끔찍하게 실패했을까? 이유는 그들이 우리 인간은 깨어진 종이라는 성경의 분명한 가르침을 무시했기 때문이다. 우리가 가진 최선의 지식, 자원, 기술이 우리의 깨어짐을 치유할 수 없다. 삶의 모든 영역에서 우리가 어떻게 살아야 하는지에 대해 보여주신 하나님의 계시와 병행하지 않는다면, 우리는 여전히 깨어진 채로 있을 것이다. 인간 이성과 자원 개발이 우리를 치유하는데 일부 역할을 한다는 점은 성경이 인정하지만, 이런 일은 인간이 죄성을 가지고 있고, 완전하고 초자연적인 치유는 예수님의 십자가를 통해서만이 가능하다는 사실을 인정하는 것과 함께해야 한다. 이런 이해가 없이는 아무리 최선의 의도를 다하는 노력이라도 실패할 수밖에 없을 것이다.

● 사회적 행동을 외면한 복음 선포(Separating Gospel Proclamation from Social Action)

자유주의 교회가 인간의 지혜에 근거한 사회 프로그램을 통해 하나님 나라를 세워보려고 분주했던 반면, 복음주의자들은 가난한 사람들의 신체적 필요를 무시하거나 둔감한 채, 전도와 교회 개척에만 거의 전적으로 몰두해왔다.

많은 이들에게 "하나님을 사랑하는 것"은 영적 사역이며, "이웃을 사랑하는 것"은 세속적이고 물질적 세계에서나 일어나는 일로 여겨졌다. 시간이 지나면서, 이 같은 비성경적인 이원론 때문에 많은 이들은 "하나님의 구속 사역은 오직 영적 영역에서만 일어나는 반면, 나머지 물리적 세계는 외견상 마귀에게 좌우된다"라고 믿게 되었다. 혹시 복음주의자들이 육체적 필요를 채워주기 위해 사역하는 경우라도, 전도라는 더 큰 목표를 위해 종종 "미끼"의 수단으로 여겨질 뿐이었다.

근본주의자들은 "구조선" 비유를 오랫동안 사용해왔다. 《현대의 부흥주의: 찰스 그랜디슨 피니에서 빌리 그래함까지》(*Modern Revivalism: From Charles Grandison Finney to Billy Graham*)란 책에서, 윌리엄 맥루그린(William McLoughlin)은 드와이트 엘 무디(Dwight L. Moody)가 했던 말을 다음과 같이 인용했다.

"나는 이 세상을 파선하고 있는 배로 본다. 하나님은 내게 구조선을 주시며 '무디야, 네가 할 수 있는 만큼 사람들을 구조하거라'라고 말씀하셨다."

무디는 헌신적인 기독교인으로서 하나님의 쓰임을 받아 엄청난 일을 했다.

그렇지만, 그가 한 말은, 모든 피조물을 구속하시려는 하나님의 관심보다도, 인간 영혼만을 구원하려는 그 자신의 관심을 더 우선하는, 비성경적 이원론을 반영하고 있다. 물론 전도는 성경적 사역에 핵심적이지만, 이는 단지 전체 과정의 시작일 뿐이다. 최종 목표는 모든 민족을 제자로 삼는 것이다. 이와 같은 협소한, 오직 영혼만 생각하는 사고로 인해 오늘날 전 세계에 피상성을 가진 교회를 키우는 결과를 가져왔다. 이런 교회는 수적으로는 강하지만, 문화적으로는 무력하고 소외된 채로, 주위 사회에 거의 혹은 전혀 영향을 주지 못하고 있다.

● 오늘날의 교회에 미친 결과(Consequences for Churches Today)

이처럼 분리된 사고 때문에, 오늘날의 수많은 기독교인들이 분리된 라이프스타일을 갖고 있다. 그들은 교회 일을 하거나 성경 공부나 기도할 때는, "영적 세계"에 살고 있다. 나머지 시간에, 특히 직장에 있을 때는, "세속적 세계"에 살고 있다. 이런 분리 현상은 우리의 대화 가운데서도 나타난다. 예를 들어, 기독교인들이 그들의 세속적 직업을 떠나 교회나 기독교 기관이나 선교지에서 "전임 기독교 사역"에 들어서는 데 대해 얘기할 때이다. 이런 관점에서, 전임 사역을 하지 않고 세속 세계에서 일하는 기독교인들은 이등 시민으로 여겨진다. 이렇게 믿게 되면, 사람들은 세속 문화가 가진 가치 체계에 따라 움직인다. 안타까운 것은, 하나님은 더 이상 만물의 주로서 높임 받지 못하고, 성경적 세계관을 가진 기독교인의 영향은 직장에서 사라지고 마는 것이다.

기독교인들이 성경적 세계관 대신에 분리된 사고를 받아들이면, 그들은 문화 속에 관여할 의욕을 상실하고, 결국 "모든 민족을 제자로 삼으라"는 그리스도의 명령에 순종하지 않게 된다. 여호와를 아는 지식이 온 땅에 충만해지리라(사 11:9)는 계시는, 단지 내 사고를 여호와를 아는 지식으로 채우는 것으로만 축소되고 만다. 교회가 분열된 사고를 갖고 있을 때, 기독교인들은 더 이상 미디어, 교육, 정치, 예술 등의 영역에 영향을 주지 못한다. 그러면 더 이상 모든 민족을 제자로 삼을 수 없다. 그 대신에 세속 세계의 경향, 신념, 행동이 우리를 주도해 나가게 될 것이다.

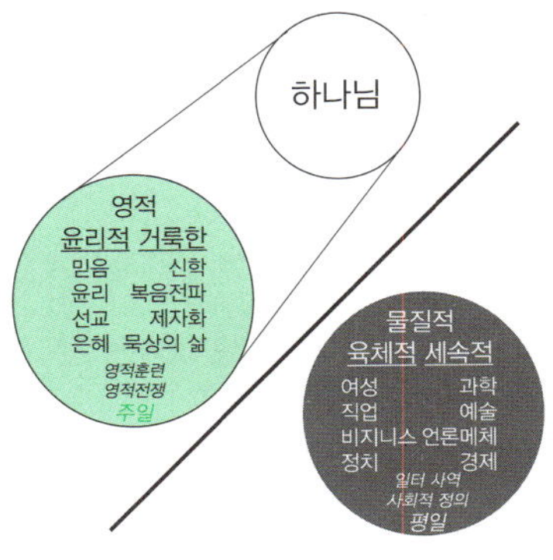

이런 증거들은 전 세계에 걸쳐 교회 안에서 세속 문화의 목소리와 가치가 반영되고 있는 데서 볼 수 있다. 그 예로, 미국의 수많은 복음주의 교회 안에서 심리학이 신학보다 더 중요한 자리를 차지하고, 예배는 하나님의 성품과 역사를 높이기보다는 교회 출석자들의 감정을 만족시키는 방향으로 기획되고 있다. 교회의 가치는, 이 깨어진 세상에서 하나님의 본질과 성품을 얼마나 잘 반영하는지, 혹은 사회에 얼마나 영향을 주는가보다는, 종종 건물의 크기 혹은 교인 출석 숫자로 평가한다.

분리된 사고로 인해, 오늘날 수많은 교회는 세상에서의 선교를 이해하는데 장애를 갖고 있다. 하나님의 "거대한 계획"(big agenda), 즉 타락 시 깨어졌던 만물의 구속이라는 포괄적 성격은 사라졌다. 역사상 오늘날과 같이 그처럼 교회와 기독교인의 숫자가 많았던 적은 없지만, 반면 세상 문화에 대해 이토록 영향력을 거의 끼치지 못한 적도 없었다.

● 변화가 일어나고 있다!(Change Is in the Air!)

하지만 하나님의 은혜로 이 상황은 변하고 있다. 새로운 방식의 사고가 이전 세대의 허약한 영지주의 신학을 대체하기 위해 일어서고 있다. 이러한 증거는 존 스토트(John Stott)의 영향력 있는 가르침과 로잔운동을 통해 나타났다. 로잔운동은 신앙과 선한 행위는 분리되어 있지 않다는 것을 보여주기 위해 대단한 노력을 기울여왔다.

또 다른 증거는 기독교적 구호와 개발의 발흥을 통해 볼 수 있다. 1950년대

이전에는 실제로 어떠한 복음주의적 구호 개발 기관도 없었다. 오늘날은 월드비전(World Vision), 세계구호기구(World Relief), 월드컨선(World Concern), 기아대책기구(Food for the Hungry)와 그외 유사한 기관들이 지구상의 가장 가난한 나라들을 위해 긍휼 사역을 시행하고 있다. 수많은 교회도 세계선교에 대해 재고하는 동안, 하나님 나라에 대한 그리스도의 가르침을 포괄적 변화에 대한 비전으로 재발견하고 있다.

우리는 이제 교회 역사에서 카이로스(Kairos)적 운동의 시점에 살고 있다. 지금은 과거 패러다임이 물러가고 새로운 패러다임이 일어나고 있는 극적인 시점이다. 하나님은 역사의 주이시다. 그분은 이 땅을 통치하시고 다스리시려는 그분의 원대한 목적을 성취하시기 위해, 모든 세대와 모든 나라 안에서 활발하게 역사하신다. 즉 아브라함에 대한 축복을 모든 민족, 방언, 백성, 나라에까지 부어주시려는 약속(창 12:3)을 이루시는 것이다. 이 목적은 물론 그리스도의 재림 시까지는 온전히 완성되진 않겠지만, 그럼에도 그리스도께서 성취한 역사를 통해 세상 모든 영역 안에서, 지금 여기서 구체적인 치유를 가져오는 희망이 되고 있다.

10. 문화의 기본 요소들

The ABCs of Culture

대로우 밀러(Darrow L. Miller)

콘스탄자(Constanza) 마을은 도미니카공화국의 캐러비안 연안에 있는 수려한 산들로 둘러싸인 비옥한 계곡에 위치해 있다. 수량은 풍부하고 기후는 일년 내내 온화하다. 계곡 언저리에는 소수의 도미니카인 가족들이 조그만 농장들을 운영하며 근근이 살아가고 있다. 이들은 이 나라에서 가장 가난한 사람들에 속한다.

이와 동시에, 커다란 집들과 빌라들이 계곡을 내려다보고 있는데, 각각의 집에서 시골 지역의 장대한 풍경을 즐길 수 있다. 이 집들은 2차 대전 이후 도미니카공화국으로 이민해 온 일본인들이 소유하고 있다. 이들이 일본을 떠날 때는 문자 그대로 아무것도 가진 것 없이 몇 가지 짐만 지고 이곳에 왔다. 그 지역의 농부들처럼, 그들 역시 도착하자마자 계곡의 평원에서 가난한 농부로 일했다. 그런데, 수십 년이 지난 후, 그들은 부유해졌는데, 이런 변화에도 불구하고 현지 농부들은 여전히 가난과 씨름하고 있었다.

무엇이 이 두 그룹의 차이를 만들어 냈을까? 그들은 똑같은 물리적 환경과 천연자원을 갖고 있었다. 여기서 가능한 대답은 그들의 세계관이 달랐다는 것이다.

일본인 정착민들은 근면과 고난의 감내를 귀하게 여기는 사고방식을 갖고 있었다. 일본의 부모들은 그들의 자녀들에게 결코 포기하지 말라고 가르쳤다. 반면, 그 지역의 도미니카인 농부들은 운명론적인 신념 체계를 유지하고 있었다. 이들에게 가난이란 물려받은 것이었다. 이들이 가난한 이유는 그들의 조상들이 그랬던 것처럼, 부모들이 가난했기 때문이었다. 그래서 가난은 그저 운명이고, 인생의 몫이었다. 그러한 운명론 때문에 그들은 고난이 닥치면 수동적이 되어, "뭐든, 그냥 될 대로 되라"는 식으로 생각했던 것이다.

그러나 이런 파괴적인 신념은 도미니카인 농부들만 가진 게 아니다. 사실 서로 다르긴 하지만, 일본인들 역시 파괴적인 신념을 갖고 있었고, 이는 일본인 이민자들을 생겨나게 한 원인이기도 했다. 그것은 일본인이 가진 뿌리 깊은 민족우월주의인데, 이로 인해 일본은 동아시아에 대해 식민화를 공격적으로 추진했고, 이것이 1895년에 시작하여 1936년의 중국 침략으로 정점에 이르러, 동남아시아로 확장되었다. 동시에 그들은 유럽의 나치와 동맹을 맺고, 세계 제2차 대전에 참가하게 되었다. 이 전쟁은 일본의 파괴를 불러왔고, 뒤이어 일본인 농부들의 이민을 초래하게 되었다.

어느 나라든지 어느 정도는 파괴적이고 그릇된 신념을 갖고 있는데, 심지어 교회가 활발하게 성장하고 있는 나라들에서도 동일하다. 미국에는 교회 숫자가 많고, 책, TV, 영화에서도 기독교적인 문화가 널리 퍼져있다. 미국의 성인 10명 중 9명은 하나님을 믿는다고 고백하며, 최소한 성경 한 권씩은 갖고 있다. 그렇지만 1973년과 2001년 사이에 3천8백만 명의 태아가 낙태로 죽임을 당했고, 기독교인과 비기독교인의 이혼율은 거의 같다.

어떻게 이런 일이 "기독교" 국가에서 일어날 수 있는가? 바나리서치(Barna Research) 그룹이 2000년 1월에 실시한 여론 조사가 그 답을 제시한다. 조사 결과에서, 미국의 "거듭난" 기독교인들(약 44%) 중에서, 1/2이 채 안 되는 사람들만이 "절대적인 도덕적 진리"가 존재한다고 믿는다는 것이다. 미국 기독교인들의 다수는 옳든 그르든 간에, 어떤 절대적 기준의 존재를 별로 확신하지 않는다는 것이다. 대부분의 미국인들에게 진리란 알 수 없는 것이며, 그렇기 때문에 사람들은 어떤 도덕적인 제약에 대해 거의 모르거나 전혀 모르고 있다.

이와 같은 세 가지 신념, 즉 운명론, 민족우월주의, 상대주의는 거짓 속에 뿌리를 두고 있다. 이런 모든 거짓말이 가져다주는 결과는 끔찍하고 파괴적이다. 그런 모든 거짓의 배후에는 사탄, 즉 거짓의 아비이며, 그 자신이 거짓인 사탄이 자리 잡고 있다. 요한복음 8장 44절에서 예수님은 말씀하신다.

"너희는 너희 아비 마귀에게서 났으니 너희 아비의 욕심대로 너희도 행하고자 하느니라 그는 처음부터 살인한 자요 진리가 그곳에 없으므로 진리에 서지 못하고 거짓을 말할 때마다 제 것으로 말하나니 이는 그가 거짓말쟁이요 거짓의 아비가 되었음이라"

개인들과 문화들이 사탄이 왜곡시킨 것을 믿는다면, 그들은 노예가 되고 만다. 그러나 이 세상은 하나님의 것이기 때문에, 사탄의 위조품에 매인 자들에게도 희망이 있다. 진리는 거짓보다 더욱 강력하기 때문이다. 하나님의 말씀이 바로 진리이다. 사탄도 힘이 있지만, 하나님은 여전히 더 강하시다.

● 사람들과 나라들을 노예로 만듬(Enslaving People and Nations)

사도 바울은 로마서 1장 18-32절에서, 타락한 남자와 여자들이 하나님의 진리를 거짓으로 바꿀 때, 끔찍한 결과를 피할 수 없다고 말한다. 이러한 결과는 개인들을 속이는 정도를 넘어서게 되는데, 사탄의 거짓말이 한 나라의 문화에 영향을 미치면, 관습과 행위, 사회적 제도와 조직과 법률까지 부패하게 만든다. 진리는 한 나라와 지역사회의 건강한 발전을 위한 기초가 되지만, 거짓은 파괴를 불러온다.

지난 세기에 인도에서 활동한 위대한 선교사인 스탠리 존스(E. Stanley Jones)는 이렇게 말했다.

"우리가 하나님의 법에 대항한다기보다는, 하나님의 법에 대항하여 우리 자신을 파괴하는 것이다."

성경은 사탄이 우리를 속박하기 위해 거짓말을 사용한다고 말한다. 그런데 사탄은 개인들에게만 거짓말을 하는 게 아니다. 그의 거짓말은 모든 나라들을 노예로 만들려고 한다(계 20:3). 이 일을 할 때, 사탄은 두 가지 핵심적인 무기를 사용한다. 첫 번째 무기는 골로새서 2장 8절에서 보듯이, 인간 중심의 철학이다. 이 구절에서 바울은 철학에 대한 연구를 공격하는 게 아니다. 사실 철학(philosophy)이란 단어는 "지혜를 사랑하는 것"이란 뜻이며, 잠언 3장 13절에서는 "지혜를 얻는 자가 복이 있도다"라고 말한다. 여기서 바울이 말하는 바는, 사탄이 노예로 삼는 데 있어 주요한 도구들 중의 하나가 "그리스도가 아닌 이 세상의 기본 원리에 기초한 철학"(골 2:8)이라는 것이다.

같은 구절에서, 바울은 그러한 철학을 "허탄하고 속이는" 철학이며, "사람의 전통에 근거한" 철학으로 묘사한다. 이것이 아버지에게서 아들에게, 한 세대에서 다음 세대로 전수된다.

사도 베드로도 동일한 맥락에서 기록한다.

"너희가 알거니와 너희 조상이 물려준 헛된 행실에서 대속함을 받은 것은 은이나 금같이 없어질 것으로 된 것이 아니요 오직 흠 없고 점 없는 어린 양 같은 그리스도의 보배로운 피로 된 것이니라"(벧전 1:18-19).

사도 바울이 골로새서 2장 8절에서 지적한 "세상의 기본 원리들"(개정개역 성경에서 "세상의 초등학문")은 무엇인가? 갈라디아서 4장 9절에서 바울은 이렇게 묻는다.

"어찌하여 다시 약하고 천박한 초등학문으로 돌아가서 다시 그들에게 종노릇하려 하느냐?"

바울은 그런 원리들을 "약하고 천박한" 것으로 지적한다. 이 구절에서 "학문"이란 스토이케이아(stoicheia)라는 헬라어 단어로써, 글자 그대로 기본적, 기초적, 초보적 원리를 의미한다.

우리는 매일의 생활에서 기본적이거나 초보적인 원리들을 접한다. 만약 당신이 다른 언어를 배우려면, 먼저 그 언어의 기본 원리들부터 알아야 한다. 즉, 철자와 기본적인 단어 배열의 규칙, 그리고 몇 가지 기본 단어들을 위시해서 약간의 문법이 포함된다. 만약 수학을 배우려면, 먼저 숫자들과 숫자들이 무엇을 나타내는지를 배워야 한다. 혹시 그림을 그리거나 사물을 제대로 그리길 원하면, 비율, 구도, 원근, 명암을 알아야 하고, 그리고 색을 사용하려면, 기본색을 어떻게 섞어서 원하는 색상을 만들 수 있는지를 배워야 한다. 그리고 악보를 볼 수 있으려면, 음악 부호에 대한 초보적 원리, 즉 부호들이 어떤 음색과 길이를 나타내는지를 배워야만 한다.

이와 같은 방법으로, 기본 원리들이 인간 문화의 기초를 형성한다. 이것이 문화의 기본 요소들이다. 바울이 사용한 스토이케이아(stoicheia)란 단어는 바로 이런 기본적 원리들을 가리킨다. 사탄은 세상을 속이기 위해 바로 이런 기본적 원리들을 표적으로 삼는다. 즉, 나라들을 노예로 만들기 위해 거짓된 "기본적 원리들"을 사용하는 것이다.

1970년대에 케냐에 선교사로 갔던, 게일린 반 린넨(Gailyn Van Rheenen)은 영적 전쟁에 대해 연구한 후, 다음과 같이 기록했다.

"[영적 전쟁의] 시스템적 관점(systemic view)은, 권세들(the powers)이란 사회의 사회 · 경제적 및 정치적 구조에 적극적인 영향을 끼치는 인격을 가진 영적 존재들이라고 간주한다. 이러한 권세들이 자신들만의 규칙과 제도를 확립하여 문화가 하나님으로부터 멀어지도록 만든다. 바울 서신(갈 4:3, 골 2:8, 20)에서 말하는 기본적인 원칙들(스토이케이아, stoicheia)이 바로 이러한 예들 중의 하나다. [스토이케이아]는 법에 대한 합법적인 준수, 천사에 대한 경배, 기독교 이전 시대의 정령숭배 의식으로의 회귀에 의해 증명된다. 이런 상황 가운데서 스토이케이아는 인간 사회에 대한 사탄적 왜곡이다. 권세들은, 비록 인격을 지닌 영적 존재들일지라도, 사회의 바로 그 구조 안으로 침투해 들어온 것이다. 따라서 기독교 기관까지도 그러한 권세들이 인간 제도 속으로 파고 들어오면, 사탄적 영향을 받게 된다."

● 주춧돌들(The Building Blocks)

기본 원리들(스토이케이아)은 문화를 건설하는 주춧돌로 간주할 수 있다. 세계의 대부분의 문화에서 어떤 주춧돌들은 성경의 진리에 부합한다. 이러한 "하나님 나라"의 주춧돌들은 사회 안의 도덕적이고 아름다운 것들을 떠받쳐준다. 이런 하나님 나라 주춧돌들은 음악, 예술, 과학, 법, 기술, 교육 등에서 찾아볼 수 있다. 아마도 모든 문화가 적어도 이런 성경적 진리를 조금씩은 갖고 있을 것이다. 어떤 문화든지 이런 부분적인 진리가 있다면, 그것을 인정해 주고, 육성해 나가도록 권면해 줄 수 있을 것이다.

그리고 내가 석사논문에서 쓰고 있는 내용을 더욱 확대한다면, 개인적인 차원의 복음 전파에서뿐만 아니라, 일상적인 개인적 만남이나, 지역사회 모임 혹은 사회의 공론장에서 다양한 사회적 주제와 이슈들을 다룰 때, 동일한 접근방식을 활용하여 진리의 메시지를 전하는 방법으로 사용할 수 있을 것이다. 그래서 청년들과 성도들을, 다양한 사회적 주제들을 다루는 훈련 모임을 통해 총체적 훈련을 시킬 때, 나의 논문 주제 내용도 연이어 교육하여, 총체적 방법으로의 증거 훈련도 시킬 수 있을 것이다.

또한 세계의 모든 문화 속에, 사탄은 거짓에 기초한 가짜 주춧돌들을 도입한다. 이것들은 어떤 문화이든 비도덕적이고 경건치 못한 것들이다. 예를 들면, 미국의 과거 노예제도는 백인이 흑인보다 우월하다는 거짓에 근거한 것이었다. 많은 남미 국가에서 여성에 대한 학대와 예속은, 남성이 여성보다 우월하다는 거짓에 기초를 둔 것이다. 인도의 카스트 제도는 어떤 집단이 다른 집단보다 더 귀하다고 하는 거짓에 뿌리를 둔 것이다.

이러한 거짓들, 혹은 가짜 주춧돌들은 어느 문화에든지 존재한다. 이들은 사도 바울이 말한 허탄하고 속이는, 약하고 천박한 기본 원리들을 나타낸다. 이런 것들은 드러내어 비판하고 제거되어야 하며, 대신 하나님의 계시된 영원한 진리에 기반한 주춧돌들로 대체되어야만 한다.

비록 각 문화가 진리와 거짓을 둘 다 갖고 있지만, 진리와 선함과 아름다움을 보다 많이 갖고 있는 사회는 더 많은 자유, 정의, 번영, 긍휼을 창출한다. 반면 허위, 악함, 추함이 더 많으면, 더 비정하고, 속박되고, 부패한 사회를 만들어 낸다.

● 사탄의 주춧돌들의 예

사탄이 문화 속에 많은 거짓을 심고 있는 탓에, 가짜 신념들이 만연되어 있다.

첫째, 진리란 존재하지 않는다. 따라서 인간은 어떤 것에도 책임질 필요가 없다(Truth does not exist and, therefore, man is not accountable).

이 거짓말은 자연주의 세계관의 영향 하에 있는 수많은 서구 국가에 성행하고 있다. 만약 하나님이 없다면, 쾌락주의와 만연해가는 소비주의가 당연히 인생살이의 방법이 된다. 만일 궁극적인 하나님의 심판이나 하나님께 대한 책임이 없다면, 우리는 원하는 대로 무엇이든지 즐길 수 있고, 그러면 "먹고 마시고 결혼하자. 내일이면 죽을테니까"라는 식이 될 것이다. 따라서 자기만족이 서구 나라들의 가장 고귀한 가치들 중의 하나가 되어버렸다.

둘째, 만약 진리가 존재한다고 해도, 그것을 알 수 없다(If truth exists at all, is it unknowable).

자연주의와 정령숭배사상은 둘 다 진리에 대한 이해를 왜곡시켰다. 자연주의는 초월적이고 절대적인 진리에 대해 자리를 내어주지 않는다. 모든 존재하는 것은 오직 폐쇄된 인과적 우주 안에 있는 물질과 에너지일 뿐이다. 진리란 무엇이든지 우리가 원하는 대로의 것이다. 많은 정령숭배 문화에서도 역시 진리는 알 수 없는 것이다. 세계 주요 종교들 중의 하나인 힌두교에서조차, 아비야(aviya)의 도(道)란 게 있는데, 이는 "알지 못하는 신들에게 경배하는 것"을 의미한다. 이런 의미에서 힌두 사회는 실제로 무지를 조장한다. 만약 당신이 인도에 선교사로 가서, 문맹의 인도인들에게 읽는 법을 가르쳐서 그들의 언어로 된 성경을 읽도록 돕는다고 가정해보라. 당신이 인도 문화를 알기 시작할 때, 많은 힌두 지역에서, 만약 가난한 사람들에게 읽는 법을 가르치게 되면, 당신은 그들이 무지해지도록 요구하는 셈이 된다.

셋째, 인간의 생명은 별로 가치가 없다(Human life is of little value).

이런 생각의 결과로 낙태가 흔한 행위가 되어버렸고, 심지어 자연주의 사상이 득세하는 문화에서는 이것이 권리라고 추구하기까지 한다. 이 같은 "선택"의 재단에 희생물이 된 수백만의 미탄생 태아를 위해 목소리를 높이는 사람은 거의 없다. 정령숭배 사상도 또한 인간의 생명의 가치를 별로 옹호하지 않는다. 예를 들면, 힌두교는 어려움에 처한 사람이 왜 도움을 받아야 하는가에 대한 이치가 없다. 가난한 사람들은 그들이 전생에 저지른 일 때문에 가난할 수밖에 없다는 것이다.

기독교와는 달리, 힌두교는 개개인들에 대해 가치를 부여하지 않거나, 혹은 그들이 하나님의 형상을 따라 "심히 기묘하게" 지으심을 받았다고 여기지 않는다(시 139-14).

이런 거짓은 끔찍하고 파괴적이다. 이처럼 세상은 얼마만큼이나 성경적 세계관을 담고서 변화를 일으키는 이야기를 들어야만 하는가! 왜냐하면 오직 성경적 세계관만이 진리를 반영하기 때문이다. 즉 사탄의 거짓 그물에 걸린 사람들과 나라들을 변화시키는 능력을 가진 바로 그 진리 말이다.

● 속임으로부터 자유케 함(Breaking Free from Deception)

전쟁, 기근, 홍수와 같은 재난들 이외에, 물리적 가난은 "그냥 일어나지" 않는다. 오히려, 운명론과 같은 거짓된 문화적 주춧돌이, 가난, 부패, 혹은 여러 가지 형태의 파괴적 요인들로부터 사람들이 벗어나지 못하게 하는 역할을 한다. 그와 같은 사탄의 거짓이 어떤 문화의 기초가 되면, 이는 결국 그 사회의 법과 제도 속에 스며들게 된다. 이것이 결과적으로 부패, 불의, 인간 생명의 경시, 그리고 여러 가지 문화적 병폐를 가져온다.

궁극적으로 깨어짐은 거슬러 올라가면 창조주에 대한 죄와 반역에 닿아있다. 우리의 삶 가운데 이를 깨닫게 되면, 사도 바울처럼 울부짖게 된다.

"오호라 나는 곤고한 사람이로다 이 사망의 몸에서 누가 나를 건져내랴 우리 주 예수 그리스도로 말미암아 하나님께 감사하리로다 그런즉 내 자신이 마음으로는 하나님의 법을 육신으로는 죄의 법을 섬기노라"(롬 7:24-25).

하나님의 능력이 악보다 강하고, 하나님께서 죄와 사탄의 기만에 사로잡힌 우리를 구원하실 길을 여셨다는 것이 얼마나 감사한가. 그의 강력한 진리의 말씀이 이를 가능케 하는 것이다.

"그러므로 이제 그리스도 예수 안에 있는 자에게는 결코 정죄함이 없나니 이는 그리스도 예수 안에 있는 생명의 성령의 법이 죄와 사망의 법에서 너를 해방하였음이라 율법이 육신으로 말미암아 연약하여 할 수 없는 그것을 하나님은 하시나니 곧 죄로 말미암아 자기 아들을 죄 있는 육신의 모양으로 보내어 육신에 죄를 정하사 육신을 따르지 않고 그 영을 따라 행하는 우리에게 율법의 요구가 이루어지게 하려 하심이니라"(롬 8:1-4).

예수님은 이렇게 말씀하셨다.

"너희가 진리를 알지니 진리가 너희를 자유케 하리라"(요 8:36).

11. 하나님의 원대한 계획

God's Big Agenda

밥 모피트(Bob Moffitt)

● 하나님의 계획과 예수님

나는 종종 신학교와 성경대학 학생들에게 이런 질문을 던진다.

"예수님이 왜 피 흘리셨습니까?"

학생들은 한 명씩 대답한다.

"그분은 우리의 영혼을 구원하기 위해 피 흘리셨지요."

나는 "그렇습니다"라고 대답하면서 또 묻는다.

"맞아요. 그런데 그분이 피 흘리신 또 다른 이유는 무엇일까요?"

"그분이 피를 흘리셔서, 우리는 구속을 받을 수 있게 되었지요. 그리고 우리가 죽으면 천국에 갈 수 있고 영생을 얻게 됩니다."

"그렇지요"라고 하면서 나는 또 묻는다.

"맞아요. 그런데 그분이 피 흘리신 또 다른 이유는 무엇입니까?"

학생들의 대답은 하나님의 구속 계획에 대한 영적 측면에만 집중하고 있다. 그 이외엔 다른 대답이 없다. 그런 다음 우리는 골로새서 1장을 살펴본다. 그러면 학생들은 점차 놀라운 대답을 하게 된다. 골로새서 1장 15-20절을 보면서, 이 같은 엄청난 문장 안에 "만물"이란 단어가 몇 번 나오는지 세어보자.

그는 보이지 아니하는 하나님의 형상이시요 모든 피조물(all creation)보다 먼저 나신 이시니. 만물(all things)이 그에게서 창조되되 하늘과 땅에서 보이는 것들과 보이지 않는 것들과, 혹은 왕권들이나 주권들이나 통치자들이나 권세들이나 만물(all things)이 다 그로 말미암고 그를 위하여 창조되었고, 또한 그가 만물(all things)보다 먼저 계시고 만물(all things)이 그 안에 함께 섰느니라. 그는 몸인 교회의 머리시라 그가 근본이시요 죽은 자들 가운데서 먼저 나신 이시니 이는 친히 만물(everything)의 으뜸이 되려 하심이요. 아버지께서는 모든 충만으로 예수 안에 거하게 하시고, 그의 십자가의 피로 화평을 이루사 만물(all things) 곧 땅에 있는 것들이나 하늘에 있는 것들이 그로 말미암아 자기와 화목하게 되기를 기뻐하심이라(골 1:15-20)

개역개정 성경에는 "만물"이 6회, "모든 피조물"이 1회 나온다. ("만물"과 "모든 피조물"은 동일한 뜻이다).

이 구절은 하나님의 계획이 "모든 피조물"(all creation)만큼이나 거대하다는 것을 7번 상기시켜준다. 바울이 정곡을 찌르고 있는 것이다! 예수님의 피는 "만물"의 회복을 위해 흘리신 것이다. 왜 그럴까? "만물"이 타락 시 깨어졌기 때문이다. 하나님은 그분의 창조물을 사랑하셔서, "만물"을 자신과 화해시키기 원하신다!

예수님은 하나님 아버지와 동일한 계획을 갖고 계신다. 이로 인해 우리가 놀랄 필요는 없다. 성경은 예수님이 "보이지 아니하시는 하나님의 형상"(골 1:15)이시고, "하나님의 영광의 광채시요 그 본체의 형상"(히 1:3상)이라고 말한다. 우리가 그리스도를 바라볼 때, 인간의 형태를 입으신 하나님을 본다.

또 있다. 성경은 "아버지께서는 모든 충만으로 예수 안에 거하게 하시고"(골 1:19)라고 말한다. 그리스도는 하나님의 정확한 형상이시고, 그분 안에 하나님의 충만이 거하기 때문에, 예수님의 계획은 하나님 아버지의 계획과 같은 수밖에 없는 것이다. 이것은 인간의 영적 중생, 그리고 "모든 만물"(all things)의 회복을 포함하는 것이다.

교회가 이처럼 하나님의 보다 큰 계획에 반응할 때, 놀라운 일들이 일어난다! 그런데 너무나 많은 숫자의 교회들이 "만물"을 회복할 수 있도록 성도들을 훈련하는 데에 관심이 없다. 어떤 교회들은 영적 구원에 집중하는데, 여기서 회복이 시작된다. 어떤 교회들은 사회적, 신체적 회복에 집중하지만, 영적 중생은 외면한다. 그러나 교회는 성도들이 하나님의 전체적인 계획을 이행하기 위해 성도들을 무장시켜서, "모든 피조물"(all creation)을 그리스도의 주권 아래 두도록 해야 한다.

이것은 엄청난 과업처럼 보이지만, 하나님은 모든 성도들을 각자 영향을 미칠 수 있는 곳에 두셨다. 즉 결혼, 가정, 이웃, 학교, 직장, 사무실, 농장, 시장, 친구들, 동호회, 사회, 정부, 각종 환경 등이다. 교회는 성도들을 세우고 권면하여 그들 각자의 영역에서 영향을 끼치게 하여, 세상을 위한 하나님의 거대한 목적인 만물의 회복을 위한 하나님의 계획에 협력하게 해야 한다. 교회가 이처럼 "만물"에 대한 이해를 가지고 성도들을 훈련할 때, 성도들의 영향이 미치는 영역들을 그리스도의 주권 아래 두게 되는 것이다.

● 하나님의 전포괄적인 사랑(God's All-Encompassing Love)

성경은 하나님의 원대한 계획의 윤곽을 제시한다. 이 계획은 이미 깨어진 만물의 치유와 회복을 포함한다. 이것은 물리적인 것, 즉 창조물의 구속을 포함한다. 또한 우리 땅에 있는 사회적 질병의 치유와 같은 사회적인 것을 포함한다. 또한 영적인 것도 포함한다. 그것은 우리 영혼의 개인적 구속이다. 요약하자면, 그 계획은 모든 만물의 구속이다. 타락으로 인한 깨어짐은 포괄적이기 때문에, 이 깨어진 모든 것을 구속하기 위한 하나님의 계획도 역시 포괄적이다.

하나님은 그분이 지으신 사람들(people)을 사랑하신다. 그리고 그분의 계획은 모든 피조물(all creation)의 치유를 포함한다. 성경은 이 점을 분명히 말한다. 현재 깨어져 있는 하나님의 창조는 언젠가 모든 구속으로부터 해방될 것이며, 이 해방은 하나님의 자녀들의 "영광스러운 자유"에 의해 좌우될 것이다(롬 8:19-20).

하나님의 원대한 계획의 관점에서, 우리에게 친숙한 구절을 읽어보면, 성경에 나타나는 하나님의 원대한 의도를 볼 수 있다. 한 가지 예를 들어보자. 기독교인에게 가장 사랑받는 구절들 중의 하나조차도 새로운 통찰을 제시한다.

"하나님이 세상을 이처럼 사랑하사 독생자를 주셨으니 이는 그를 믿는 자마다 멸망하지 않고 영생을 얻게 하려 하심이라"(요 3:16).

이 구절에서, 코스모스(kosmos)는 헬라어로서, "세상"을 가리킨다. 때로 성경에서 코스모스는 "지구" 혹은 "피조된 세계"를 뜻한다. 다른 경우에, "사람"으로 번역될 수도 있다. 우리는 보통 요한복음 3장 16절을 "하나님이 세상의 사람들을 이처럼 사랑하사"로 번역하면서, 이로 인해 하나님이 예수님을 보내셔서 세상 사람들이 그분을 믿어서 영생을 얻을 수 있다고 이해한다.

분명히 사람들만이 믿기를 선택할 수 있고 영생을 얻을 수 있다. 그래서 하나님은 코스모스, 즉 세상 사람들을 사랑하셔서, 구세주를 보내시고, 그분 앞에 나오는 사람들은 하나님의 자녀가 된다.

나는 이 구절이 또한 이런 뜻을 갖고 있다고 믿는다. 즉 하나님이 코스모스, 즉 모든 피조물을 사랑하사, 그분의 아들을 보내셔서 그분의 십자가 희생으로 만물과 화해하신다는 것이다(골 1:20).

사람들은 하나님의 창조에서 특별한 부분을 차지한다. 하나님의 사랑 때문에, 하나님은 코스모스(하나님의 사랑하는 자녀들)에게 코스모스(하나님의 사랑하는 피조물)의 회복을 위한 역할을 맡기셨다. 우리는 사랑받고 회복되었기 때문에, 피조물을 깨어짐에서 해방시키는 역할을 부여받았다. 사도 바울도 여기에 동의한다. 그는 "피조물이 고대하는 바는 하나님의 아들들이 나타나는 것이니"(롬 8:19)라고 했다. 피조물은 우리가 그리스도 안에서 성숙해지기를 간절히 기다리고 있기 때문에, 우리는 하나님의 의도대로 하나님의 피조물을 관리하는

데 더 많은 노력을 해야 한다.

하나님은 우리가 우리 삶을 어떻게 살아내야 하는지를 알고 계신다. 하나님은 지구상의 모든 영역에서 그분의 의도, 뜻, 계명이 이루어지기를 원하신다. 하늘에서와 같이 바로 지금 이 땅에서 그렇게 되어야 한다. 왜 그런가? 하나님은 우리와 모든 피조물을 사랑하시기 때문이다. 하나님은 우리와 다른 모든 피조물이, 하나님의 뜻과 의도와 목적이 성취되는 만큼이나 번영될 것이라는 것을 알고 계신다. 하나님의 사랑하시는 백성인 우리는 하나님의 모든 피조물을 위한 대리관리인의 역할을 다시 해낼 수 있다. 우리는 또다시 피조물에 대한 청지기 역할을 수행하여 하나님의 선하심과 영광을 드러내야 한다.

● 전인적 사역(Wholistic Ministry)

만물을 회복시키려는 하나님의 계획은 "전인적 사역"(혹은 총체적, 혹은 통전적 사역)에 의해 해결된다. 이 용어의 개념과 사례를 살펴보자.

- 전인적 사역은 우리의 전인적 삶을 위한 전인적 복음에 바탕을 둔다. 이 사역은 하나님의 총체적 명령과 총체적 계획에 근거하여, 전인과 하나님의 피조물 전체를 대상으로 사역하는 것이다. 이 사역은 총체성을 위한 하나님의 소원을 반영하는데, 이는 깨어짐의 반대에 해당한다. 이 때문에, 나는 전인적이라는 영어 단어를 "holistic"보다는 "wholistic"으로 사용하려 한다.
- 전인적 사역은 하나님의 의도를 따라, 성경의 진리를 적용하여, 삶과 교회와 지역사회와 나라의 변화를 추구한다.
- 전인적 사역은 영적, 신체적, 사회적, 지혜의 필요를 가진 전인을 위한 하나님의 돌보심을 반영한다.
- 전인적 사역은 하나님과 이웃을 사랑하는 예수님의 지상명령에 기초를 둔,

순종과 사랑의 라이프스타일이다.

– 전인적 사역은 모든 지역교회와 모든 성도 개개인의 책임이다.

확실히 하나님의 계획은 광대하다! 시편 기자는 이렇게 썼다.

"여호와께서는 모든 것을 선대하시며 그 지으신 모든 것에 긍휼을 베푸시는도다"(시 145:9).

그렇다, 하나님은 모든 창조물에게 관심을 가지고 계신다. 그것은 죄 때문에 죽은 인간의 영적 구원을 포함한다. 그러나 각 기독교인과 지역교회는 그들의 관심과 사역을 영적 영역 너머로 확장하여, 타락으로 깨어진 모든 만물과 화해하기 위한 하나님의 의도를 반영해야 한다. 물론 하나님의 계획은 그리스도의 재림 때에 가서야 완성될 것이다. 하나님은 "만물을 회복하실 때까지는 하늘이 마땅히 그(그리스도)를 받아 두리라"(행 3:21)고 하신다. 그렇지만, 교회는 반드시 하나님의 온전한 계획을 이해하고, 그것을 가슴에 품고서 이행해야 한다.

하나님의 계획의 범위에서 벗어나는 것은 아무것도 없다. 만물의 회복이란 전체적이고 전 지구적인 변혁을 의미한다. 전 세계는 악으로부터 정결하게 될 것이다. 또한 하나님의 영광으로 가득하게 될 것이다. 하나님의 구속 사역의 범위는, 모든 인류와 모든 관계들과 모든 창조물에 대한 청지기직을 포함하여, 모든 창조물을 포괄한다. 만약 예수님이 우리 시의 시장이라고 한다면, 분명히 매우 엄청난 계획을 갖고 계실 것이다!

12. 하나님의 선교를 위한 기도(엡 1:15-23)
- 세계선교부 정책세미나에서

손 훈

초대교회에서 교회와 선교는 같은 개념이었다. 그러나 오늘날 교회의 모습은 그렇지 못하기에 "선교적 교회"라는 말이 필요하게 되었다.

오늘 본문은 바울 사도가 자신이 개척한 교회를 위해 기도한 내용이다. 그러나 이 기도는 교회를 위한 기도인 동시에 선교를 위한 기도, 특별히 하나님의 선교를 위한 기도이다. 그는 하나님의 복음을 전파하다가 로마 감옥에 갇혔다. 그 감옥에서 바울이 에베소 교회를 위해 할 수 있는 일은 우선 기도하는 일이었다. 그는 기도 중에 성령의 감동으로 교회에 대한 비밀을 깨닫고 영광스러운 성경적 교회론을 핵심으로 하여 이 서신 "에베소서"를 쓰고 있는 것이다.

오늘 우리도 목회하다가, 선교하다가 환경적으로 아무것도 할 수 없을 때 바울처럼 이렇게 기도하는 중에 교회가 무엇인지, 선교가 무엇인지 깨닫는 기회가 되었으면 좋겠다. 그런 의미에서 오늘 우리는 본문을 통하여 교회를 위한 기도, 하나님의 선교를 위한 기도를 배울 수 있기를 바란다.

하나님의 선교란 말은 1952년 빌링겐(Willingen)에서 열린 국제선교대회(International Missionary Council)에서부터 쓰이기 시작했다. 하나님의 선교(Missio Dei)란 선교를 하는 주체가 사람도, 교회도 아니고 바로 하나님이시라는 것이다.

예를 들면 어느 교회가 선교비를 많이 책정하고 선교사를 많이 파송하면 그 교회가 선교 활동을 활발하게 많이 하는 것 같지만, 그런 경우에도 그 교회가 스스로 열심히 선교 활동을 하는 것이 아니고 실상은 하나님께서 그 교회를 통하여 선교를 하시는 것이다.

그러므로 교회는 안디옥 교회처럼 마땅히 하나님 중심의 선교하는 교회가 되어야 한다. 그것이 교회가 존재하는 근본적인 목적이다. 그래서 선교 신학자 에밀 브루너(Emil Brunner)는 "불이 탐으로써 존재하는 것처럼, 교회는 선교를 함으로써 존재한다(A church exists by mission, as fire exists by burning)"고 하였다.

그러나 우리가 언제나 조심할 것은 하나님의 비전이 우리를 통해서 이루어진다는 것이다. 그걸 모르면 마치 우리의 비전이 하나님을 통하여 이루어지는 것으로 착각할 수 있다. 하나님의 선교가 무엇인가? 하나님의 선교의 핵심은 바로 이 세상을 향한 하나님의 불붙는 사랑, 이 세상을 구원하시려는 하나님의 불붙는 소원을 하나님께서 스스로 이루어 나가신다는 것이다. 다만 하나님께서는 그 소원을 이루기 위해서 교회를 사용하시며, 우리 모두를 사용하시는 것이다.

그러므로 하나님의 선교에 눈을 뜬 사람은 겸손하다. 그리고 "인자가 온 것은 섬김을 받으려 함이 아니라 도리어 섬기려 하고 자기 목숨을 많은 사람의 대속물로 주려 함이니라"는 마가복음 10장 45절의 말씀처럼 세상을 섬기는 삶을 산다. 그러므로 믿지 않는 사람들을 향해 교만하지 않다. 거만하지 않으며 무례히 행동하지 않는다. 오히려 불신자들을 위해서 기도한다.

다시 말하지만, 오늘 본문은 교회를 위한 기도인 동시에 하나님의 선교를 위한 기도이다. 그렇다면 오늘 우리가 배워야 할 하나님의 선교를 위한 기도는 어떠한 기도인가?

첫째로 우리가 배워야 할 기도는 "하나님을 알게 하옵소서"라는 기도이다. 본문 17절 말씀이다.

"우리 주 예수 그리스도의 하나님, 영광의 아버지께서 지혜와 계시의 영을 너희에게 주사 하나님을 알게 하시고"

곧 바울은 하나님께서 에베소 교회에게 지혜와 계시의 영을 주셔서 하나님이 어떤 분이신지 알게 되기를 기도하였다. 사실 하나님을 아는 것만큼 중요한 것이 없다. 하나님을 안다는 말은 하나님의 생각과 뜻을 아는 것이요 하나님의 가슴, 곧 심정을 아는 것이며 하나님의 길, 곧 하나님의 방법을 아는 것이다.

요한복음 17장 3절 말씀에 "영생은 곧 유일하신 참 하나님과 그가 보내신 자 예수 그리스도를 아는 것이니이다"라고 하였다. 그러므로 하나님과 예수 그리스도를 아는 것이 영생이다. 그리고 호세아 6장 3절 말씀에서는 "그러므로 우리가 여호와를 알자 힘써 여호와를 알자"고 하였다.

그러면 어떻게 하나님을 알 수 있는가?

먼저 하나님의 말씀을 통해 하나님을 알아 갈 수 있다. 우리가 말씀을 대할 때 하나님께서 우리에게 지혜와 계시의 영을 주셔서 하나님을 알게 해 주신다. 곧 진리의 성령께서 우리를 진리 가운데로 인도해 주시고, 우리의 눈을 열어 주님의 기이한 법을 보게 하신다. 그래서 하나님이 누구신지, 하나님이 무엇을 원하시는지, 그리고 하나님께서 어떻게 일하시는지 등 하나님의 성품과 그 뜻, 하나님의 사역과 그 길을 알게 되는 것이다. 무엇보다 우리는 하나님의 말씀과 성령의 조명을 통하여 잃은 영혼을 찾으시는 하나님 아버지의 마음과 그들을 찾기 위해 자기 아들을 내어 주신 하나님의 사랑의 섬김, 그리고 성육신과 십자가를 통하여 보여 주신 인류 구속과 하나님 나라 구현의 길을 알게 된다.

우리는 또한 사건을 통해 하나님을 알 수 있다. 예컨대 욥기 42장 5절 말씀에 "내가 주께 대하여 귀로 듣기만 하였더니 이제는 눈으로 주를 뵈옵나이다" 라고 했다. 곧 욥은 하나님을 관념적으로 알았고 지식적으로 알았다. 그런데 그는 이제 고난이라는 사건을 통해서 하나님의 역사하심을 눈으로 체험하게 된 것이다.

우리는 사건을 통하여, 시련을 통하여 하나님을 경험하게 된다. 곧 성도는 모든 환난과 시련과 고통을 통하여 살아계신 하나님을 만나며, 이를 통해 하나님을 알게 되는 것이다. 그래서 하나님의 인도하심을 경험한 자는 에벤에셀의 하나님을 알게 되며, 모든 것을 예비하시는 하나님을 경험한 자는 여호와 이레의 하나님을 알게 된다. 그리고 질병에서 고침을 받고 치료받은 자는 여호와 라파의 하나님을 알게 되며, 두려움과 염려, 근심 속에서 진정한 평화를 얻은 자는 여호와 샬롬의 하나님을 알게 되는 것이다.

이처럼 하나님을 바로 알아야 성경적 교회를 이룰 수 있으며, 하나님을 알아야 하나님의 선교를 바르게 수행하여 하나님 나라를 구현해 갈 수 있다. 그러므로 하나님께서 우리 모두에게 지혜와 계시의 영을 주셔서 하나님을 더 깊이 알게 되시기를 바란다.

둘째로 우리가 배워야 할 기도는 "부르심의 소망이 무엇이며 기업의 영광의 풍성함이 무엇인지 알게 하옵소서"라는 기도이다. 본문 18절 말씀이다.

"너희 마음의 눈을 밝히사 그의 부르심의 소망이 무엇이며 성도 안에서 그 기업의 영광의 풍성함이 무엇이며"

여기서 부르심의 소망이나 그 기업의 영광의 풍성은 무엇인가? 그것은 궁극적으로 영광스러운 천국을 의미하겠지만, 문맥적으로는 본문 앞부분(3-14절)에 나오는 삼위일체 하나님의 복일 수 있다. 사도 바울은 이것을 알고 깊이 깨달았기에 그 고통스러운 감옥 속에서도 "찬송하리로다"라고 고백하며 마음 깊은 곳에서부터 울려 퍼지는 찬양을 드리고 있는 것이다.

우리가 그의 부르심의 소망이 얼마나 영광스러운 것인지 알아야, 그리고 우리가 장차 누릴 천국의 영광과 풍성함을 알아야 끝까지 인내하며 하나님 나라 구현을 위한 사역을 감당할 수 있는 것이다.

그렇다면 어떻게 그러한 것을 알게 되는가? 이에 대해 성경은 "너희 마음 눈을 밝히사"라고 말씀하고 있다. 여기 마음의 눈을 영어 성경에서는 "eyes of heart"라고 했다. 그냥 눈이 아니라 마음의 눈이다. 그냥 눈을 가지고 볼 수 있는 것은 매우 제한되어 있다. 그러나 마음의 눈을 뜨게 되면 보이지 않는 것도 볼 수 있다. "하나님께서 도대체 무슨 목적으로 우리를 부르셨는가?", "하나님이 보내신 예수 그리스도를 믿는 사람들에게 하나님께서 주시고자 하시는 축복이 얼마나 놀라운 것인가?" 하는 것들은 우리의 육신의 눈으로는 알 수 없다. 그러므로 마음의 눈을 떠야 한다.

마음의 눈을 떠야 하나님의 복이 얼마나 크고 놀라운 것인지 깨달아지는 것이다. 그러므로 하나님께서 우리 모두의 마음의 눈을 밝혀 주셔서 하나님의 부르심의 소망이 무엇인지, 성도 안에서 우리가 누리게 될 그 기업의 영광이 얼마나 풍성한지 더 깊이 알게 되기를 바란다.

셋째로 우리가 배워야 할 기도는 "믿는 우리에게 베푸신 하나님의 능력의 지극히 크심을 알게 하옵소서"라는 기도이다. 본문 19절 말씀이다.

"그의 힘의 위력으로 역사하심을 따라 믿는 우리에게 베푸신 능력의 지극히 크심이 어떠한 것을 알게 하시기를 구하노라"

그러면 그 능력은 어떠한 능력인가?

그 능력은 예수 그리스도를 죽은 자 가운데서 다시 살리시고 하나님 보좌 우편에 앉게 하신 하나님의 능력이요(20절), 예수 그리스도를 모든 이름 위에 뛰어나게 하신 능력이다(21절). 그리고 그 능력은 만물을 그리스도의 발아래 복종하게 하신 능력이며, 그리스도를 만물 위에 교회의 머리로 세우신 능력이다(22절). 그리고 또한 참으로 놀라운 사실은 바로 그 능력을 믿는 우리에게 베푸셨다고 말씀하고 있는 것이다(19절).

그러므로 우리는 주님을 믿는 우리에게 베푸신 이러한 하나님의 능력을 분명히 알고 믿어야 한다. 우리가 이 사실을 바로 알 때 우리는 그 능력으로 악한 세대를 이길 수 있으며 영광스러운 주님의 교회의 일꾼으로 사명을 감당함으로 우리 시대에 우리에게 맡겨 주신 하나님의 선교를 아름답게 수행할 수 있다. 우리 모두 우리에게 베푸신 이러한 하나님의 능력의 지극히 크심을 힘입고 우리 주님의 몸 된 교회를 새롭게 하며 세상을 아름답게 할 수 있기를 바란다.

마지막으로 우리가 배워야 할 기도는 "교회를 알게 하옵소서"라는 기도이다. 본문 23절 말씀이다.

"교회는 그의 몸이니 만물 안에서 만물을 충만케 하시는 이의 충만함이니라"

이 말씀은 성경에서 '교회의 본질과 사명'을 가장 잘 나타내는 '성경적 교회론'이라고 할 수 있다. 사도 바울이 에베소 교회를 위한 그의 기도(엡 1:17-19)의 마지막 결론 부분에서 이 말씀, 곧 주님께서 친히 그에게 계시해 주신 '성경적 교회론'을 간단명료하게 진술한 것을 보면, 이는 "하나님을 알게 하시고… 너희로 알게 하시기를 구하노라"고 한 그의 기도의 연장선상에서 결론적으로 "하나님 아버지, 저들이 정말 교회가 무엇인지 바로 알게 해 주옵소서"라고 기도한 것으로 해석해 볼 수가 있는 것이다.

그렇다면 성경적 교회란 어떤 교회인가?

먼저 교회는 그리스도의 몸이다(엡 1:23, 골 1:18 참조). 성경에 보면 교회에 대한 메타포(metaphor, 은유)가 많이 나오지만, 교회를 그리스도의 몸으로 표현한 이 의미만 바르게 이해하고 이를 적용한다면 오늘날 교회에 대한 수많은 문제들이 해결될 수 있을 것이다. 그런 의미에서 나는 "교회는 그리스도의 성육신의 연장(The elongation of incarnation of Christ)"이라는 어거스틴의 교회론을 매우 소중하게 생각한다.

교회는 만물 안에서 만물을 충만케 하시는 이의 충만이라고 하였다(엡 1:23, 3:18-19, 4:12-13 참조). 바로 여기에 하나님의 선교에 대한 전략이 계시되어 있다. 그러므로 교회는 그리스도의 사랑과 능력으로 충만하여 만물을 충만케 하시는 그리스도의 역사 속에서 세상을 새롭게 변화시켜야 할 사명을 감당하는 하나님 나라의 에이젼트(Agent), 하나님의 선교 전략센터가 되어야 할 것이다. 그런 의미에서 교회는 세상의 모든 고통과 문제에 대한 하나님의 유일한 대안이다.

그러나 오늘 우리의 현실은 그렇지 못하다. 그것은 "교회가 세상을 제자 삼지 못하면 세상이 교회를 제자 삼는다"는 대로우 밀러(Darrow Miller)의 말처럼 오늘의 교회가 위대한 계명(The Great Commandment)과 그리스도의 지상명령(The Great Commission)을 제대로 감당하고 있지 못하기 때문일 것이다. 그러므로 우리는 주님께서 성경에 계시하신 교회, 성경적 교회를 바로 알기 위해서 기도해야 할 것이다. 그래서 바울은 "교회를 알게 해 주옵소서"라고 기도하였을 것이다. 그러므로 오늘 우리도 함께 성경적 교회를 바로 알고 오늘 우리 교회가 이러한 교회로 바로 세워져서 세상을 아름답게 변화시킬 수 있기를 간절히 소망한다.

"교회를 새롭게 세상을 아름답게 열방을 복되게!" Soli Deo Gloria!

《부록》 관련 자료들

- 코람데오 스쿨(https://coramdeo.com/About)

큐알(QR)코드를 스캔하면 영어로 된 화면이 보이는데, 화면 위에 보면 영어로 각 언어를 선택할 수 있는 부분에서 "한글(Korean)"을 클릭하면 화면이 한국어로 전환됩니다. 전환된 화면 중간 부분에 "어떻게 사용되는지 더 배우기"를 클릭하면 "코람데오 스쿨" 화면이 뜹니다. 그 화면의 중간 부분에 있는 "지금 등록하세요"를 클릭하여 "어떻게 공부하고 싶습니까?" 창에서 첫 번째 "혼자서 공부하고 싶습니다"를 체크하면, "새로운 계정 만들기"가 열리는데, 정보를 입력한 후 "지금 등록하기"를 클릭하면 "코람데오 스쿨"을 개인적으로 1과부터 공부할 수 있습니다.

- 나라와 민족을 제자 삼는 교회 세우기 DNA 훈련 웹교재
  (https://bit.ly/한국DNA협의회)

- 《교회를 새롭게 세상을 아름답게》 강의안(https://bit.ly/3lERZ7J)

교회나 선교지에서 강의할 때 참석자들을 위하여 강의안을 출력하여 자유롭게 사용할 수 있습니다.

- DNA Korea 홈페이지(www.dnakorea.org)

- DNA Korea 모바일 허브(http://mcat.kr/dnakorea)

● 모바일 허브 사용법

DNA Korea는 그동안 열심히 준비하여 "DNA 모바일 허브"를 만들었습니다. 이 모바일 허브 안에는 여러 종류의 유용한 자료들이 많이 있습니다. 이제 스마트폰 하나로 모든 관련 자료들을 찾아보고 사용할 수 있습니다.

1) 먼저 "모바일 허브 앱 바로 가기"를 스마트폰 바탕화면에 추가하는 법을 알려드립니다. "모바일 허브 앱"을 바탕화면에 추가하시면 매우 편리합니다.

   a. "모바일 홈 화면" 맨 아래에 있는 "홈 화면 바로 가기 추가" 아이콘을 클릭하면,

   b. "홈 화면에 바로 가기를 추가하시겠습니까?"라는 질문이 뜨는데, 이때 "추가"를 클릭합니다.

   c. 그러면 "홈 화면에 추가"라는 창이 뜨는데, 이때 "자동으로 추가"를 클릭하면 됩니다. 그러면 "모바일 허브 앱"이 바탕화면에 있기에 언제나 쉽게 클릭하여 볼 수 있습니다.

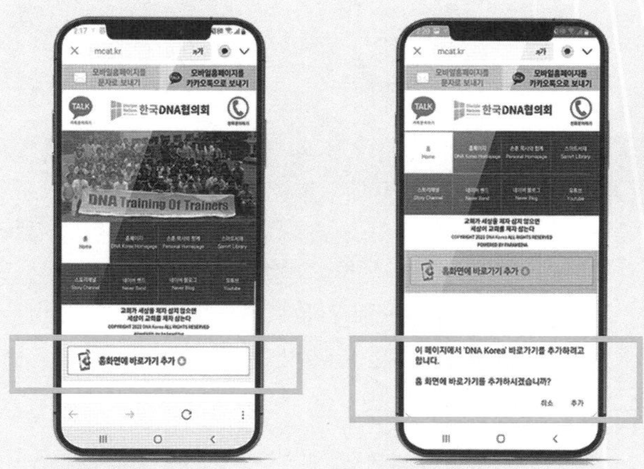

2) 다음 "모바일 홈 화면" 중간의 사진 아래의 부분에 8개(홈을 포함)의 창이 있는데,

   a. 그중 둘째 창인 "홈페이지" 창을 클릭하면 DNA Korea 홈페이지가 열립니다.

   b. 그리고 셋째 창인 "손훈 목사와 함께" 창을 클릭하면 저의 개인 홈페이지가 열립니다.

   c. 넷째 창인 "스마트 서재" 창은 매우 중요한 창인데, 이를 클릭하면 12종류의 책자가 있는 "서재 스탠드"가 열립니다. 이곳에 있는 각 책자를 클릭하면 책 표지들이 보이는데, 이를 손가락으로 오른쪽으로 밀면 그때마다 책의 페이지가 계속 넘어갑니다. 그리고 다시 손가락으로 왼쪽으로 밀면 원래 페이지로 돌

아옵니다. 그리고 책 표지로 다시 돌아왔을 때, 다시 클릭하면 상단에 "스탠드로 돌아가기" 아이콘이 뜨는데 그 부분을 클릭하면 다시 스탠드 창으로 돌아가며, 다시 위쪽에 있는 "허브 홈" 아이콘을 클릭하면 "모바일 홈 화면"으로 돌아옵니다.

d. 그런데 넷째 창인 "스마트서재" 창을 클릭하면 12종류의 책자가 있는 서재 스탠드가 열리지만, 그 중 네 번째 칸의 "DNA Vision Conference"와 여덟 번째 칸의 "코람데오 영상 자막"은 클릭하면 책이 아니라, "새로운 서재 스탠드"가 열립니다. 거기에는 각각 12권의 책들이 있는데 책을 보는 방법은 위와 같으며, 책을 본 후에 표지로 돌아왔을 때, 위 왼쪽에 있는 "허브 홈" 아이콘이나 위 오른쪽에 있는 "스탠드 홈" 아이콘을 클릭하면 각각 "모바일 홈 화면"이나 "스탠드 창"으로 돌아가게 됩니다.